Nah am Zeitgeschehen

Silvio Bircher

Nah am Zeitgeschehen

© 2014 Silvio Bircher

Alle Rechte vorbehalten

Gesamtherstellung und Vertrieb:
Zofinger Tagblatt AG, 4800 Zofingen

ISBN 978-3-033-04768-6

gedruckt in der
schweiz

Inhaltsverzeichnis

Vorwort   9

Unser Engagement in der Welt und in Europa   11
- Als Wahlbeobachter im zentralasiatischen Kirgistan   12
- Wo eine Weltmacht zerbrach   16
- Die Zeit ist reif für die UNO-Vollmitgliedschaft   23
- Europa vom Atlantik bis zum Ural   27
- Das EWR-Abkommen mit der EU   30
- Der steinige Weg im Verhältnis zur EU   32

Der ewige Kampf um die Bundesratssitze   35
- Weltweite Erschütterungen von New York bis ins Bundeshaus   36
- Zwischen regionalem und globalem Terrorismus   38
- Bundesratswahl mit veralteten Kantonsklauseln   41
- Bundesrat und Parlament brauchen ein Regierungsprogramm   43
- Was müsste beim Bundesrat ändern?   45
- Auf der Piazza Grande dem «Phänomen Blocher» begegnen   48
- Von der Konkordanz zur Konkurrenz   52
- Die heftig umstrittene Frauenvertretung im Bundesrat   57

Bedrohte Alpen und Landschaften   63
- Zauber und Mythos der «Hausberge»   64
- Bedrohung für die Schweizer Bergwelt – gegen neue Bündner Winterolympiade   67
- 4000er-Besteigung: ein Bergwelterlebnis der besonderen Art   71
- Wer ist der oder die Höchste im Land? – Einfache Fragen und differenzierte Antworten nach einer Kettenjura-Wanderung   76
- Menschen mit der heimlichen Sucht nach den Bergen   78
- Wir zerstören, wovon wir träumen – Plädoyer für mehr Landschaftsschutz   81
- «Papi, lueg, Vögeli uf em Baum!»   85

Grosse wirtschaftliche Herausforderungen   87

   Schweizer Wirtschaft im Strukturwandel   88
   Unternehmen und Unternehmer mit Vorbildcharakter   91
   Industrieflaggschiffe im Strudel der Globalisierung   95
   Elektroriese Alstom im Clinch mit französischer Staatswirtschaft   97
   Sollen Unternehmer auch politisieren?   100
   Gelingt der «historische» Atomausstieg?   103
   Der langsame Schwenker zu einer Energiewende   105
   SBB im Clinch mit den Preisen   108
   Bahn-Grossprojekte bereiten Mühe   111

Der Sport in allen seinen Facetten   115

   Sportliches Verhalten in Politik und Sport   116
   Die UNO und das IOK kommen sich näher   118
   Jeder selbst gelaufene Meter als bleibende Erinnerung   120
   Olympische Spiele im Schatten politischer Ereignisse   122
   Boykotte und Verrat der olympischen Idee   124
   Bei Mamma Teigwaren essen – Fussball und «wir»   129
   Fussball-EM im eigenen Land: Wen wollen wir Schweizer siegen sehen?   131
   Beim FC Aarau ist immer alles anders …   134
   Hitzfeld, Zülle, die «grande boucle» und das Volk   140
   Kohl und Pantani: Wenn Idole vom Sockel stürzen …   142
   Das Hohelied aufs Velofahren   145

Der Aargau – selbstbewusst, dynamisch   149

   Der Aargau im Ringen mit sich selbst – Vertrauen in die eigenen Stärken!   150
   Abschiedsrede am gleichen Rednerpult wie vor 30 Jahren   159
   Sind Kantonsfusionen etwas Sinnvolles?   163
   Der grosse Unmut der Aargauer Gemeinden   169
   Wie der Aargau seine Finanzen retten will   172
   Wie lange noch Land- und Gemeindeammänner?   175
   Der umstrittene Weg zur gesplitteten Aargauer Polizei – zurück zur Einheitspolizei?   179

Zauber und Schwächen zweier Südkantone   **183**

Das böse Erwachen – mein Lawinenerlebnis im Wallis   184
Die wundersame Rettung der Furka-Bergstrecke   186
Wenn Schweizer Parteipräsidenten zu Hause scheitern   193
Im Wallis ist eben alles anders   195
Das Tessin zwischen Ferienstimmung und problembeladener Realität   199

Wozu Jubiläen und Landesausstellungen?   **205**

Ist Helvetik- oder Bundesstaat-Jubiläum wichtiger?   206
Wird 1991 ein wirkliches Begegnungsjahr für alle?   209
Hurra Schweiz – mehr Patriotismus?   211
Mein Wunsch zum grossen Jubiläumsjahr   212
Plädoyer für Neuanfang und Besinnung zur Expo 01   213
Die Zeit für Grossanlässe ist vorbei   215

Personenverzeichnis   **219**

Für Béatrice, für Felicitas und Adrian

Vorwort

«Nah am Zeitgeschehen» will Gegenwart und Zeitgeschichte aufleben lassen. Das Buch streift Themen aus Politik, Wirtschaft, Gesellschaft, Umwelt, aber auch Sport, die mich seit vielen Jahren beschäftigen und begeistern. Sie alle sind einem starken Wandel unterworfen. So kam ich auf die Idee des Zeitraffers: Wie war es – wie ist es heute, wohin geht die Reise morgen? Aus vielen hundert Beiträgen habe ich die spannendsten, manchmal auch die umstrittensten von mir verfassten Kolumnen und Artikel sowie drei Reden ausgewählt und diese mit dem Erscheinungsjahr und -ort gekennzeichnet. Sie sind alle im gleichen Schriftmuster abgedruckt. Eingerückt in leicht erkennbarer, anderer Schrift steht der aktuell verfasste Teil des Buches mit dem Brückenschlag zu heute und dem Blick auf morgen, wohlwissend, dass mehr denn je für unsere Zeit gilt: Nichts ist in Stein gemeisselt, alles ist in Bewegung!

Welche Kapitel sind politisch, welche eher unpolitisch? Aussen- und Innenpolitik, die Welt, die Schweiz, Kantone und Gemeinden: Alles Politische ist letztlich auch persönliches Schicksal von uns Menschen und daher in den Augen vieler unpolitisch. Unser Umfeld, die Wirtschaft, der Sport, die Natur: Alles scheinbar Unpolitische wird beeinflusst oder sogar durchdrungen von vielen politischen Entscheiden und ist damit je nach Betrachtungsweise auch politisch. Den meisten der aufgeführten Personen bin ich persönlich begegnet. Ich danke für den Wissensaustausch, für Inspirationen, für gemeinsame Erlebnisse. Es ist beeindruckend, wie viel im Kleinen wie im Grossen geleistet wird. Unsere Gesellschaft lebt vom Dialog und von der Zusammenarbeit, aber auch vom Wettbewerb der besten Ideen. Niemand hat die alleinige Weisheit für sich gepachtet! Ich danke dem Verlag Zofinger Tagblatt für den sorgfältigen Druck, Alois Grüter und Corinne Bärtschi für die technische und Beat Kirchhofer für die redaktionelle Betreuung und Beratung. Und schliesslich danke ich allen, die mich zu diesem Buch ermutigt und unterstützt haben. Viel Vergnügen beim Lesen oder Nachschlagen!

Silvio Bircher

Unser Engagement in der Welt und in Europa

Wir haben den Titel und die Beiträge dieses Eingangskapitels bewusst weit gefächert gewählt. Denn die Schweiz ist weltoffen. Unser Land wird aus aller Welt bereist, und SchweizerInnen bereisen die Welt so häufig wie nie zuvor. Die Schweiz engagiert sich in über 50 Entwicklungsländern, und unser weitverzweigtes Netz an Aussenvertretungen wird von andern Staaten immer wieder für gute Dienste beansprucht. Unsere Wirtschaft und der Arbeitsmarkt sind eng mit dem Ausland verflochten – der hohe Ausländeranteil, der in Europa nur noch vom kleinen Luxemburg übertroffen wird, sowie die führende Stellung als Handelsnation widerspiegeln dies. Zwar sind wir nicht Mitglied der EU, aber die Schweiz gehört zu den Gründerstaaten der Organisation für die Sicherheit und Zusammenarbeit in Europa (OSZE), ist Mitglied des Europarats, der EFTA und der UNO. Die folgenden Beiträge berichten dokumentarisch darüber. Weltweites Engagement: Man weiss alles von überall, man kann (fast) jede Destination anfliegen. Aber ich erlebte es anders. Unterwegs als Wahlbeobachter der OSZE im Hochgebirge Zentralasiens, in noch jungen Staaten, die um eine funktionierende Demokratie und wirtschaftliches Überleben kämpfen. Da weiss man nichts, weder über die Menschen noch über das Funktionieren von Staat und Wirtschaft. Mein erster Artikel hält damalige Eindrücke fest. Er beleuchtet die geopolitischen Zusammenhänge von damals – da, wo eine Weltmacht zerbrach – und von heute, wo Russlands Präsident einiges zu korrigieren versucht. Die Schweiz engagiert sich in den neuen zentralasiatischen Republiken auch mit Direkthilfe. Allerdings bleibt unklar, ob mit den rund 2,5 Mrd. Franken, welche aktuell in die Schweizer Entwicklungshilfe fliessen, die weltweiten Kontraste gemildert werden. Die folgenden Gedanken gelten der Volksabstimmung zum UNO-Beitritt von 2002, dem Aufnahmeritual am Hauptsitz in New York, den nötigen UNO-Reformen. In Europa gehört die Schweiz zur EFTA, die aber gegenüber der EU stark an Bedeutung verloren hat. Der vom Volk abgelehnte EWR-Vertrag hätte die Schweiz wirtschaftlich stärker an die EU gebunden. Wie lauteten die damaligen Abstimmungsargumente, weshalb gab es ein Nein zum EWR, wie präsentiert sich die Situation für die Schweiz in Europa heute?

Als Wahlbeobachter im zentralasiatischen Kirgistan

Kirgistan als eine der noch jungen zentralasiatischen Republiken kämpft gegen wirtschaftliche Not und strebt stabile demokratische Verhältnisse an. Im Februar und März 2000 fanden Parlamentswahlen statt. Ich war für die OSZE als Wahlbeobachter dabei und besuchte Schweizer Hilfsprojekte.

Willkürliche Grenzen und abrupte Unabhängigkeit
Kirgistan muss in einem Zuge mit den vier andern zentralasiatischen Ländern Kasachstan, Usbekistan, Tadschikistan und Turkmenistan genannt werden. Sie alle wurden zwischen 1990 und 1991 im Zuge des Zerfalls der Sowjetunion brüsk in die Unabhängigkeit entlassen. Die Sowjets zogen die Grenzen dieser Teilstaaten in den zwanziger Jahren willkürlich durch die riesige Landmasse vom Kaspischen Meer bis zu China. Wirtschaftlich fuhren diese Länder ebenfalls im Schlepptau der russischen Planwirtschaft, erhielten Massenproduktion und Monokulturen verordnet und verloren nach 1991 weitgehend die früher gesteuerten Absatzmärkte in den andern Sowjetrepubliken. Opfer des Raubbaus an der Natur ist auch der in vielen Romanen besungene Aralsee geworden, der mehr und mehr austrocknet, weil seine Zuflüsse für die Intensivlandwirtschaft abgekappt wurden. Das alles macht den Start für diese Länder so schwer und muss berücksichtigt werden, wenn Regierungsform und Parlamente aus westlicher Sicht unter die Lupe genommen werden.

OSZE-Wahlbeobachter Silvio Bircher, umringt von einem örtlichen Wahlkomitee auf dem Lande, alle mit ihren typischen Fellmützen. Handschlag mit dem Chef des Wahlkomitees.

Wahlbeobachtung als Ansporn zu mehr Demokratie

Es war ein Glücksfall, dass diese Länder, denen es an demokratischen Erfahrungen fehlt, nach der Unabhängigkeit Mitglieder der Organisation für Sicherheit und Zusammenarbeit in Europa (OSZE) wurden. Damit entstand eine feste Plattform für die Beziehungen zum Westen und den Aufbau politischer Institutionen. Auf ausdrücklichen Wunsch dieser Länder wird die OSZE für Wahlbeobachtungen beigezogen, was anspornend für stete Verbesserungen wirkt und politische Fehlentwicklungen verhindern hilft. Denn Minderheitsprobleme, Spannungen im Völkergemisch und wirtschaftliche Rezession schweben wie ein Damoklesschwert über den demokratischen Errungenschaften. Die seit der Unabhängigkeit immer wiedergewählten Präsidenten begründen denn auch ihre relativ autoritären Regimes mit dem Erhalt der Stabilität. Die Opposition hat es schwer oder spielt sich in kontrollierten Grenzen ab. Auch der kirgisische Staatspräsident Askar Akajew hat sein liberales Image etwas eingebüsst, denn sein Hauptrivale für die noch bevorstehenden Präsidentenwahlen ist «wegen Amtsmissbrauch» vorläufig festgenommen worden! Überhaupt finden vor dem eigentlichen Wahlsonntag in Kirgistan immer wieder Interventionen gegen einzelne Parteien und Kandidaten statt, die angeblich gegen das Wahlgesetz verstiessen oder sich sonst strafbar machten. Im Parlamentsgebäude in der Hauptstadt Bischkek allerdings beeindruckt die gute Organisation. Der Generalsekretär präsentiert mir nicht ohne Stolz eine lange Liste der in der letzten fünfjährigen Amtsperiode bewältigten Gesetzesvorlagen. Und für die Neueröffnung wird eben der Parlamentssaal technisch erneuert ...

Wählen mit altem UdSSR-Pass

Kirgistans Parlamentswahlen verliefen äusserlich geordnet. Zu wählen war die Gesetzgebende Versammlung mit 45 und der Rat der Volksvertreter mit 60 Mitgliedern. Nur 15 Mandate fielen im Proporzsystem den Parteien zu, die übrigen Sitze mussten mit der absoluten Mehrheit der Stimmen in Einerwahlkreisen errungen werden. Das führte für einen

Karte der neuen zentralasiatischen Republiken mit offiziellen Schweizer Vertretungen.

Grossteil der Mandate zu einem zweiten Wahlgang im März. Die meisten Kandidaten sind parteilos, aber werden von Familienclans oder einflussreichen Gruppen getragen. Der Wahlkampf verläuft animiert, auch mit einfachen Werbespots am Fernsehen, im Radio, mit Flugblättern und auf den Strassen. Besonders auf dem Land ist dann der Wahlsonntag ein grosses gesellschaftliches Ereignis. Ich besuchte im Südwesten des Landes, nach einem Flug über viele schneebedeckte Viertausender, zahlreiche Dörfer, wo eigentlicher Volksfestcharakter herrschte. Von weither kamen Bauersleute zu Fuss oder auf Pferden und blieben dann stundenlang in der Umgebung der Wahllokale.

Die Mitglieder des Wahlkomitees sitzen den ganzen Tag im Wahllokal, meist ohne die Pelzmütze abzuziehen, beobachten den Ablauf, mustern die Urnengänger. Erstmals war Stellvertretung untersagt. An grossen Plakatwänden sind die Namen aller Stimmberechtigten aufgeführt und wird das Prozedere des Wählens erklärt. Erst gegen Vorweisen des Passes – viele noch auf die UdSSR lautend – erfolgt die Abgabe der Wahllisten. Diese sind in einer geschlossenen Kabine auszufüllen und in die unter der Nationalflagge aufgestellte, versiegelte Urne zu werfen. Die Auszählung nach Urnenschluss um 20 Uhr dauert oft bis weit nach Mitternacht.

Kritische Wirtschaftslage – leere Fabrikhallen

Überall schlägt einem die wirtschaftliche Not der Bevölkerung entgegen. Politiker erzählen mir, wie nach der Unabhängigkeit die Russen abzogen, die Absatzmärkte zusammenbrachen und bald die Fabrikhallen leer standen. Nun zerfallen sie überall im Lande. Aber auch im Gesundheitswesen, in der Landwirtschaft, bei Wohnungen und Strassen sind grosse Mängel sichtbar. Hier setzt die Projekthilfe der Schweiz ein, die seit Jahren schon mit Kirgistan über die Stimmrechtsgruppe in der Weltbank eine Verbundenheit spürt. Es entstanden Milchverarbeitungsstellen, Forstprojekte, Katastervermessungen oder die Sanierung von Spitälern und der Stromversorgung. Hilfe wird auch für den Aufbau kleiner und mittlerer Betriebe geleistet. Das Departement für Äusseres schliesslich leistet wertvollen Einsatz in der Konfliktverhütung und zum Minderheitenschutz.

Gefährliches Pulverfass im Süden

Denn die hohe Arbeitslosigkeit und die Verarmung bietet einen guten Nährboden für radikale Strömungen in einem von Minderheiten geprägten Lande. Eine grosse usbekische Minderheit lebt im Süden im Ferganatal. Von der Hauptstadt Bischkek führt einzig im Sommer eine Verbindungsstrasse über hohe Pässe in diese Gegend, wo mir ganz anders geartete Menschen begegneten als im Norden des Landes. Hier habe es die ferne Hand der Staatsmacht schwieriger, Ruhe zu bewahren, erklärt mir der oberste Polizeichef. Er sieht enge Verbindungen zwischen Fundamentalisten und dem Drogenschmuggel aus dem südlichen Afghanistan. «Terroristen» hielten im letzten Sommer einige Dörfer besetzt und nahmen Geiseln. Schon vor Jahren gab es in diesem gefährlichsten Pulverfass Zentralasiens bei Auseinandersetzungen mehrere Hundert Tote. Man spürt die Furcht vor neuen Auseinandersetzungen, wenn da und dort die Armee an Überlandstrassen Kontrollen durchführt. Für alle Fälle trage ich hier einen Dolch auf mir ...

Ein Hauch von Lenin und hohe Berge

Immer wieder stosse ich in grösseren Orten auf typische Merkmale der Sowjetzeit. Büsten von Parteiführern stehen noch vor öffentlichen Gebäuden, und auffällig häufig blieb die Statue Lenins in Überlebensgrösse. Im grossen Museum von Bischkek dominieren die werktätigen Massen und Zeugen des Marxismus. Gerade weil Präsident Akajew kein ehemaliger KP-Chef ist, meint man, dass es mit dem Umschreiben der Geschichte nicht so eile. Allerdings hat die Hauptstadt ihren ehemaligen Namen, ähnlich Petersburg in Russland, zurückerhalten – vor 1990 hiess sie Frunse. Bischkek liegt in einer Ebene am Rande der zentralasiatischen Steppe, zählt etwa 800 000 Einwohner, aber wirkt öde. Am Stadtrand stehen notdürftige Hütten. Den krassen Gegensatz dazu bilden wenige Monumentalbauten und grosse Hallen. Ein Wildwuchs von Märkten beginnt sich zu entwickeln: Ausdruck neuer Freiheiten und des Willens zum Überleben. Das Schönste ist der Blick auf eisbedeckte Riesen, im Südosten die Siebentausender als alte Grenze zu China, im Süden Richtung Pamir dann kommen bald die Gipfel des Himalaja.

Kirgistan, einst als offenstes Land Zentralasiens bezeichnet, hat es schwer. Fundamentalismus, Minderheitenprobleme und Armut nagen an der zarten Pflanze der Demokratie. Nur mit Unterstützung von aussen, wozu der Beitrag der Schweiz und die Wahlbeobachtung mit dem Beziehungsnetz zur OSZE zu zählen sind, wird die junge Republik die Zukunft meistern.

2000 Aargauer Zeitung / Mittelland-Zeitung

Wo eine Weltmacht zerbrach

In der vorherigen Schilderung einer meiner Wahlbeobachter-Einsätze Anfang 2000 erlebte ich die Aussenpolitik in gänzlich anderer Form: nicht mehr als Mitglied der Aussenpolitischen Kommission des Nationalrats (auf eher bedächtigen, diplomatisch angehauchten Reisen und ohne wirklichen Einblick in die Lebensverhältnisse der Bevölkerung) in die neu erwachten Staaten Osteuropas. Sondern an der Front, im Schlafsack in der Gemeindehütte hinter Wahlurnen eines Bergdorfes in Kirgistan, auf einer schneebedeckten Hochebene des Tienschan-Gebirges nach holpriger Jeep-Fahrt. Man war damals aber auch historisch am Puls und an einem Wendepunkt der Weltpolitik, wo ein Machtblock zerbrach, neue unabhängige Staaten entstanden und diese zuerst einmal Demokratie proben und einführen mussten. Für diese neuen Staaten Zentralasiens war der abrupte Sprung zu freien Wahlen für Parlament und Staatspräsidium eine gewaltige Zäsur und Herausforderung. Damit verbunden fand der Zusammenbruch des Sowjet-Imperiums 1990/91 statt, notabene des letzten europäischen Kolonialreichs, das Russland im 19. Jahrhundert begründet hatte. Aus dem Trümmerhaufen der einstigen Weltgrossmacht UdSSR und ihren sozialistischen Sowjetrepubliken entstanden zwischen China, Russland, dem Iran und Afghanistan die Republiken Kirgistan, Kasachstan, Usbekistan, Tadschikistan und Turkmenistan. Alle diese einstigen Sowjetrepubliken waren Erfindungen der Moskauer Parteizentrale. Denn nach dem Sieg der Roten Armee zogen die Sowjets ihre Grenzen weitgehend nach strategischen Kriterien auf dem Reissbrett, weil kein neuer Staat der Hauptmacht zu gefährlich werden durfte. Und diese Länder werden bis heute mit negativ belasteten Attributen wie Drogen, Korruption, Wahlfälschung und autokratischen Herrschern belastet, was ihnen das Vorwärtskommen nicht gerade erleichtert.

Zwischen eisbedeckten Bergketten und autoritären KP-Chefs

Ein Wahlbeobachter-Mandat war zu jener Zeit nicht ungefährlich, aber im Umfeld Zentralasiens hochinteressant und erlebnisreich. Denn man begegnet dort einem bunten Völkergemisch, man ist umgeben von Steppen, eisbedeckten Bergketten, in der Kolonialzeit aus dem Boden gestampften Grossstädten und ländlichen Dörfern, wo die Zeit stehen geblieben ist. Man trifft auf autoritäre Präsidialregimes, deren Machthaber in der Mehrzahl Ende der Sowjetzeit als KP-Chefs ihre Republiken beherrscht hatten und sich nun in die Anfänge von demokratisch organisierten Staaten retten konnten. Und man stösst auf sichtbare Zeichen des hier vorherrschenden Islam mit stets aufflackernden fundamentalistischen Strömungen, auf viele gläubige Anhänger Mohammeds, auf einfache Moscheen und auf die eher raren, übrig gebliebenen russisch-orthodoxen Glaubensgemeinschaften.

Panne in Georgien und ein Kilo Reis als Wahlgeschenk
Wahlbeobachtungen in den Ländern Zentralasiens sind kein Honigschlecken. Sie sind mit Mühen und Strapazen verbunden. So erinnere ich mich, wie schon der Flug via London nach Bischkek, der Hauptstadt Kirgistans, in Georgien unterbrochen werden musste. Im alten Flughafen von Tbilisi hiess es warten und die Nacht verbringen, denn irgendetwas klappte nicht mit dem Weiterflug. Unsere vom aussenpolitischen Departement (EDA) beim Briefing in Bern gefassten Schlafsäcke (nebst Medikamenten und Taschenlampen!) kamen zum ersten Mal zum Einsatz. Zwei alte TV-Apparate laufen an der Decke, eine Katze schleicht zwischen den harten Metallstühlen durch. Das Bier ist ausverkauft, Schlaf kaum möglich. Mitgereiste Engländer, die schon als Wahlbeobachter in diesem auch erst 1991 unabhängig gewordenen Land zwischen Schwarzem und Kaspischem Meer wirkten, erzählen von Wahllokalen, wo plötzlich beim Auszählen das Licht ausging und dann bei Licht mehr Wahlzettel als Stimmende vorhanden waren. Georgien gehörte zu den Ersten, die mit der EU Kontakte aufnahmen – im Gegenzug planten russlandfreundliche Kreise einen Staatsstreich. Nach insgesamt 20 Stunden Flugzeit landen wir in Bischkek. Kirgistan liegt umgeben und durchsetzt von wunderschönen, schnee- und eisbedeckten Bergen: der Tienschan, Pamir, Hindukusch und etwas weiter dann die Himalajakette. Wahlbeobachter arbeiten in Zweierteams aus zwei verschiedenen Ländern, begleitet von einem einheimischen Dolmetscher (die Leute sprechen Kirgisisch und Russisch). Einmal gings nach Osten gegen die chinesische Grenze. Dort liegt der riesige Bergsee Isuk-Köl. Zu UdSSR-Zeiten gabs hier noch Sanatorien und Hotels – sie sind nun am Zerfallen. Die meisten Bewohner zogen in die Städte weg. Bald schon merken wir, dass hier ein langsames Gewöhnen an die Demokratie nötig ist, andere Standards und Verhaltensmuster gelten. So sind Wahlgeschenke üblich: Jeder hier am Ort habe vom lokalen Kandidaten ein Kilo Reis erhalten …

Eine Fellmütze und ein Dolch «für alle Fälle» …
Oder dann per Flug über riesige Bergrücken in den Südwesten nach Osch, der zweitgrössten Stadt mit 200 000 Bewohnern, darunter viele Usbeken. Hier spürt man in einigen Wahllokalen die Distanz und den Unwillen zur Staatsmacht. Auch wir werden skeptisch empfangen, müssen jede Auskunft mühsam erkämpfen. Vor wenigen Tagen wurden hier ausländische Touristen verschleppt, uns ist mulmig zu Mute. Ein bunter türkischer Basar (hier erstehe ich mir gegen die Kälte eine Fellmütze und für alle Fälle einen wunderschön in Leder eingebundenen Dolch), enge Gassen, ein unfreundliches Hotel mit kaputter Heizung und ohne Restaurant. Nachts gespenstische Strassen ohne Beleuchtung, es herrscht hohe Kriminalität. Dann geht's aufs Land, mit einem Jeep über Dreckstrassen, und immer wieder Viehherden, welche die Fahrt aufhalten. Im Dorf «1. Mai» (!) dient eine Turnhalle als Wahllokal. Wir werden euphorisch empfangen und mit Suschnik, Brotfladen und Nudelsuppe verpflegt. Alle tragen Fellmützen. Der Dorfpräsident will eine Foto mit mir. Er erklärt mir, wie die Leute wählen müssten (siehe

Auf grossen Plakatwänden wird landesweit das Prozedere des Wählens erläutert.

abgedruckte Foto und Skizze). Plötzlich riesige Aufregung, als zwei statt nur eine Person in der Wahlkabine verschwinden. Der Präsident erklärt allen in einer kurzen Ansprache, dass es sich um eine alte Frau handle, die Hilfe beim Wählen brauche. Spät abends eine Riesenüberraschung beim Auszählen der Zettel: Ein Zählrahmen muss her, mit dessen Hilfe vorgegangen wird. Ich zähle mit, fülle das Wahlprotokoll der OSZE aus, und alle sind zufrieden. Bei ihnen gehe es mit rechten Dingen zu, sagt der Dorfchef. Zum Schluss frage ich ihn, wer für ihn der grösste Staatsmann sei. Ohne zu zögern, antwortet er: Die Nummer eins sei Stalin, dann Lenin. Kunststück, steht doch immer noch in jeder grösseren Ortschaft ein einfaches Lenin-Denkmal. Die Zeit blieb eben stehen hier oben …

Der Schuss auf die kugelsichere Weste
Zurück in der Hauptstadt mit 800 000 Einwohnern und ihren frappierenden Gegensätzen: lange Promenadenstrassen mit riesigen Schlaglöchern, Blechbauten am Rand, trostlose Vororte, dann wieder im teils geschäftigen Zentrum die Monumentalbauten wie das Nationalmuseum (in dem werktätige Massen posieren und der Marxismus-Leninismus zelebriert wird), das Parlament und der «weisses Haus» genannte Präsidentenpalast, umgeben von einem hohen Metallzaun. Die Polizei ist dominant, nur noch die rund 40 Prozent Arbeitslosen, die überall in den Strassen herumstehen, scheinen zahlreicher. Als ehemaliger kantonaler Polizeidirektor erhalte ich – ausserhalb der Wahlbeobachtertätigkeit – nach langer Prozedur eine Audienz beim Polizeipräsidenten. Er ist stolz auf neu erworbene, kugelsichere Westen, kleidet mich ein, stellt mich in ein einfaches Nebenzimmer und gibt aus nächster Nähe einen Schuss auf mich ab – ich bin sprachlos vor Schreck. Er erläutert mir den Kampf gegen zunehmende radikal-islamistische Terrorgruppen und spricht, nachdem ich ihm den Sinn der Wahlbeobachtung geschildert hatte, über den Einfluss der Familienclans, einzelne von ihnen mit mafiösen Tätigkeiten.

Die einflussreichen und mafiösen Familienclans
Praktisch kein Kandidat schaffe eine Wahl ohne die Unterstützung eines dieser Clans. Nach seiner Darstellung sei er faktisch die Nummer zwei im Staate, direkt nach dem Staatspräsidenten. Der seit der Staatsgründung 1991 regierende Präsident Askar Akajew entstammt nicht dem einstigen kommunistischen Machtapparat. Trotzdem herrscht er autoritär und betreibt einen ungeheuren Personenkult. Sein Glatzkopf ist in jedem Wahllokal aufgehängt. Nach immer härteren Auseinandersetzungen mit der Opposition wurde er 2005 gestürzt und von Kurmanbek Bakijew abgelöst.

Ähnliche Wirren und Allüren begleiteten die andern Präsidenten der zentralasiatischen Länder. Präsident Islam Karimow in Usbekistan, auch seit der Unabhängigkeit im Amt, wurde Anfang 2000 wiedergewählt, nachdem er kurz vorher nur knapp einem Attentat entging, als eine

Autobombe 16 Menschen tötete. Der turkmenische Präsident Saparmurat Nijasow liess sich als «weiser Vater aller Turkmenen» feiern und zum Präsidenten auf Lebenszeit ernennen. Er hat als Einziger ein neostalinistisches Regime aufgezogen. Aus den Wirren eines Bürgerkriegs ging in Tadschikistan Emomali Rachmonow als Staatspräsident hervor. Er wollte zurück zu traditionellen persischen Wurzeln und musste sich von der OSZE dauernde Wahlmanipulationen vorwerfen lassen.

Die neue und die alte Hauptstadt Kasachstans

Doch am meisten Kritik wegen undemokratischen Verhaltens handelte sich das Regime des Präsidenten Nursultan Nasarbajew von Kasachstan ein. Hier wurden regelmässig regimekritische Parteien behindert und alternative Präsidentenkandidaten verhindert. Dafür brachte das Regime das Kunststück fertig, mit Astana eine neue Hauptstadt im Norden des Landes zu begründen. Der im Jahr 2014 73-jährige autokratisch herrschende Präsident lässt sich neuerdings als «Elbasi», Haupt des Volkes, anreden und erwägt eine Umbenennung seines Landes in «Kasak eli» (Land der Kasachen), wohl um dem nicht zum Besten bestellten Ruf von Ländern mit der persischen Endung «-stan» zu entrinnen. Nichtsdestotrotz nimmt der britische Komiker Baron Cohen diese «beste Nation in der Welt» in seinem Film «Borat» grausam auf die Schippe!

Das Land mit den reichen Bodenschätzen

Wir besuchten die frühere Kapitale Almaty, die mit dem Bus in vier Stunden von Bischkek zu erreichen ist. Die 1,5-Millionen-Metropole ist nach wie vor geistiges und wirtschaftliches Zentrum von Kasachstan geblieben. Die Russen gründeten Almaty im 19. Jahrhundert als Vorposten ihres Kolonialreichs an der Grenze zu China. Es ist in einem Raster angelegt, wie ihn amerikanische Städte, etwa New York, kennen. Die breiten und schnurgeraden Strassen werden von dichten Baumreihen gesäumt. Es wirkt wie eine Oase aus kolonialistischer Zeit mit seinen zaristischen Verwaltungsbauten, sowjetisch-klassizistischen Betonblöcken der Nachkriegszeit, mit neuen Hotels und Bürohäusern westlicher Firmen. Sie alle sind interessiert an den reichen Bodenschätzen des Landes. Die Menschen sind viel besser angezogen als in Bischkek, und statt alter Rumpelkisten dort fahren hier schwere schwarze Autos mit dunkel getönten Scheiben durch die Strassen. Neureiche Russen oder Kasachen haben wie auch immer die Umstellung auf den Kapitalismus geschafft, während der Grossteil der Bevölkerung sich gerade über Wasser halten kann. Almaty ist eher eine russische Stadt geblieben, denn auch die Mehrheit der Kasachen spricht eher russisch als kasachisch. Vermutlich wollte die Regierung mit der Hauptstadtverlegung auch sichtbar mit der kolonialen Vergangenheit brechen.

Russland möchte Teil der früheren Macht zurückerobern
Russland steht seit Anfang 2000 unter der Präsidentschaft von Wladimir Putin – einmal kurz aus Gründen der Amtszeitbeschränkung im Ämteraustausch mit Ministerpräsident Dmidtrij Medwedew. Es ist offensichtlich, dass Putin einen Teil der früheren Stellung Russlands als Weltmacht zurückerobern möchte. Das zeigt das Beispiel mit der Ukraine, das durch günstige Gaslieferungen 2013 enger an das einstige Mutterland gebunden werden sollte – bevor dann die europäisch ausgerichtete Strömung des westlichen Teils des Landes mit offener Revolte gegen die Staatsmacht von Präsident Wiktor Janukowitsch aufbegehrte. Das zeigte der Staatsstreichversuch in Georgien, hinter dem der russische Geheimdienst stand. Das zeigen die Interventionen in den Republiken des Kaukasus, die man nicht auch noch verlieren will. Genauso bekundet Russland erneut ein strategisches Interesse an den Ländern Zentralasiens. Aber auch die USA strecken ihre Fühler in diese Region, sei es wegen deren Rohstoffreichtum oder der geopolitisch exponierten Lage zu Afghanistan, China, Russland und dem Iran. Putin hat es auch verstanden, mit den Olympischen Winterspielen im Februar 2014 in Sotschi am Schwarzen Meer – aber mit Austragungsorten in 50 Kilometer entfernten schneesicheren Gebieten des Kaukasus – das vielseitige und moderne Russland zur Darstellung zu bringen, ohne an der Eröffnungsfeier auch die zaristische Vergangenheit und die kommunistische Revolution von 1917 zu vergessen. Seine Stellung in Russland ist seither wieder gestärkt. Heute ist die Russische Föderation der Fläche nach immer noch das grösste Land der Welt, rutschte aber in der Bevölkerungszahl auf Rang 7 ab. Vom einst mächtigen Ostblock aber spricht heute niemand mehr, seit sich seine Satelliten in die Unabhängigkeit verabschiedet haben.

Der Konflikt in der Ukraine – und wie die Halbinsel Krim wieder russisch wurde
Am stärksten zeigen sich die neuen Machtansprüche Russlands in der Ukraine. Das geplante Assoziierungsabkommen zwischen der EU und der Ukraine war der Auslöser des Konflikts mit Moskau. Als dann der prorussische Präsident Janukowitsch mit anhaltenden Protesten auf dem Maidanplatz der Hauptstadt Kiew weggeputscht und vom Parlament entmachtet wurde, begann die Gegenreaktion. Russland besetzte die Krim-Halbinsel, welche der als Nachfolger von Diktator Josef Stalin frischgewählte sowjetische Parteiführer Nikita Chrustschow 1954 der Ukraine «geschenkt» hatte. Damit sollten die russisch-ukrainischen Beziehungen innerhalb der damaligen UdSSR gestärkt werden. Eine Volksabstimmung besiegelte im Sommer 2014 die Rückkehr zu Russland. Gleichzeitig fanden unter Protesten der neuen Regierung Referenden über die Abspaltung zweier ostukrainischen, russisch dominierten «Volksrepubliken» statt. Seither bekämpfen sich dort Separatisten und Regierungstruppen. Der neugewählte Präsident Petro Poroschenko, ein Oligarch («Schokoladenkönig» genannt) und gemässigter, wendiger Politiker, möchte die auf den Abgrund zusteuernde Ukraine reformieren und in die EU führen. Im September 2014 ist als Vorstufe ein Partnerschaftsvertrag mit der EU abgeschlossen worden.

Die Rolle der Schweiz und des OSZE-Vorsitzenden Burkhalter

Während der ganzen Dauer der Krise standen als Vermittler plötzlich die OSZE und ihr für 2014 wirkender Vorsitzender, Bundespräsident Didier Burkhalter, im Rampenlicht. Noch im Georgien-Konflikt 2008 wurden die OSZE-Dienste verschmäht, die gesamteuropäische Sicherheitsorganisation zunehmend von der Tätigkeit der EU und der Nato an den Rand gedrängt. Jetzt manövrieren die OSZE-Beobachter und deren Präsident Burkhalter zwischen den Fronten. Wenigstens konnte der Dialog aufrechterhalten werden. Putin empfing den schweizerischen Aussenminister. Seine Stellung als Vermittler wurde gestärkt, als der Bundesrat beschloss, bei den von der EU gegen Russland verhängten Sanktionen nicht mitzumachen. Allerdings – dies als Reverenz an die EU – wurden auch Massnahmen zur Vermeidung von Umgehungsgeschäften via die Schweiz beschlossen. Damit liegt unser Land in der Ukrainekrise auf einem klassischen Mittekurs, wie es eigentlich auch unserer Neutralität entspricht.

Die Rückkehr zur Machtpolitik

Die Krim wird russisch bleiben. Zu viel Symbolik und Prestige ist mit dieser Halbinsel verbunden, als dass sie Russland wieder an die Ukraine abtreten würde. Die Sanktionen sollen wohl vermeiden helfen, dass Putin die Ostukraine weiter destabilisiert und letztlich eine Aufteilung dieses Landes erzwingt. Denkbar wäre, dass Vermittlungsbemühungen eine grössere Autonomie für östliche Regionen oder ein Minderheitenstatut in der Ukraine erreichen könnten. Ob damit Russlands Absichten befriedigt wären, bleibt fraglich, denn es lockt die strategisch wichtige Landverbindung zur Halbinsel Krim.

Ausgerechnet 100 Jahre nach Ausbruch des 1. Weltkriegs meldet sich die Machtpolitik wieder zurück: hier in Osteuropa und viel wuchtiger im Nahen Osten, dessen Grenzen weitgehend das Ergebnis des 1. Weltkriegs sind. Syrien, der Irak, der Gazastreifen drohen im Chaos zu versinken. Das Auftreten der Hamas in Gaza und noch weit mehr der «Islamischer Staat» (IS) genannten, religiös inspirierten Kraft geschieht mit einer Brutalität und einem Zynismus, die bisher unbekannt waren. Die IS-Krieger scheinen keinen staatlichen Grenzen zu folgen. Ihr Endzeitszenario ist ein Kalifat, das sich über die gesamte islamische Welt erstrecken soll. Und «Demokratie» bedeutet für sie die Herrschaft eines radikalen Islam. Die USA und der Westen haben den Krieg gegen den Terrorismus noch lange nicht gewonnen, solange die hässliche Fratze von gewaltbereiten islamistischen Gruppen das Geschehen im Nahen Osten dominiert.

Die Zeit ist reif für die UNO-Vollmitgliedschaft

Ich erinnere mich noch gut: 1986, bei der letzten Volksabstimmung zum UNO-Beitritt, wurde die Gegnerschaft massiv unterschätzt. Genauso wie 1992, als wir Befürworter eines Beitritts zum Europäischen Wirtschaftsraum (EWR) mit zu wenig handfesten Argumenten, der Bundesrat zu zögerlich und zurückhaltend agierten. Beide Male gingen diese zwei letzten grossen aussenpolitischen Volksabstimmungen bachab, am 6. Dezember 1992 allerdings nur hauchdünn.

Das Volksmehr reicht nicht
Doch für den neuerlichen grossen «Hosenlupf» vom 2. März zum UNO-Beitritt wage ich die Behauptung: Diesmal wird es gelingen! Wir Befürworter wissen zwar um die Tücke des Ständemehrs. Ein Volksmehr der Schweizerinnen und Schweizer reicht nicht zum Ja. Dazu braucht es auch die Mehrzahl der 23 Ständestimmen. Auf der Mittellandachse wird bereits jetzt auf die drei wichtigen Kantone Aargau, Bern und Solothurn geschielt. Resultiert bei ihnen eine Ja-Mehrheit, dürfte das Ja-Mehr der Kantone gesichert sein. Drei der vier Bundesratsparteien, Arbeitnehmer- und Arbeitgeberverbände liefern Fakten, Argumente und das Gewicht mancher aussenpolitischen Erfahrung für das Ja.

Als Gegenstück zur Globalisierung
Nicht erst seit 1986 ist die Welt zum Dorf und zum gemeinsamen Marktplatz geworden. Der Kalte Krieg und mit ihm die teilweise Lähmung der UNO sind glücklicherweise vorbei. Sie ist die einzige weltweit tätige Staatengemeinschaft und die wichtigste völkerrechtliche Antwort auf die Globalisierung. 189 Länder gehören ihr an, alle ausser der Schweiz und dem Vatikan, der aber kein Staat im üblichen Sinn ist. Und die UNO hat in den letzten Jahren unzweifelhaft Verdienste erworben, die Probleme dieser Welt angepackt, wie Hunger, weltweit grassierende Krankheiten, Menschenhandel, Terrorismus und kriegerische Konflikte. Seit 1948 wurden immer wieder friedenserhaltende Operationen durchgeführt, teils mit mehr, teils mit weniger Erfolg. Ich konnte mich selbst überzeugen, wie gerade im Balkan, im Gebiet des früheren Jugoslawien, ohne solche Einsätze längst wieder Krieg herrschen und die Flüchtlingsströme gerade in unser Land wieder anschwellen würden. Zusammen mit anderen Organisationen wird für Stabilität, den Wiederaufbau und demokratische Strukturen gearbeitet.

Wie steht's mit der Neutralität?

Nun wird von den Gegnern eines Beitritts behauptet, die UNO-Mitgliedschaft sei mit unserer Neutralität nicht vereinbar. Es ist dies ein Argument aus der Mottenkiste, denn in einer Weltorganisation, wo alle Staaten drin sind, kann ein einzelner Aussenstehender gar nicht neutral sein, er ist einfach draussen. Die Schweiz als Vollmitglied könnte auch entgegen andern Behauptungen gar nicht zur Teilnahme an militärischen Eingriffen gezwungen werden. Denn in der UNO-Charta sind in Ergänzung von Artikel 43 zusätzliche Hürden eingebaut, wonach für solche Einsätze Separatabkommen mit freiem Entscheidungsrecht für jedes Mitglied nötig sind. Deshalb sind auch andere neutrale Länder wie Finnland, Schweden, Irland und Österreich Vollmitglied der UNO. Den Wirtschaftssanktionen der UNO haben wir uns richtigerweise schon bisher als Nichtmitglied angeschlossen – denn wer wollte schon gegen den Willen der übrigen Welt Handel mit Iraks Diktator Saddam Hussein oder Finanzgeschäfte mit dem Terroristen Bin Laden erlauben?

Auch in der Generalversammlung dabei sein

Die Schweiz wirkt seit vielen Jahren in vielen Organisationen der UNO mit und bezahlt mit. Nur in der Generalversammlung kann sie nicht mitentscheiden. Das wird weltweit immer weniger verstanden. Wir wollen auch nicht nur zahlen, sondern mitentscheiden können. Dies setzt, wie in jedem Verein, die Mitgliedschaft voraus. Wirtschaftliche und politische Fragen lassen sich heute nicht mehr trennen. Gerade ein Land wie die Schweiz mit weltweiten Wirtschaftsbeziehungen und einem starken Exportanteil muss ein Interesse an Sicherheit und Stabilität in der ganzen Welt haben. Deshalb ist es in unserem wohlverstandenen Interesse, der UNO-Weltgemeinschaft beizutreten.

2002 AZ / Mittelland-Zeitung

Das Ja des Schweizer Volkes zum UNO-Beitritt fiel im zweiten Anlauf am 3. März 2002 relativ knapp aus: 54,6 Prozent der Stimmenden und 12 von 23 Ständen. Es war ein Ja der Vernunft und nicht der Begeisterung. Noch 1986 gab es eine wuchtige Verwerfung mit 75,7 Prozent Nein-Stimmen und Nein-Mehrheiten bei 20 der 23 Kantone. Das Resultat erstaunt weiter nicht, schrieb doch ein so weltoffener Geist wie Friedrich Dürrenmatt damals: «Ich glaube, es war politisch klug, dass wir in die UNO nicht eingetreten sind; wir sind ja auf eine gewisse schweizerische Weise trotzdem drin, und so sollten wir auch jetzt nicht eintreten. Gerade durch unseren Nichtbeitritt spielen wir trotzdem mit ...» Auch bei Dürrenmatt kann eine typisch schweizerische Grundhaltung ausgemacht werden, die so falsch nicht sein kann, wenn sie der sonst so Patriotismus-kritische Schweizer Schriftsteller zu erkennen gegeben hat.

Überorganisation und Verpolitisierung

Die UNO, nach Kriegsschluss von 51 Staaten gegründet, umfasst heute praktisch alle Staaten der Welt. So weltumfassend und friedensstiftend sie auch sein mag (ihre Charta von 1945 nennt als Ziele die Wahrung des Weltfriedens und der Sicherheit, die Förderung internationaler Zusammenarbeit und der Menschenrechte), ihr System mit den zahlreichen Nebenorganen, Sonderorganisationen, Programmen und Fonds sollte dringend überprüft werden, denn es droht an Überorganisation und Verbürokratisierung zu ersticken. Auch der 2006 neu geschaffene Menschenrechtsrat mit Sitz in Genf und 47 Mitgliedern provoziert immer wieder Kritik, ist er doch wegen seiner Zusammensetzung und Verpolitisierung ineffektiv und in seinen Entscheiden manchmal einseitig. Der UN-Generalsekretär von 1997 bis 2006, der Ghanaer Kofi Annan, startete mit ambitionierten Plänen zur Reform der UNO, insbesondere auch des Sicherheitsrates, ist aber damit gescheitert. Sein Nachfolger, der Südkoreaner Ban Ki-moon, ein unaufdringlicher, ruhiger, manchmal etwas zu zögerlicher Diplomat (so zum Beispiel im Syrienkonflikt), verfolgt nun andere Schwerpunkte. Die grossen Reformpläne sind auf der Strecke geblieben. Dafür organisierte er die grosse Klimakonferenz im Herbst 2014, um endlich die jetzt auf 40 Mrd. Tonnen gestiegenen CO_2-Emissionen mit einem Abkommen zu reduzieren.

Schweiz wird 190. UNO-Mitglied

Der Schreibende gehörte als Vizepräsident der Gesellschaft Schweiz – UNO zur rund 60-köpfigen Delegation, welche der Aufnahme der Schweiz als 190. Mitglied am Sitz der UNO in New York beiwohnen konnte. Der Aufnahmeakt für ein neues Mitglied erfolgt jeweils zu Beginn der ordentlichen Session der Generalversammlung, damals im September 2002. Weil sich tags danach gerade 9/11, also der «Schwarze 11. September», mit den Terroranschlägen aufs World Trade Center in New York und aufs Pentagon in Washington jährte, lag eine bleierne Schwere über der Milli-

Am Aufnahmetag der Schweiz in die UNO am Hauptsitz in New York: Silvio Bircher im Gespräch mit UNO-Generalsekretär Kofi Annan. Rechts neben ihm sein wachsamer Bodyguard.

onenstadt. Wir mussten von unserem Hotel nur einige Parallelstrassen überqueren, um zum UNO-Hauptsitz am East River zu gelangen. Weil auch Präsident George W. Bush mit gleichem Ziel im Auto diesen Weg abfuhr, waren Dutzende von Strassen von Polizei und Barrikaden grossräumig abgeriegelt, so gross war die (berechtigte) Angst vor neuerlichen Attacken.

Grosse Villiger-Rede und Aargauer Braten

Bundespräsident Villiger und Aussenminister Joseph Deiss, der später für ein Jahr Präsident der UNO-Generalversammlung werden sollte, vertraten im grossen Plenum das Neumitglied Schweiz. Kaspar Villiger betonte in seiner engagierten, in allen drei Landessprachen gehaltenen Ansprache, dass die Schweiz als neutraler Staat beitrete. Engagieren wolle man sich bei der Weiterentwicklung des Völkerrechts, der Entwicklungszusammenarbeit, bei friedenssichernden Aktivitäten, Umweltstandards und bei den Menschenrechten. Nach den offiziellen Reden im grossen Plenarsaal wurde im Beisein von Kofi Annan, mit dem auch wir «normale» Delegationsteilnehmer das Gespräch führen konnten, draussen vor dem Hauptgebäude bei einer steifen Bise die Schweizer Flagge aufgezogen. Man wähnte sich ein Stück weit am Nabel der grossen Weltpolitik. Starkoch Anton Mosimann – ich ass mit ihm das Frühstück, denn er logierte im selben Hotel und erzählte in lockerer Art von seiner Bewirtung des englischen Königshauses – kochte darauf Rösti und andere Schweizer Spezialitäten. UNO-Delegierte der Mitgliedländer und die Schweizer Delegation genehmigten sich ein spätes Mittagessen. Ein Hauch von Internationalität mischte sich in den Duft von Rösti, Züri-Gschnetzeltem und Aargauer Braten. Und die geladenen Gäste erhielten als «give-away» Schweizer Schokolade ...

Und überall wehte das Sternenbanner

Abends bei einem sehr lockeren Empfang mit dem Schweizer Aussenminister wurden auch kritische Töne laut: Die UNO war und ist nicht perfekt, hat viele Mängel, krankt an Bürokratie, kann zwar Erfolge bei manchen Konfliktlösungen vorweisen, ist bei andern Krisen jedoch untätig geblieben oder gescheitert. Aber insgesamt überwogen die positiven Meinungen: Wir müssen dabei sein, die Vereinten Nationen sind eine friedensstiftende Organisation und damit eine Notwendigkeit. Tags danach besuchte der Schreibende an der Südspitze von Manhattan die Kraterlandschaft von 9/11, da wo über 3000 Menschen dem Terror zum Opfer fielen und einst die höchsten Gebäude von New York gestanden hatten. Hunderte von Feuerwehrleuten, Polizisten und Angehörige von Getöteten trauerten und hielten Gedenken, viele weinten oder sangen. Manhattan und auch die Zufahrtsstrassen waren voll von US-Flaggen. Auch ausserhalb New Yorks, auf einer Fahrt entlang der Ostküste: Überall wehte das Sternenbanner. Man merkte: Das Land hielt zusammen, ungeachtet der vielen dort wohnenden Nationalitäten. Die USA sind ein patriotisches Land. So wenigstens erlebte ich es, ein Jahr nach dem Terrorakt, den auch die UNO nicht verhindern konnte ... (siehe dazu auch das Kapitel «Zwischen regionalem und globalem Terrorismus», Seite 38).

Europa vom Atlantik bis zum Ural

Die Entwicklung Europas gestaltet sich um einiges komplizierter, als manche es noch vor wenigen Monaten vermuteten. Alles starrte damals auf das ominöse Datum des 1. Januar 1993, das sich die Europäische Gemeinschaft (EG) mit der Schaffung des Binnenmarktes zum Ziel setzte. Die sechs Mitgliedländer der Europäischen Freihandelszone (EFTA), unter ihnen die Neutralen mit der Schweiz, rüsteten zum wirtschaftlichen Anschluss, der unter der Bezeichnung Europäischer Wirtschaftsraum (EWR) segelt und möglichst schnell erfolgen sollte. Doch inzwischen sind Ereignisse eingetreten, die von ganz anderen Dimensionen für die Zukunft Europas sind und den Zeitplan in Verzug bringen könnten. Europa hat innert weniger Monate durch die Revolutionen in Ost- und Mitteleuropa das Ende der Nachkriegsepoche erlebt und die Ergebnisse der Konferenzen von Jalta und Potsdam aufgehoben. Deutschland hat sich wiedervereint – mit noch unbekannten Auswirkungen. Neue Überlegungen und Verknüpfungen in der Europapolitik, eine Ausweitung der wirtschaftlichen Integration aus dem EG-EFTA-Schema heraus, sind notwendig geworden.

Osteuropäer warten auf «Europäisches Haus»

Diese Erkenntnis gewann ich nicht zuletzt an Konferenzen des EFTA-Komitees, dem ich als Schweizer Vertreter angehöre, mit Parlamentsvertretungen aus fünf osteuropäischen Ländern. Am selben Tisch sitzt zeitweise auch eine Delegation des EG-Parlaments. Schon allein die Offenheit der Gespräche, die parallel ja auch auf Ministerebene festzustellen ist, wirkt frappant. Allen scheint klargeworden, dass es heute letztlich um Gesamteuropa gehen muss. Denn noch nie war der Zeitpunkt für eine Überwindung der zeitweisen Spaltung unseres Kontinents so günstig wie heute. Man erinnert sich unwillkürlich an den flammenden Aufruf des britischen Kriegspremiers Winston Churchill 1946 in Zürich zur Schaffung «einer Art Vereinigte Staaten von Europa». Die Gründung des Europarates 1949, der Marshall-Plan der USA zum Wiederaufbau nach dem Krieg und erst recht die militärischen und Wirtschaftsblöcke machten aber immer wieder halt an der kalten Front des Eisernen Vorhangs. Dass nun auch Michail Gorbatschow nach dem «gemeinsamen Haus Europa» ruft, zeigt die völlige Umwälzung. Der erste nichtkommunistische Ministerpräsident Polens nach dem 2. Weltkrieg, Tadeusz Mazowiecki, spricht gar von der «Wiedergeburt unseres Kontinents». Aber die Mauer, die Europa politisch getrennt habe, müsse heute auch wirtschaftlich überwunden werden.

Ungeachtet des Aufbruchs in Osteuropa schreitet der Integrationsprozess Westeuropas voran. Die EG will neben der Wirtschafts- und Währungsunion neu auch die Politische Union aufbauen, mit einer gemeinsamen Aussen- und Sicherheitspolitik. Doch vorerst bildet neben dem erwähnten Binnenmarktziel für den 1. Januar 1993 die Neuregelung der Beziehung mit den EFTA-Staaten das Dauertraktandum – hin- und hergerissen von bald optimistischen, dann wieder pessimistischen Verhandlungsmeldungen.

Wie kann Europa gemeinsam gestaltet werden?

Für mich ist weniger der EWR-Vertrag und ein möglicher EG-Beitritt die Schicksalsfrage der Zukunft. Für mich ist bedeutsam, ob es gelingt, einen dauerhaften Schulterschluss zu bilden zwischen Osteuropa und den EG- wie EFTA-Staaten, also mit Westeuropa, und das aus mehreren Gründen. Zum einen sind es historische Bande, die über Wien hinaus in den Donauraum reichen. Zum andern brauchen wir eine enge Zusammenarbeit zur Lösung der schwierigsten Probleme wie Verschuldung zwischen 8 und 70 Milliarden Franken, Mängel in der Versorgungslage und in der Infrastruktur, Umweltzerstörung. Zwar kennen Länder wie Ungarn und die Tschechoslowakei marktwirtschaftliche Elemente, aber das System eines zentralen, planwirtschaftlichen Apparates domi-

Das riesige Europaparlament der 28 EU-Mitgliedstaaten in Strassburg: Im Mai 2014 ergaben die Neuwahlen von den total 751 Sitzen 213 für die Christdemokraten (EVP) und 193 für die Sozialdemokraten. Diese stellten danach mit Martin Schulz den Parlaments-, die EVP mit Jean-Claude Juncker den Kommissionspräsidenten.

niert. Der Westen selbst kann kein Interesse an einem starken West-Ost-Gefälle haben, weil sonst ein Abwanderungssog entsteht, wie er zwischen der ehemaligen DDR und der BRD bereits im Gange ist. Deshalb ist eine Verdichtung der Integrationsbestrebungen Richtung Osteuropa notwendig. Dass die EG mit ihren zentralistischen Strukturen auf diese neuen Entwicklungen zu wenig flexibel reagieren konnte, ist bedauerlich, aber eine Tatsache. Und es ist typisch, dass als Ansprechpartner für diese neuerwachten, europafreundlichen Staaten zuerst der wirtschaftlich unbedeutende Europarat in Strassburg und die nur etwas über 30 Millionen Menschen repräsentierende EFTA in Frage kommen. Einzelne Länder der EFTA nehmen sich besorgt der Umweltrisiken aus Osteuropa an.

Nur weiträumige Abkommen helfen

Die Zerstörungen der Umwelt ticken wie eine Zeitbombe in diesen Ländern. Die neuen Regierungen machen erst Inventur. Doch wir sind eingebettet in diesen Prozess, weil Giftstoffe an den Grenzen nicht Halt machen. Aber auch im sicherheitspolitischen Bereich gilt es neue Verknüpfungen und blocküberwindende Systeme zu entwickeln. Diese Staaten dürfen nicht einfach einer ungewissen Zukunft überlassen werden, wenn sie sich jetzt langsam vom Warschauer Pakt zu lösen beginnen. Was geschähe, wenn die «Perestroika», der Umbau in der Sowjetunion, unterbrochen und ein Ruckfall eintreten würde? Hier ruhen die Hoffnungen ebenfalls ausserhalb der EG, auf der KSZE (heutiger Name OSZE), wo alle Länder Europas blockübergreifend versammelt sind. Vielleicht gelingt es dieser gesamteuropäischen Organisation, dem Schreckbild einer atomaren oder ökologischen Apokalypse ein vertrauensbildendes Verhältnis unter den europäischen Völkern entgegenzustellen, das uns in eine friedliche Zukunft führt.

1990 Zofinger Tagblatt und SMUV-Zeitung

Das EWR-Abkommen mit der EU

Es wäre falsch, als Befürworter des EWR-Abkommens nur die Vorteile dieses Vertragswerks aufzeigen zu wollen. Denn es liegt in der Natur eines jeden Vertrags – und besonders wenn 19 Staaten als Vertragspartner beteiligt waren –, dass ein Zustandekommen ohne Kompromisse, ohne ein Geben und Nehmen nicht möglich gewesen wäre.

Eine gesamtstaatliche statt Einzellösung

Deshalb ist es falsch, wenn jeder Vertragspartner das EWR-Abkommen einzig auf seine Vor- und Nachteile auszuloten beginnt. Das ganze europapolitische Umfeld, die Ziele der EG (heutiger Name EU) sowie unserer EFTA-Partner haben geändert: Gefragt sind nicht mehr wie früher einzelstaatliche Vertragsabschlüsse, sondern die Länder Europas wollen gesamtstaatliche Abkommen, in denen die Gesamtheit der Integrationsfragen behandelt wird.

Im Gegenzug aber stellt der EWR-Vertrag mit seiner ganzen Fortentwicklung und den Bereichen weit um das rein Wirtschaftliche herum das Überwinden des nationalstaatlichen Egoismusdenkens dar:
- das Überwinden einer Politik mit dem Rechenschieber, wo jedes europäische Engagement bis auf die Stelle nach dem Komma im voraus rentieren muss.
- Die Chance, in brennenden Fragen wie der Umweltpolitik Durchbrüche zu erzielen, steigt, weil sich im einzelstaatlichen Vorgehen jedes Industrieland immer auf Konkurrenznachteil wird berufen können.
- Die Zustimmung zum EWR-Vertrag bedeutet aber auch das Bekenntnis, dass wir zu diesem Europa gehören, wie es sich seit dem 2. Weltkrieg zunehmend friedlicher entwickelt hat.

So gesehen hat dieses Abkommen unter den 19 früher vielfach zerstrittenen Staaten durchaus auch eine geschichtliche und nicht nur wirtschaftliche Dimension. Der gemeinsame Binnenmarkt mit vielen gegenseitigen Beziehungen und die ausgleichenden Massnahmen zwischen reicheren und ärmeren Staaten bilden so etwas wie eine friedensstiftende Klammer in Europa, die es zu stärken und nicht zu schwächen gilt. Schauen Sie sich auch die Landkarte dieses Europäischen Wirtschaftsraumes an: Von Island über Irland bis an die Ostgrenze Deutschlands, vom Nordkap bis nach Sizilien und Gibraltar oder Griechenland, alles wird dabei sein! Und in absehbarer Zeit werden die Staaten Mittel- und Osteuropas ebenfalls hinzukommen. Und da frage ich die Gegner des EWR: Soll nur dieser Staat Schweiz, mitten in diesem zusammenwachsenden Europa, draussen bleiben?

Exportnachteile befürchtet

Die Gegner des EWR-Abkommens schulden uns bis heute auch die Antwort zur Frage, was der Alleingang denn für eine Zukunft hat. Seit 1960 betreiben wir nämlich Güterfreihandel gemäss dem EFTA-Abkommen und seit 1972 auch mit den EG-Staaten. 70 Prozent unserer Exporte gehen in dieses zukünftige EWR-Gebiet. Dieser Freihandel ist in Frage gestellt, wenn wir als einziges der EFTA- und EG-Länder dem EWR fernbleiben. Wir könnten nicht mehr mit gleichen Spiessen auftreten wie die Konkurrenz in diesen Ländern. Wenn unsere Waren und Dienstleistungen in EWR-Staaten schlechter behandelt werden, könnten Firmen ihre Produktion dorthin verlegen. Sie exportieren dann nicht mehr Güter, sondern Arbeitsplätze. Investitionen in dynamischen Branchen unterblieben. Aber wenn Investitionen unterbleiben und hochstehende Produktion abwandert, trifft das unsere gesamte Volkswirtschaft. Die grossen Exportfirmen in der Schweiz haben Tausende kleiner und mittlerer Zulieferbetriebe.

Schutzpolster für die Löhne

Der Alleingang ohne EWR hat somit auch wirtschaftlich gesehen keine Zukunft, wir würden damit den Rückwärtsgang einschalten. Aber wir dürfen trotz EWR-Abkommen auch das innerstaatliche Handeln nicht vernachlässigen. Ich greife den Lohnbereich heraus: Um dort Einbrüche zu verhindern, sind Schutzpolster vorzusehen. Ich denke an die erleichterte Allgemeinverbindlicherklärung von Gesamtarbeitsverträgen, wie sie etwa Deutschland kennt. Dazu müssen die Kantone weiterhin die Kompetenz haben, Mindestlöhne festzulegen, wo sich Missstände zeigen sollten. Besonders für Grenzregionen könnte sich diese Mindestlohnregelung, wie sie heute bereits besteht, aber mit dem EWR-Abkommen dahinfallen würde, als nötig erweisen. Eine wache Regierung wird hier zum Rechten sehen, denn niemand kann ein Interesse haben, dass ein Aussenseiter mit rasch importierten Grenzgängern soziales Dumping betreibt.

Also auch hier: Das EWR-Abkommen bietet uns Chancen, verlangt aber auch wache Reaktion auf die zu erwartenden Risiken. Auf jeden Fall dürfen wir uns gegenüber Europa nicht isolieren und damit den wirtschaftlichen Krebsgang einschlagen. Wir alle sind gefordert, diesen bedeutenden Entscheid mitzutragen!

1992 Votum im Nationalrat, EWR-Debatte

Der steinige Weg im Verhältnis zur EU

Noch 1972 herrschte in der Schweiz über die europäische Zusammenarbeit Einigkeit. Unser Land, zusammen mit andern neutralen Staaten und Grossbritannien in der EFTA-Freihandelsorganisation, schloss mit der EWG (heutige EU) ein Freihandelsabkommen ab. Im Konsens gabs grosse Zustimmung beim Schweizer Stimmvolk. 20 Jahre später folgte die EWR-Abstimmung, bei der ich mich für ein Ja eingesetzt hatte (siehe vorheriges Nationalratsvotum). Seit diesem «schwarzen Sonntag», wie ihn damals Wirtschaftsminister Delamuraz bezeichnete, herrscht in unserem Land in der Europa-Politik ein Wechselbad der Gefühle. Über den Weg und die Form der Zusammenarbeit mit der EU scheiden sich die Geister.

Bundesratspositionen gaben beim EWR-Nein den Ausschlag
Spätere Umfragen zeigten, dass die hauchdünne Nein-Mehrheit von 50,3% vom 6. Dezember 1992 zwei Ursachen hatte: Einerseits beschloss eine knappe Bundesratsmehrheit von Jean-Pascal Delamuraz (FDP), Flavio Cotti (CVP), René Felder (SP) und Adolf Ogi (SVP) gegen Arnold Koller (CVP), Kaspar Villiger (FDP) und Otto Stich (SP), noch vor der Schicksalsabstimmung über den rein wirtschaftlich begründeten Europäischen Wirtschaftsraum, ein EU-Beitrittsgesuch in Brüssel einzureichen. Und nachdem Adolf Ogi den EWR fatalerweise noch als «Trainingslager für die EU» bezeichnete, wurde der EWR-Abstimmungskampf endgültig zur EU-Debatte umfunktioniert. Wir hatten auf den Podien einen schweren Stand, die Leute vom Gegenteil zu überzeugen. Andererseits stand ein Teil der Linken (die SP beschloss die Ja-, die Grünen die Nein-Parole) der Vorlage skeptisch bis ablehnend gegenüber, weil sie entweder kein Wirtschaftsabkommen oder dann eine vollständige EU-Mitgliedschaft wollten. Fazit: Das knappe Nein zum EWR von 1992 galt eher der EU und dem verwirrlichen Auftritt der Landesregierung.

Koller redet Klartext: Mit mir als EDA-Chef wäre alles anders geworden
Nochmals rund 20 Jahre später: Alt Bundesrat Koller schreibt in seinen Memoiren, wäre nicht sein Parteikollege Cotti, sondern er Aussenminister geworden, hätte sich die Europapolitik anders entwickelt. Mit 4 gegen 3 entschied sich im März 1993 bei der Departementsverteilung der Gesamtbundesrat für Cotti – und wiederum sei die entscheidende vierte Stimme von Adolf Ogi gekommen, wie schon beim EU-Beitrittsgesuch ein Jahr vorher. Koller hätte einen neuen EWR-Anlauf gewagt, und der EU-Beitritt wäre nicht das strategische Ziel des Bundesrats geblieben (wie es bis 2005 der Fall war). Ja, diese falsche Europa-Politik hätte, so ist aus den Memoiren des CVP-Bundesrats herauszulesen, auch zum Ja zur Masseneinwanderungsinitiative vom 9. Februar 2014 beigetragen. Bekanntlich folgte nach der Ablehnung des EWR-Vertrags mit der EU der Abschluss der bilateralen Abkommen, in denen auch die Personenfreizügigkeit

enthalten ist. Diese führt dazu, dass die Schweiz pro Jahr eine Nettoeinwanderung von über 80 000 EU-Bürgern verzeichnet. Es ist den Firmen erlaubt, Fachkräfte im Ausland zu rekrutieren, ohne vorher zu prüfen, ob der Bedarf durch inländisches Personal gestillt werden könnte. Viele Schweizer über 50 klagen, auf dem Arbeitsmarkt chancenlos zu sein. Erst nach dem 9. Februar wurden Massnahmen eingeleitet, diese Situation zu verbessern.

Brüssel zeigt sich stur – neue Verhandlungen werden abgelehnt
In der EU-Zentrale ist der Entscheid des Schweizervolks zur Einwanderungspolitik ungnädig aufgenommen worden, obwohl vier Tage danach eine Gallup-Umfrage Erstaunliches ergab: 62 % der Deutschen, 70 % der Franzosen und gar 77 % der Engländer hätten bei einer gleichen Befragung in ihrem Land gleich entschieden wie eine knappe Mehrheit der Schweizer. Eine Beschränkung der Zuwanderung und der Vorrang von SchweizerInnen auf dem Arbeitsmarkt sei nicht verhandelbar, erklärte die EU nach dem 9. Februar. Sie betrachte alle bilateralen Verträge als ein Gesamtpaket, das nicht aufgeschnürt werden könne. Allerdings ist bekannt, dass auch das Stromabkommen, Steuerfragen und der ganze rechtliche Rahmen der Bilateralen in Diskussion stehen. Aber Brüssel will kein Präjudiz schaffen. Andere Staaten sollen nicht auf den Geschmack gebracht werden. Denn in der EU ist längst nicht alles zum Besten bestellt. Da ist die Euro-Krise, das umstrittene Hilfspaket für Griechenland, der Graben zwischen Norden und

EU-Kommissionspräsident Jean-Claude Juncker, der neue starke Mann in der Europäischen Union. Neben ihm der frühere französische Premierminister François Fillon.

Süden und neu auch zu den zuletzt beigetretenen acht osteuropäischen und baltischen Staaten. Da ist das Demokratiedefizit, indem eine übermächtige Exekutive und ein Bürokratenapparat das vom Volk gewählte Europaparlament und erst recht die Bürger an die Wand drücken.

Mehr Zentralismus und weniger Demokratie in der EU

Brüssels Einflussbereich wird in den 28 Mitgliedstaaten immer mehr ausgedehnt. So wurde auch der Entscheid, den Euro einzuführen, von Technokraten gefällt. Bloss Dänemark und Schweden liessen darüber abstimmen – beide sagten nein. Auch die Zentralisierung nahm zu. Als sich 1993 die Europäische Gemeinschaft EG zur Europäischen Union EU formte, wurden die meisten Zwänge zur Einstimmigkeit abgeschafft und bisherige nationale Parlamentsrechte an das Europaparlament übertragen. Bei Kompetenzgerangel zwischen der EU und den Mitgliedstaaten hat der Europäische Gerichtshof immer für die Zentrale entschieden, weil in den Verträgen «der immer engere Zusammenschluss» vorgegeben sei. Teils wird gegen fundamentale Beschlüsse und Gesetze verstossen, ohne dass Brüssel etwas unternimmt. So werden die Schuldengrenzen oder das Dublin-Abkommen nicht eingehalten, dem die Schweiz 2005 auch beigetreten ist. Es gibt vor, ein Land könne Asylbewerber ohne aufwändiges Verfahren an das Erstasylland zurückschicken, wo die Gesuchsprüfung bereits stattgefunden habe. Realität aber ist, dass kein Land mehr Migrantinnen nach Griechenland zurückschicken kann, weil dort trotz Millionenzahlungen der EU die nötigen Strukturen fehlen. Und Italien versäumt es bewusst, ankommende Migranten zu prüfen und zu registrieren. Das Bel Paese lässt sie als anonyme Unpersonen nach Norden ziehen, trotz Millionenhilfe aus dem EU-Fonds.

Wie weiter in der Europapolitik?

Die Türe zur EU darf nicht zugeschlagen werden. Aber es ist undemokratisch, sich in ein Vertragswerk einbinden zu lassen, in dem quasi ein automatischer Nachvollzug aller EU-Regeln die Folge ist. Denn ein Beitritt zur heutigen Form der EU wird von einer überwiegenden Mehrheit des Schweizervolks abgelehnt. Die Einschränkungen der demokratischen Rechte wären zu gross. Nach Annahme der Einwanderungsinitiative hat der Bundesrat drei Jahre Zeit, diese umzusetzen. Bis 2016 ist Zeit, mit der EU über die Änderung der Personenfreizügigkeit, z.B. die Einführung von Kontingenten und Inländervorrang, zu entscheiden. Jede Verhandlung gibt auch die Möglichkeit, Lasten der Schweiz zu Gunsten Europas aufzuzeigen, wie es beim Landverkehrsabkommen (Durchfahrt Nord-Süd-Verkehr) der Fall ist. Oder man legt den extrem hohen Ausländeranteil von 24 Prozent (in Deutschland beträgt er vergleichsweise 9 Prozent) stärker in die Waagschale. Auch könnte dem Parlament ein neuer Verfassungsartikel über die Zuwanderung zur Beratung vorgelegt werden. Letztlich aber ist es das Volk, welches über den Weg im Verhältnis zur EU entscheiden wird. Und vielleicht beeinflusst die Neubestellung der EU-Spitze vom Herbst 2014 das Verhältnis der Schweiz zu den Brüsseler Verhandlungsorganen im positiven Sinne.

Der ewige Kampf um die Bundesratssitze

Das Bundeshaus und die Bundespolitik bewegen sich nicht in einem geschlossenen Raum. Weltweit herrscht Unsicherheit, ja Terror. Auch bei uns hat ein Attentat im Parlamentssaal des Kantons Zug viele Tote gefordert. Davon handeln die ersten beiden Beiträge. Dann wenden wir uns dem Bundesrat zu. Er ist so etwas wie der Nukleus der Schweizer Politik. Auch wer nicht viel von Schweizer Politik weiss, kennt ihn. Den Bundesrat und erst recht dessen Wahlen umgibt eine gewisse Aura. Ist es, weil er seit Beginn des Bundesstaats 1848 unverändert mit sieben Mitgliedern unverrückbarer Teil der Eidgenossenschaft ist? Und diese Zahl sieben scheint faszinierend, fast so wie die sieben antiken Weltwunder. Denn alle Versuche, an ihr und an der Struktur der Landesregierung zu rütteln, scheiterten bisher. Zwar sind einzelne wenige Teilreformen gelungen. Über solche Reformversuche und die erfolgreiche Streichung der Verfassungsvorschrift, dass pro Kanton nur ein Mitglied dem Bundesrat angehören darf – und zu allem Überfluss zählte jahrzehntelang als Kriterium der Heimatortkanton! –, handeln meine ersten drei Beiträge. Bundesrätin Ruth Dreifuss war damals nur wählbar, weil ihre Schriften kurz vor der Bundesratswahl von Bern (dessen Sitz schon besetzt war) nach Genf verschoben wurden! Der vierte Beitrag schildert auf Grund von Direkterlebnissen von 1979 bis heute meine Einschätzung und die Wahlzäsuren des wohl bekanntesten und auch umstrittensten Politikers der Schweiz, Christoph Blocher. Vom im August 2013 am Filmfestival Locarno gezeigten Film über ihn war ich enttäuscht. Damit befinden wir uns mitten in der Aktualität: der heftig umstrittenen Frauenvertretung im Bundesrat, den drei heutigen Bundesrätinnen, der Entwicklung der Konkordanz Richtung Konkurrenzsystem, der aus fünf Parteien zusammengesetzten heutigen Landesregierung und dem Dilemma zwischen Regierungs- und Oppositionsrolle, in welcher die Parteien heute stecken.

Weltweite Erschütterungen von New York bis ins Bundeshaus

Zwei Ereignisse liessen im Jahre 2001 schlagartig die Frage nach der Sicherheit auch von Parlaments- und andern öffentlichen Gebäuden ins Zentrum rücken. Es war der «schwarze 11. September» mit den Terroranschlägen in New York und Washington sowie Ende desselben Monats das Blutbad im Kantonsratssaal von Zug: hier die Wahnsinnstat eines Amokläufers gegen die angeblich ungerechte Behandlung durch die Behörden, dort der «Heilige Krieg» islamistischer Fundamentalisten gegen das ganze Abendland. In zeitlicher Distanz zu diesen Ereignissen sind Grundsatzfragen der Güterabwägung zwischen Freiheit und Sicherheit, zur Problematik der Gewalttoleranz im Alltag, zum Umgang mit Querulanten, ja zum Umgang mit dem Risiko ganz allgemein zur Diskussion gestellt. Doch vorerst ging es ganz konkret um den unmittelbaren Personen- und Gebäudeschutz in der Schweiz.

Tödliche Attentate in Deutschland – mit Waffen an die Wahlurnen

Die direkte Demokratie und das Milizsystem in den kantonalen Parlamenten sowie den beiden Kammern des Bundesparlaments gebieten, dass keine Kluft zwischen Behörden und Bevölkerung entsteht. Dazu gehört auch der freie Zugang der Bürgerschaft zu unseren Institutionen. Dazu gehört auf der andern Seite, dass sich Politikerinnen frei und ungeschützt bewegen können. Das ist alles andere als selbstverständlich. In Krisengebieten wie Afghanistan, Irak, Libanon und jüngst in Libyen, Tuncsien und Ägypten sind politische Morde fast schon Alltag geworden. Aber auch Parlamentswahlen in andern Staaten werden regelmässig von Attentaten überschattet. Die langsam an demokratische Standards herangeführten Balkanstaaten oder ehemaligen Sowjetrepubliken in Zentralasien zählen dazu. Während Wahlbeobachtungen für die OSZE machte ich dort die Erfahrung, dass häufig ganze Familien- und Gesellschaftsclans bis zum Wahltag mit den Waffen um ihre Vorherrschaft kämpfen. Kandidaten wurden noch kurz vor oder während dem Urnengang ermordet. Aber auch in unseren beiden demokratischen Nachbarstaaten erinnern wir uns an die tödlichen Attentate der italienischen «Brigate rosse» oder der deutschen Rote Armee Fraktion (RAF) um Andreas Baader, Gudrun Ensslin und Ulrike Meinhof auf Polizisten, Politiker und Wirtschaftsführer. Allein in Deutschland fielen der RAF bis 1993 insgesamt 34 Menschen zum Opfer. Das alles hat in diesen Ländern schon in den siebziger Jahren zu starken Sicherheitsvorkehren geführt. Der Zugang zu Regierungs- und Parlamentsgebäuden erfolgt dort nur über Sicherheitsschleusen. Leibwächter sind an der Tagesordnung.

Bis 9/11 und Zug paradiesische Zustände im Nationalrat

Fast während meiner ganzen Nationalratszeit von 1979 bis 1993 herrschten bei uns bis zum Attentat von Zug geradezu paradiesische Zustände. Personenschutz erfolgte selbst bei Bundesräten nur in speziellen Fällen. Ihre Arbeitswege in Bern legten sie oft allein zu Fuss zurück. Auch exponierte Verwaltungsabteilungen beim Bund und in den Kantonen verfügten nur ganz vereinzelt über Eintrittskontrollen und Sicherheitsdispositive, so etwa das Verwaltungsgebäude des EJPD am Bundesrain mit Bundesanwaltschaft und Polizeibehörden. Eine fast gänzliche Tabuzone blieb bis zu den Attentaten die zentrale Halle im Bundeshaus. Als ich im Dezember 1979 als neugewählter Nationalrat am Montag des Zibelemärits nach einer tüchtigen Konfettischlacht die Drehtüre des Bundeshauses passierte, fragte niemand nach meinen Personalien. Wer hinein wollte, kam hinein. Das wurde auch etwa missbraucht. So wurden auf der Tribüne ganz vereinzelt Spruchbänder entrollt. Die einzige schwerwiegende Attacke auf die Integrität des Nationalrats geschah im Jahre 1968, als eine Gruppe der jurassischen separatistischen Jugendbewegung «Bélier» in den Sitzungssaal sprengte, sich dort anketten wollte und erst nach einem veritablen Handgemenge die Räumung gelang. In der Folge wurden die Klapptüren ins Bundeshaus-Eingangsfoyer durch Rondellen ersetzt, die jederzeit blockiert werden können.

Die Handgranate im Nationalratssaal

Eher zum Schmunzeln denn zu ernsthafter Besorgnis brachte uns jener «Vorfall», den unser FDP-Ratskollege Felix Auer im Jahr 1985 provozierte. Es war der Montag zu Beginn einer Sessionswoche, als der Baselbieter Volksvertreter mit verschmitztem Lachen hinter mir und dem Bündner SP-Vertreter und ehemaligen Ratspräsidenten Martin Bundi im Nationalratssaal auftauchte, aus dem Hosensack eine auf sonntäglicher Alpenwanderung gefundene Handgranate – ein Blindgänger – zog und auf die mangelnden Sicherheitsvorschriften im Bundeshaus aufmerksam machte. Danach war der Teufel los. Der anschliessende Pressewirbel zog eine Strafuntersuchung durch die Bundesanwaltschaft nach sich … Es grenzte eigentlich an ein Wunder, dass in jenen Jahren nie wirklich ein ernsthafter Zwischenfall geschah. Aber nach 2001 war es um die Gemütlichkeit geschehen: Überwachungskameras, Personenkontrolle und Sicherheitsschleusen wurden installiert, die noch heute manchem Ehemaligen beim Betreten des Bundeshauses ein Lächeln entlocken …

2011 im Buch «Parlamentsgeschichten», Stämpfli-Verlag Bern

Zwischen regionalem und globalem Terrorismus

Wo stehen wir heute? Wie zeigt sich die Sicherheit bei Wahlen, in Parlamenten, weltweit und bei uns? Weltweit ist die Bedrohungslage nach dem 9/11-Jahrhundertattentat von New York und Washington im Jahre 2001, dem 3000 Menschen zum Opfer fielen, labil und gefährlich geblieben.

Präsident Bushs Kampf gegen die «Achse des Bösen»
Nach der Flugzeugattacke auf die beiden Zwillings-Wolkenkratzer an der Südspitze Manhattans propagierte der amerikanische Präsident George W. Bush den Kampf gegen die sogenannten Schurkenstaaten, die «Achse des Bösen», gegen Al-Kaida und dessen saudischen Führer Osama Bin Laden. Er erliess die «USA Patriot Act» mit den entsprechenden gesetzlichen Grundlagen. Die teilweise sträflich parallel zueinander rivalisierenden US-Geheimdienste wurden gestrafft und im Irak und in Afghanistan Truppen stationiert, unterstützt von anderen westlichen Staaten. 2004 gelang Bush eine glänzende Wiederwahl. Doch die anfänglich grosse Unterstützung der amerikanischen Bevölkerung an seiner Politik bröckelte, je weiter 9/11 zurücklag, je mehr Tote es gab, je weniger Erfolge in den Krisenherden zu verzeichnen waren. Das führte zum Wahlversprechen des 2008 gewählten nächsten Präsidenten Barack Obama, alle Truppen zurückzuziehen. Ein Versprechen, das er dann allerdings nur teilweise realisierte. Etwas vorschnell hatte er auf Grund engagierter Reden und Staatsbesuchen, aber wenig Taten, den Friedensnobelpreis erhalten, denn immer mehr übernahm auch der Demokrat Obama aussenpolitische Verhaltensmuster der republikanischen Bush-Ära. Lange dauerte es auch, bis die Skyline Manhattans 2014 mit der Einweihung eines Freiheitsturms wieder komplettiert werden konnte.

Mit permanenter Terrorgefahr leben
Im Irak schwächten Auseinandersetzungen zwischen Schiiten und Sunniten mit vielen blutigen Anschlägen den Aufbau des Landes. Al-Kaida wurde zur starken politischen Kraft in der Provinz. Zwar konnte der irakische Diktator Saddam Hussein gefasst werden. Für seine zahllosen Vergehen am eigenen Volk – allein im Norden des Landes wurden auf seinen Befehl 5000 Kurden durch Giftgas getötet und 50 000 kurdischer Landsleute verschleppt und ermordet – wurde er zum Tode verurteilt und Ende 2006 gehenkt. Aber die Konflikte im eigenen Land und an den Grenzen zu Syrien und dem Iran blieben bis heute. In Syrien selbst tobt seit Jahren ein Bürgerkrieg.

Der arabische Raum und der Ferne Osten sind Krisengebiete geblieben, in denen mit permanenter Terrorgefahr gerechnet werden muss. Ja, die neue Gefahr der zwischen dem Irak und Syrien kontinuierlich aufgetretenen «Islamischer Staat»-Armee (IS) bewog die USA und andere westliche Länder erneut militärische Hilfe zu leisten. Dabei haben diese Staaten Rückmeldung von rund 50 UNO-Mitgliedstaaten erhalten, darunter auch arabische Länder wie Saudi-Arabien, Katar, Jordanien. Es ist also längst nicht so, dass die erfolgten Luftangriffe auf die mordenden IS-Truppen und deren logistische Stützpunkte im ganzen arabischen Raum abgelehnt würden, wie die Kriegsberichterstattung teilweise suggerierte. In der UNO selbst wurde das internationale Vorgehen gegen den IS-Terror mit dem Selbstbestimmungsrecht der Völker begründet.

Diktatoren weggefegt – aber Demokratie hat es schwierig

Keine Beruhigung gab es auch in Nordafrika. Der nordafrikanische «Frühling» hat zwar Diktatoren wie Präsident Ben Ali in Tunesien, Hosni Mubarak in Ägypten und Muammar Gaddafi in Libyen erstaunlich rasch weggefegt, aber Überreste ihrer Regimes tauchten später wieder auf und die weitere demokratische Entwicklung harzt oder wird wie am Nil oder in Thailand von Militärs behindert. Die ägyptische Armee, die Mitte 2013 den von einer Volksmehrheit gewählten islamistischen Präsidenten Mohammed Mursi kurzerhand ins Gefängnis steckte, konnte nach einem Übergangsjahr ihren früheren Armeechef Abdelfatah al-Sisi als neuen Präsidenten feiern und damit eine weltliche, nicht religiöse Politik festigen.

Verbesserungen gelingen nur über Eigenverantwortung

Über Afghanistan schwebte auch nach dem Ende der Taliban-Herrschaft eine permanente Terrorgefahr, die auch die von der NATO angeführten westlichen Militäreinheiten nicht wesentlich eindämmen konnten. Bin Laden konnte von den Amerikanern in Pakistan nach langer Suche getötet werden, doch die Anschläge jihadistischer Gruppen blieben und verbreiteten sich zusätzlich im Nahen Osten und in Afrika. Sie wollen, wie etwa in Nigera und Pakistan, islamistische Gottesstaaten anstreben oder wie 2013 in Algerien mit dem Massenmord in einer Erdgasanlage westliche Wirtschaftsinteressen schwächen. Damit beginnt sich regionaler und globaler Terrorismus zu verschmelzen. Hinzu kommt, dass in diesen Ländern, wie auch einige meiner Wahlbeobachter-Erfahrungen im Rahmen der OSZE zeigten, Parlaments- und Exekutivwahlen von Waffengewalt beeinträchtigt und von Clans oder mafiösen Organisationen bedroht werden. Von regulären Wahlen kann da jedenfalls nicht gesprochen werden. In den meisten Ländern gelingt eine Verbesserung der Lage erst – wie es der Truppenabzug der Amerikaner beabsichtigt –, wenn die Sicherheitsverantwortung an die Einheimischen übergeben wird. Denn ausländische Überwachung wird nicht akzeptiert, einzig eine diskrete Beratung kommt in Frage. Ganz abgesehen davon, dass innenpolitischer Widerstand in den NATO-Staaten die Entsendung von bewaffneten Truppen zunehmend verunmöglicht.

Im Inland wieder Entwarnung – aber der Tod bleibt unser steter Begleiter

Ganz im Gegensatz zur arabischen, afrikanischen und asiatischen Welt und einzelnen exponierten westlichen Staaten konnte in der Schweiz wieder auf «courant normal» geschaltet werden. Doch die oben beschriebenen, friedlichen Zeiten kehrten nicht wieder zurück. Die strikten Personenkontrollen im Bundeshaus sind geblieben – nur gerade Parlamentsmitglieder und Verwaltungsmitarbeiter mit dem entsprechenden Badge und PIN-Code können den Metalldetektor umgehen. Die Mitglieder des Bundesrats werden regelmässig von Bodyguards begleitet. Die Zeiten, als sie noch alleine durch die Berner Bahnhofhalle und die Marktgassen liefen, sind endgültig vorbei. Das Attentat in Zug, dem elf Kantonsräte und drei Regierungsräte zum Opfer fielen, ist zwar ausserhalb des eigenen Kantons schon bald wieder vergessen, hat aber die Kantone punkto Sicherheit und Prävention sensibilisiert. Die Zuger Parlamentarierinnen kehrten wieder ins alte, blutbefleckte, aber umgestaltete und gesicherte Sitzungsgebäude zurück. In manchen Kantonen wurden sogenannte Querulantenlisten erstellt, und in den meisten Kantonsparlamenten ist seit jenem Vorfall eine Polizeibewachung während den Sitzungen eingerichtet. Denn niemand kann auch bei uns einen nächsten Anschlag ausschliessen, und einst wie heute und in der Zukunft sind wir «mitten im Leben vom Tod umfangen» (so der Reformator Martin Luther). Das (Todes-)Risiko, zu welchem Zeitpunkt und an welchem Ort auch immer, ist unser steter Begleiter.

Allerdings sind in der Schweiz fast alle Kantone wachsamer geworden. Ihre Parlamentsgebäude werden während den Grossratssitzungen von Polizei bewacht, und die meisten sensiblen Abteilungen und Regierungsbüros verfügen über automatische Türsicherung. Meiner Frau Béatrice war es jeweils Angst und Bange, wenn sie in den 90er-Jahren während meiner Regierungsratszeit den ungesicherten Weg bis zur meist offenen Bürotüre bemerkte. Erst nach einem ernsten Zwischenfall wurde bei einer Vortüre ein Schliessmechanismus eingebaut. Heute sind alle fünf Regierungsdepartemente schon von der allgemeinen Haupttüre an gesichert. So ändern sich die Zeiten!

Bundesratswahl mit veralteten Kantonsklauseln

Mit schöner Regelmässigkeit wird vor Bundesratswahlen Klage geführt, dass gemäss Bundesverfassung «nur ein Mitglied aus demselben Kanton gleichzeitig dem Bundesrat angehören darf». Merkwürdigerweise konnte sich eine solche Bestimmung seit der Tagsatzungszeit in die Gegenwart retten. Ziehen wir zum Vergleich den Fussballsport heran: Wohl kaum eine Nationalmannschaft würde sich den Luxus leisten, dass pro Klub nur ein Mitglied dem Nationalteam angehören dürfe ...

1983 gefordert – 1993 noch immer nicht realisiert

Auch jetzt, wenige Tage vor der Ergänzungswahl für den zurückgetretenen Bundesrat René Felber, wird von etlichen Mitgliedern des Parlaments die Existenz der Kantons-Wahlschranke gerügt. Sie sei überholt und schränke die Wahlfreiheit unnötig ein. Diese Klagen sind ein schönes Beispiel dafür, wie inkonsequent manchmal das Parlament handelt, wie kurz sein Gedächtnis oftmals ist. Denn: Tage nach den ordentlichen Bundesratswahlen vom Dezember 1983 reichte der Schreibende eine Initiative ein, wonach die Kantonsklausel zu streichen sei. Es genüge eine Bestimmung, wonach die «verschiedenen Landesteile und Sprachregionen angemessen zu berücksichtigen sind».

Kommissionen brüteten über der Frage, der Bundesrat wurde um seine Stellungnahme ersucht, und am 9. Juni 1986 entschied der Rat mit 95 gegen 43 Stimmen auf – Ablehnung! Einziges Ergebnis der langen Kommissionsarbeiten: Statt dem Heimatortkanton gilt seither der Wohnortskanton. Der Berg hatte buchstäblich eine Maus geboren, der Mut für die grössere Revision fehlte.

Statt Heimatort gilt neu der Wohnortkanton

Gleichzeitig war mit diesem Entscheid aber auch die nächste Situation vorprogrammiert, wo sich erneut personelle Engpässe und Wahlausschlussgründe ergeben werden. Bereits heute würde bedauert, dass neben einer allfälligen Bundesrätin Christiane Brunner ein FDP-Bundesrat Gilles Petitpierre nicht mehr möglich wäre, weil auch Genf sein Wohnsitzkanton ist. In der Zusammensetzung der Bundesregierung müssen heute aus staatspolitischen Gründen schon genügend Rücksichtnahmen auf Parteien und Landessprachen gelten, so dass der zufällige Wohnsitzkanton keine Rolle mehr spielen sollte. Die Landesregierung ist keine «Ständekammer im Kleinen» und keine kantonale Interessenvertretung, was übrigens bei der überwiegenden Mehrzahl der Bundesratsmitglieder – ein

Bonvin bestätigt die Regel – auch nicht zu beobachten war. Eine «ausgewogene Kantonsvertretung» kann es in der Realität auch nicht geben. So warten seit 1848 sechs Kantone immer noch auf die Wahl ihres ersten Bundesratsmitglieds – und das trotz «Kantönliklausel»!

Ein Sprachenproporz genügt

Natürlich wünscht sich kein Mensch eine Landesregierung aus lauter Bernern, St. Gallern, Zürchern, Aargauern oder Baslern. Auch das eidgenössische Parlament von 246 National- und Ständeratsmitgliedern, welche die Bundesratswahlen vorzunehmen haben, nicht. Weil jedes Bundesratsmitglied in einem separaten Wahlgang gewählt wird und das Wahlresultat vor dem nächsten Wahlgang bekannt sein muss, wird sich auch nie ein derartiges Zufallsergebnis einstellen. Hingegen achtet man wie in andern Ländern auch bei uns wohl auf die angemessene Vertretung der grossen Landesteile. So wird ein gewisser Sprachenproporz eingehalten, wonach neben fünf Deutschschweizern zwei Welsche oder vier Deutschschweizer, zwei Welsche und ein Tessiner die Bundesregierung bilden. Vorübergehend sassen auch schon drei Welsche (Max Petitpierre, Bourgknecht und Chaudet) im Bundesrat. Deshalb erscheint es diesmal wenig ratsam, am Gleichgewicht der Landesteile zu rütteln. Hingegen bleibt die Notwendigkeit, dass nach der Ersatzwahl vom 3. März rechtzeitig vor der nächsten Bundesratswahl – und diese kommt bestimmt! – die Kantonsklausel über Bord geworfen wird.

1993 NZZ, Zofinger Tagblatt

Unter der Bundeshauskuppel – hier schneebedeckt im Winter – finden die Bundesratswahlen statt. 1999 fiel endlich die überflüssige Kantonsklausel.

Bundesrat und Parlament brauchen ein Regierungsprogramm

Die Bestellung der Landesregierung in der Schweiz geschieht nach ganz besonderen Kriterien. Diese sind eng verknüpft mit dem geltenden System der Referendumsdemokratie, wo weder Parlament noch Bundesrat, sondern das Volk die wesentlichen Entscheide zu treffen hat. Aber die Wahl der Regierung ist der Bundesversammlung vorbehalten.

Glanzlose Zauberformel

Bisher taten sich die im Bundesrat vertretenen Parteien (seit 1959 FDP, SP, CVP und SVP) schwer, sich jeweils Anfang Legislaturperiode auf ein gemeinsames, auch nur minimales, aber verpflichtendes Programm festzulegen. Zaghafte Versuche, zum Beispiel im Rahmen der «Waldsterbensdebatte», blieben Strohfeuer. Hinzu kommt, dass das Volk via Referendumsabstimmungen jederzeit die wesentlichsten Programmpunkte einer «regierenden Parlamentsmehrheit» wieder aus den Angeln heben könnte. Dennoch sind die Differenzen unter den Regierungsparteien etwa in der Europapolitik, der Armeefrage und Teilen der Sozialpolitik noch nie so augenfällig geworden wie heute. Wenn sie dann selbst im Bundesrat offen zur Schau gestellt werden, verblasst die Zauberformel und die Konkordanz wird zum reinen Machtkartell.

Elemente einer glaubwürdigen Konkordanzregierung

Wenn schon infolge unseres Systems auf eine Einparteienregierung verzichtet werden muss, ist die Einhaltung einiger Spielregeln und Randbedingungen unabdingbar. Dazu gehört einmal die Geschlossenheit und die Teamleistung, um als kleines Regierungsgremium überhaupt Wirkung und Glaubwürdigkeit zu erzielen. Dissonanzen aber prägen in den letzten vier Jahren das Erscheinungsbild des Bundesrats. Bei der bekannten Schwierigkeit, diese Regierung jeweils zu ergänzen, bräuchte es die grundsätzliche Absprache über Rücktritte, sofern diese nicht durch Schicksalsschläge entstehen. Schon die Rücksichtnahme auf Landesteile, Sprachregionen, Parteien und Kantone gebietet dies. Im Interesse des Ganzen könnten so Einervakanzen möglichst vermieden werden. Schliesslich wäre, um eine optimale Auswahl für eine nur siebenköpfige Landesregierung zu gewährleisten, die Abschaffung der Kantonsklausel dringlich. Der Schreibende hat schon vor Jahren im Nationalrat die Streichung dieser Bestimmung, die pro Kanton nur eine Vertretung erlaubt, beantragt. Damals wurde wenigstens das Heimat- durch das Wohnortsprinzip ersetzt. Die Klausel lässt aber noch heute eigenwilligen Interpretationen freien Raum und wird damit erst recht unsinnig.

Fehlt eine Opposition?

Immer wieder wird unter der bestehenden Konkordanzregierung das Fehlen einer Opposition bemängelt. Dieser These liegt ein Denkfehler zugrunde, wird die Opposition in der Referendumsdemokratie doch vom Volk und wechselnden Parteikoalitionen zur Genüge wahrgenommen, was ein Blick auf die Abstimmungsresultate bestätigt. Fragwürdig wird eine solche Opposition aber dann, wenn selbst Bundesratsparteien notwendige Reformvorhaben ihrer eigenen Landesregierung immer wieder blockieren oder durch ablehnende Parteiparolen in der Volksabstimmung unterlaufen. Keine Stütze für den Fortbestand der Konkordanz ist sodann das zwar medienträchtige, aber sinnlose «Etikettieren» der Armee als «Trachtenverein» durch den SP-Präsidenten – er hat damit jedenfalls dem Experiment der Zürcher FDP zum Sturz der Zauberformel auf denkbar naive Art Vorschub geleistet ...

Regierung hat ersten Test bestanden

Jedenfalls braucht es ein in vielen Belangen politisch glaubwürdigeres Auftreten der Bundesratsparteien und insbesondere einiger ihrer Exponenten, um den Anspruch und die Notwendigkeit einer Konkordanzregierung weiterhin begründen zu können. Die neue Landesregierung hat mit der Departementsverteilung einen ersten Test für ein festes Auftreten bestanden. Ihre Parteien würden nun gut daran tun, nach der Hektik der eidgenössischen Wahlen ein zur Lösung der drängenden Probleme unseres Landes unentbehrliches Programm auf die Beine zu stellen, zu dem sie dann auch zu stehen gewillt sind. Nur damit würden Handlungsfähigkeit und Glaubwürdigkeit der Konkordanzdemokratie zurückgewonnen!

1995 Aargauer Tagblatt, Zofinger Tagblatt

Was müsste beim Bundesrat ändern?

Der Countdown zur Bundesratswahl vom 12. Dezember 2007 läuft. Bereits die Parlamentswahlen kamen nicht aus ihrem Schatten heraus und entwickelten sich zu einem Plebiszit für und wider Christoph Blocher. Die SVP propagierte diese Diskussion und die andern Parteien taten ihr den Gefallen, darauf einzusteigen. Hinzu kamen Rücktrittsaufforderungen an die drei Amtsältesten und Mandatsansprüche, teils als Ablenkungsmanöver, teils zur Profilierung. Gewählt werden so oder so die sieben bisherigen Amtsinhaber.

Das Wahlprozedere überdenken

Doch die personellen Diskussionen lenken ab von grundsätzlichen Fragen zur Bundesratsreform. Seit Bestehen des Bundesstaats (1848) blieben Zahl und Wahlverfahren unverändert. Bei der Wahl ist einzig «darauf Rücksicht zu nehmen, dass die Landesgegenden und Sprachregionen angemessen vertreten sind». Aber das Wahlverfahren führt in der Praxis zu weiteren Einschränkungen. In sieben getrennten Wahlgängen hat das Parlament in geheimer Wahl zuerst die bisherigen Bundesräte nach Amtsjahren, dann allfällige freie Sitze zu bestimmen. Für den 12. Dezember lautet die Reihenfolge somit Leuenberger (im Amt seit 1995), Couchepin (1998), Schmid (2001), Calmy-Rey (2003), Blocher (2004), Merz (2004) und Leuthard (2006). Dieses Wahlprozedere muss überdacht werden, führt es doch zu taktischem Wahlverhalten, um einzelne Kandidaturen auszubremsen oder spätere Retourkutschen zu vermeiden.

Bundesratskandidaturen im voraus bezeichnen

Wem ist eigentlich ein Bundesrat verantwortlich? Einmal gewählt, läuft die Amtszeit von vier Jahren. Weder Partei noch Bundesversammlung noch Abstimmungsniederlagen können den Rücktritt erzwingen. Dieser hängt weitgehend von der Einsicht und Laune der betroffenen Person ab. Mit dem Kollegialsystem praktizierten in der Vergangenheit die Mitglieder des Bundesrats eine gewisse Distanz zur Parteipolitik. Im Vordergrund stand das Landesinteresse. Denn es bestehen Unterschiede zwischen Regierungs- und Parteipolitik. Wenn nun aber im Wahlkampf Bundesräte als Aushängeschilder ihrer Partei figurieren und im Fall von Christoph Blocher das Wahlergebnis gar als vorgezogene Bundesratswahl angekündigt wird, verliert das heutige geheime Wahlverfahren seinen Sinn. Da wäre es ehrlicher und transparenter, die Parteien würden im Voraus ihre Bundesratskandidaturen bezeichnen. Je nach Wahlergebnis gäbe es Verhandlungen über die Regierungszusammensetzung, die vom Parlament noch zu genehmigen wäre. Damit verbunden müsste ein inhaltlicher Konsens über einige wichtige Programmpunkte bestehen.

Mit fester Koalition regieren?

Doch würde ein solcher Konsens auch das Wechselbad der Referendumsdemokratie überstehen? Bisher hielten sich vor allem CVP und FDP an die Mehrheitsbeschlüsse, während SP und SVP sich als Opposition profilierten und auch mehrmals zu Abstimmungssiegern wurden. Wollte man das verhindern, müsste eine feste Koalition gebildet werden, zum Beispiel rechts der Mitte ohne die SP oder links der Mitte ohne die SVP. Die nicht im Bundesrat vertretene Partei wäre dann zur permanenten Opposition mit einer Vielzahl von Referenden und Initiativen gezwungen. Um einer Lähmung des Systems vorzubeugen, müssten die Volksrechte revidiert und ein Misstrauensvotum gegenüber der Regierung ermöglicht werden. Aber sind wir zu solchen Reformen bereit?

Bundesratswahl Dezember 1984: Die Landesregierung in der damals noch üblichen Zauberformel-Zusammensetzung 2:2:2:1 kurz nach der Wahl der ersten weiblichen Bundesrätin seit 1848, Elisabeth Kopp. Von links: die Bundesräte Alphons Egli (CVP), Leon Schlumpf (SVP), Bundeskanzler Walter Buser, Rudolf Friedrich (FDP), Kurt Furgler (CVP), Otto Stich (SP), Jean-Pascal Delamuraz (FDP) und Pierre Aubert (SP).

Stärkung des Bundespräsidentenamts

Im heutigen wie in einem neuen System braucht es unbedingt ein stärkeres Bundespräsidentenamt: Verlängerung der Amtsdauer, eigenes Präsidialdepartement, mehr Kompetenzen. Heute darf die Präsidentin keine Weisungen erteilen und schon gar nicht eine politische Linie vorgeben. Das aber wäre dringend nötig im Auftritt der Regierung gegen aussen. Das Bundesratsgremium funktioniert heute als loses Gremium von Einzelkämpfern, die teils für sich allein, teils für einen Teil der Regierung, teils gegeneinander auftreten. Anträge an den Bundesrat gelangen im Voraus an die Medien, Indiskretionen sind an der Tagesordnung. Konflikte zwischen Blocher und Couchepin lähmen das Gremium zusätzlich. Nur ein gestärktes Bundespräsidentenamt könnte hier Remedur schaffen. Die Uneinigkeit im Bundesrat manifestiert sich auch bei andauernden Scharmützeln um die Departementsverteilung. Reorganisationen werden immer wieder hinausgeschoben. Aber die Realisierung scheitert an Rivalitäten. Von der jeweiligen Departementsverteilung nach Amtsjahrprinzip ist abzurücken. Wenn Rücktritte erfolgen, drängt sich eine Zuteilung im Gesamtinteresse auf.

Auch Bundesratszahl könnte aktuell werden

Eine Bundesratsreform ist dringlich. Die Stärkung des Präsidentenamts und die Departementsreform machen vielleicht eine Erhöhung der Bundesratszahl auf acht oder neun Mitglieder nötig. Das kann viel schneller realisiert werden als ein im Raum schwebendes, kompliziertes zweistufiges Regierungsmodell, das ein kleines Führungsgremium und eine Vielzahl von Fachministern vorsehen würde.

So ist zu wünschen, dass die Schwachpunkte eines über 150-jährigen Systems endlich angepackt und beseitigt werden, wenn sich der Pulverdampf der bevorstehenden Bundesratswahl verzogen hat.

2007 Aargauer Zeitung

Auf der Piazza Grande dem «Phänomen Blocher» begegnen

13. August 2013: In leicht aufgeheizter Stimmung steigt über dem Kopfsteinpflaster der Piazza Grande am Locarno-Filmfestival spätabends die Uraufführung des Dokumentarfilms «L'expérience Blocher». Ich lasse mir diese Premiere nicht entgehen und habe mir zwei Tickets gesichert. Wie Christoph Blocher 1979 in den Nationalrat gewählt, erlebte ich dort 14 Jahre lang seine Tätigkeit. 2003 bei der knappen Wahl des SVP-Politikers in den Bundesrat und 2007 bei seiner Abwahl war ich für den Fernsehsender Tele M1 in der Wandelhalle des Bundeshauses. Und auch die Wahlen 2011 mit dem Wiedereinzug des alt Bundesrats in den Nationalrat hatte ich für Tele M1 zu kommentieren. Die Förderwürdigkeit des Films durch den Bund wird nun vereinzelt in Zweifel gezogen. Lohnt sich ein Film über Blocher?

Was Christoph Blocher ändern wollte ...

Christoph Blocher ab 1979 im Nationalrat: In den Kommissionen arbeitet er konstruktiv, schüttelt aus dem Ärmel Anträge und kooperiert mit andern. Auf der offenen Bühne des Nationalrats setzt er kontinuierlich seine grundsätzliche Oppositionspolitik fort: gegen die Mitgliedschaft beim EWR (und wird knapper Sieger in der Volksabstimmung vom Dezember 1992!), gegen den Beitritt zur UNO, gegen den Einsatz der Armee im Ausland, gegen die offizielle Ausländer- und Asylpolitik, für die Beibehaltung der Neutralität, für die Unabhängigkeit der Schweiz. Er ist Störenfried des seit 1959 geltenden Konkordanzsystems mit je zwei Bundesratsvertretern für FDP, CVP und SP und einem Bundesrat für die SVP: Dieser Partei gehöre ein zweiter Sitz in der Landesregierung, so sein Credo.

... und sein Einzug in den Bundesrat

Blochers Wahl in den Bundesrat 2003: Die SVP gewinnt einmal mehr bei den Parlamentswahlen, reklamiert als grösste Partei den zweiten Sitz im Bundesrat und tritt erneut mit Spitzenmann Christoph Blocher an. In der Wandelhalle brodelt es. SP, Grüne und CVP stimmen offiziell gegen Blocher, der seine Kandidatur als «Opfergang» bezeichnet. Aber es gibt Abweichler bei den drei Parteien, genauso wie nicht alle Freisinnigen für den SVP-Kampfkandidaten stimmen. Bundesrat Couchepin (FDP) wittert schon jetzt den grossen Rivalen im Kollegium. Längst nicht alle Parlamentarier sind mit der Amtsführung der jungen CVP-Bundesrätin Ruth Metzler, im März 1999 gewählt, zufrieden. Alle spürten, bei ihrer Wiederwahl lag ein historischer Wechsel in der Luft. Im ersten Wahlgang noch ein Patt: Metzler und Blocher mit je 117 Stimmen. Vielen stockte das Blut. Dann der dritte Wahlgang: Blocher ist mit 121 Stimmen gewählt, Ruth Metzler mit 116 abgewählt, die dritte Abwahl seit Bestehen des Bundesstaats 1848!

Christoph Blocher an einem Wahlanlass.

Das Bundeshaus gleicht einem Tollhaus, mein erster Blitzkommentar für Tele M1 geht im Lärm unter. Fortan gilt die «neue Zauberformel»: je zwei Bundesräte für SVP, FDP und SP und nur noch einen (Joseph Deiss) für die CVP.

Vier Jahre in der Landesregierung

Blochers Tätigkeit im Bundesrat: Ich möchte sie als «durchzogen» bewerten. Er prallt auf das Alphatier Couchepin und wird nicht wie gewünscht Finanz-, sondern Justizminister. Hier hat er teils Vorlagen zu vertreten, die nicht seiner Überzeugung entsprechen. Oft beschränkt er sich deshalb auf Pflichtübungen. Bei der Ablehnung seiner Einbürgerungsvorlagen weigert er sich, den üblichen Bundesratskommentar abzugeben. Den Schengen-Vertrag mit der EU lehnt er ab. Spitzen von CVP und FDP reagieren gereizt, Links-Grün empört. Umgekehrt bringt er eine grosse Asylgesetzrevision mit CVP und FDP ins Trockene, reduziert sein Departement um 200 Stellen und senkt dessen Budget um 150 Mio. Es wird ihm Verletzung des Kollegialitätsprinzips vorgeworfen, doch die SVP moniert, dass ähnliche Distanzierungen auch SP-Bundesrätin Ruth Dreifuss machte, ohne dass man sie dafür abstrafte. Der zweite SVP-Bundesrat Samuel Schmid bleibt stets in Blochers Schatten und hat seine liebe Mühe mit dem Militärdepartement.

Durch geheime Kandidatur zu Fall gebracht

Bundesrat Blochers Abwahl 2007, die vierte seit 1848: Wie aus dem Nichts zaubern einige wenige SP- und CVP-Exponenten hinter den Kulissen, ohne öffentliche Diskussion, als Gegenkandidatin die Bündner Regierungsrätin Eveline Widmer-Schlumpf aus dem Hut. Wie damals 2003 bei der Abwahl von Ruth Metzler brodelt die Wandelhalle. Praktisch geschlossen stimmen Links-Grün,

CVP und die neuen Mitteparteien gegen Blocher. Widmer-Schlumpf siegt schliesslich mit 125 gegen 115 Stimmen. Grosser Jubel im Nationalratssaal, Proteste auf SVP-Seite. Mit ausschlaggebend für diese Abwahl war wohl, dass Blocher als Bundesrat die Wahlwerbung seiner Partei im Herbst 2007 angeführt hat.

Auch bei den Wahlen 2011 wiederholten sich in etwa diese Frontstellungen. Zuvor wurde anstelle des zermürbten und zur BDP übergetretenen Samuel Schmid mit knappstem Mehr wieder der offizielle SVP-Kandidat Ueli Maurer in den Bundesrat gewählt.

Der Mensch und Politiker Christoph Blocher: Er ist hochintelligent, schlagfertig, geht auf die Menschen zu. Mit seiner national-konservativen Linie spaltet er aber die öffentliche Meinung. Man ist begeistert für ihn oder lehnt ihn vehement ab. Seit 1979 bis heute ist er wichtiger Teil der Schweizer Politik. Die Europa-Politik sähe ohne ihn anders aus. Wenn sich alle geschilderten Facetten im Blocher-Dok-Film niederschlagen, so hat sich mein Gang auf die Piazza Grande in Locarno gelohnt.

2013 AZ / Nordwestschweiz

Was waren meine späteren Eindrücke von dieser Filmpremiere? Als Politiker interessierten mich zunächst Stimmung und Umfeld. Christoph Blocher erschien mit seiner Frau Silvia und der schweizerischen SVP-Prominenz, wie etwa Präsident Toni Brunner, den Nationalräten Christoph Mörgeli, Hans Fehr, Luzi Stamm. In deutlicher Distanz zu diesen sassen zwei ehemalige Mitglieder der Landesregierung, Ruth Dreifuss und Kaspar Villiger, flankiert vom populären ehemaligen Lega-National- und Staatsrat Marco Borradori, seit kurzem Stadtpräsident von Lugano. Er hatte in der in Finanz-Schieflage stehenden Wirtschaftsmetropole des Tessins den langjährigen freisinnigen Sindaco in einer erbitterten Kampfwahl aus dem Amt gedrängt. Filmfestival-Präsident Marco Solari eröffnete den Premierenabend mit südländischem Charme, und etwas davon schien auf das rund zur Hälfte aus Deutschschweizern bestehende Publikum abzufärben. Denn nach Schluss des Films umringten nicht nur Medienleute, sondern ganze Menschentrauben den Protagonisten Blocher mit Anhang, und die Restaurants rund um die Piazza verwandelten sich zu späten, angeregten Stammtischrunden von PolitikerInnen, von Feriengästen und jener, die von weit her angereist waren, um den Film, um Christoph Blocher zu sehen. Zwei Ostschweizer sagten mir freimütig, sie seien zum ersten Mal in ihrem Leben in Locarno. Und der Film gab zu reden, weshalb?

Ein subtiler, künstlerischer Film, der nicht hielt, was er versprach

Dokumentations-Filme sind rar in der Schweiz. Sie sind wie politische Bücher keine Kassenschlager. Es fehlt ihnen die Emotionalität und Dramaturgie von Roman-Bestsellern und deren Verfilmungen. Deshalb wurde Regisseur Jean-Stéphane Bron, der schon «Mais im Bundeshaus» drehte, vom Bundesamt für Kultur auch mit einem Beitrag unterstützt. Denn es war beileibe kein Auftragsfilm von Blocher, das übersahen die Kritiker. Es ist ein künstlerischer Versuch, das «Phänomen Blocher» und einen Menschen der Macht und der Politik, der wie kein anderer in der Schweiz gleichzeitig gehasst und verehrt wird, einzufangen und darzustellen. Der Film ist nicht hochpolitisch, zeigt nicht die grossen politischen Schlachten, die politischen Verbündeten und Widersacher, die Organisationskunst, mit der Christoph Blocher die SVP zur wählerstärksten Partei gemacht hat.

Das war eigentlich schade, hätte mehr zum Thema ausgesagt, wohl mehr zu diskutieren gegeben und wurde von vielen im Gespräch auf der Piazza Grande bedauert. Sondern Regisseur Bron zeigt den Politiker und Menschen Blocher, wie er im Wahlkampf 2011 die Schweiz durchpflügt. Sein Auto ist exklusiver Beobachtungsposten des Regisseurs, und während der Fahrt streift er die Triumphe, Geheimnisse, Methoden, aber auch die Einsamkeit Blochers. Vieles bleibt angedeutet. Wie er mit sich ringt in den frühen Morgenstunden am Wohnsitz am Zürichsee oder im trauten Gespräch mit Silvia Blocher. Und wie er am Handy politische Strategien entwirft, Aufträge erteilt – aber alles nur in Gesprächsfetzen. Das ist die gelungene, hohe Schule des Dok-Filmers. Aber der Regisseur stösst an Grenzen, wenn er die grossen Linien der Politik aufzeigen, die Politik analysieren will. Eine Feststellung, die man auch bei Aussagen von einzelnen Schriftstellern zur Politik machen muss, denn sie leben halt oft selbst in einer abgekapselten, eigenen Welt. Auch fehlt ihnen manchmal das Wissen um die politischen Zusammenhänge, um sie gültig zu sezieren. Und trotzdem: Der Premierenbesuch hatte sich gelohnt – jedenfalls weit mehr als jener von «Feuchtgebiete», einer erotisch angehauchten Buchverfilmung, die zu Recht von Marco Solari nicht auf der Piazza gezeigt und in einen Kinosaal verbannt wurde …

Bald nach dieser «Film-Episode» rechnete Christoph Blocher mit dem Parlament ab, das ihn ja «aus dem Bundesrat jagte», wie er zu sagen pflegt. Im Mai 2014 gab er den Rücktritt aus dem Nationalrat bekannt. Das Parlament raube ihm zu viel unnütze Zeit, die er in seinem Kampf gegen den «schleichenden Beitritt zur EU» anderswo besser einsetzen könne. Mit Blocher wird somit weiterhin zu rechnen sein.

Von der Konkordanz zur Konkurrenz

Die jüngste Entwicklung in der Zusammensetzung des Bundesrats und im Wahlverhalten der Parteien ist geprägt von Hektik, von Überraschungen und grossen Veränderungen. Auch früher wurde hart um Personen gerungen. Aber die Parteienvertretung blieb konstant. Es galt ein Bundesratsschlüssel gemäss Wählerstärke. Abwahlen waren im ganzen 20. Jahrhundert tabu. Dann kamen die Wahljahre 2003 und 2007. Seither ist alles anders. Die Konkordanz wurde von Instabilität und zunehmender Konkurrenz abgelöst. Wir bewegen uns Richtung Diskonkordanz.

Christoph Blochers Wahl änderte Zauberformel

In meinem Buch «Wahlkarussell Bundeshaus – umstrittene Bundesratswahlen und Schweizer Politik» beschrieb ich die Hahnenkämpfe um einen Sitz in der Landesregierung seit Einführung der Zauberformel 1959 bis vor dem 12. Dezember 2007. Die Zauberformel, erfunden vom damaligen CVP-Generalsekretär Martin Rosenberg, teilte bekanntlich den grossen Parteien FDP, CVP, SP und SVP gemäss ihren Wählstärken die Bundesratssitze nach dem Schlüssel 2-2-2-1 zu. 1999, als die SVP mit 22,6 Wählerprozenten stärkste Partei wurde und die CVP mit 15,8 % auf Rang vier abrutschte, trat die Volkspartei ein erstes Mal mit Christoph Blocher um einen zweiten Sitz an, aber vergeblich. Wohl als Folge der nochmaligen Wählerumschichtung (SVP 26,6 %, SP 23,3 %, FDP 17,3 % und CVP 14,4 %) änderte die Bundesversammlung am 10. Dezember 2003 den Schlüssel: knapp abgewählt wurde Ruth Metzler (CVP) nach nur vier Amtsjahren. Neu gewann Christoph Blocher einen zweiten SVP-Sitz. Die Zauberformel hatte eine Änderung erfahren.

Die grosse Überraschungswahl

Dann kam wie immer nach den Wahlen in National- und Ständerat Ende 2007 die Gesamtwahl der Landesregierung. Wie alle anderen Politbeobachter und wie die Medien rechnete ich nicht damit, dass an jenem ominösen Mittwoch in der Dezembersession 2007 eine Änderung in der Zusammensetzung des Bundesrats aus den Wahlurnen der Bundesversammlung steigen würde. In diesem Sinne gab ich auch beim Fernsehsender Tele M1 in einer Wahlvorschau eine Prognose ab: Wiederwahl aller sieben Bisherigen. Aber als ehemaliger Nationalrat, der viele solche Wahlen miterlebte, hätte ich eigentlich wissen müssen, dass geheim abgestimmt wird und jedes Ratsmitglied, ob grosser Tenor, Hinter- oder Vorderbänkler, Anfänger oder Routinier, über die genau gleiche Stimmkraft verfügt. Da sind Überraschungen vorprogrammiert. Und ich erinnerte mich an den Ausspruch eines nicht gewählten Bundesratskandidaten, der mit Blick auf seine geringe Stimmenzahl zu uns resigniert seufzte: «Wo sind denn alle die mir vor dem Wahlgang versprochenen Stimmen nur geblieben …?!» Aber so sind die Menschen: Sie sagen einem dies, versprechen jenem das, und am Schluss entscheiden sie doch anders. Im Bundeshaus und am wichtigsten Wahltag besonders.

Ohne Kandidatin zu sein zur Bundesrätin gewählt
Das Resultat ist bekannt: Wiederwahl der Bisherigen Moritz Leuenberger (Bundesrat seit 1995), Pascal Couchepin (seit 1998), Samuel Schmid (seit 2001), Micheline Calmy-Rey (seit 2003), Hans-Rudolf Merz (seit 2004), Doris Leuthard (seit 2006), aber Abwahl von Christoph Blocher, dessen Amtszeit vier Jahre dauerte. Das Drum und Dran, die hochdramatische und in der Geschichte des Bundesstaates noch nie erlebte Wahl einer Kandidatin, deren Name bis vor dem Wahlgang nicht offiziell bekannt war, kennen wir. Die Bundesrats-Wahlgeschichte mit dem Wechsel von Christoph Blocher zu Eveline Widmer-Schlumpf war derart in aller Leute Mund und hat unser Politleben so aufgemischt, dass ich deren Ablauf in vier Phasen nachzeichnen möchte:

– **Phase 1** war die allseits erwartete Bestätigung der sieben Bisherigen (siehe oben), Moritz Leuenberger und Doris Leuthard mit etwas mehr, die andern fünf mit etwas weniger Stimmen. Am wenigsten Stimmen rechnete man für Christoph Blocher. Denn er hatte sich in den vergangenen vier Bundesratswahlen stark exponiert, teils auch Massnahmen durchgeführt – so die Personaleinsparung im eigenen Departement –, die ihm keine Sympathien einbrachten. Und Links-Grün erklärte während Monaten, dass es ihm die Stimme nicht geben werde. Von der CVP fehlten solche Signale fast völlig, ja sie meinte, Bisherige werde sie nicht abwählen. Doch es kam anders:

– **Phase 2,** die Abwahl der SVP-Leitfigur: Die einen sprangen vor Freude von den Sitzen im Bundeshaus, die andern versanken in eine lähmende Erstarrung. Wie konnte Links-Grün mit der grossen Mehrheit der CVP-Fraktion und einigen wenigen Freisinnigen (vor allem aus der Romandie) diese knappe Mehrheit erringen? Wie gelang diese «unheilige» Allianz? Wie konnte man den Namen der gewählten Bündner Regierungsrätin bis zuletzt völlig unter dem Deckel halten? Eigentlich unglaublich in dieser Schwatzbude Bundeshaus. Auch wurde in einer GfS-Studie festgehalten, dass die bürgerliche Zusammenarbeit in der Blocher-Epoche besser funktionierte als die Jahre danach.

– **Phase 3** ist das nach der Wahl folgende Ausschlussverfahren gegenüber der nur knapp gewählten Bundesrätin Widmer-Schlumpf. Solche Vorgänge gab es seit Urzeiten bei allen Parteien. Wir kennen solche Ausschlüsse von wild kandidierenden Stadt- und Regierungsräten diverser Parteien. Immer sind sie mit Turbulenzen verbunden, oder es gibt eine Abspaltung. Es bildete sich die Bürgerlich-Demokratische Partei (BDP), konzentriert in den drei Kantonen Bern, Glarus und Graubünden, wo sie auch in der Folge die grössten Wahlerfolge erzielte. Erstaunlicherweise gingen diese aber nur in geringem Masse auf Kosten der SVP und verteilten sich auch auf die anderen Parteien. Denn das Profil der BDP ist diffus.

– **Phase 4** hat in der Nachwahlanalyse gezeigt, dass der Grossteil der CVP-Fraktion und einige Freisinnige Widmer-Schlumpf wählten, was eine Mehrheit ergab. Danach stellte sich für die SVP die Oppositionsfrage.

Sowohl SP wie SVP scheuen die konsequente Opposition

Das ist bei unserem Politsystem gar nicht so einfach. Die Referendums- und damit Oppositionsmöglichkeit steht eben allen Parteien offen, auch jenen, die in der Regierung vertreten sind. Dasselbe gilt für das Instrument der Volksinitiative, welche meist das Bestehende in Frage stellen und Reformen oder Änderungen erzwingen will. Besonders die Polparteien SP und SVP machten in den vergangenen Jahren üppig Gebrauch von diesen beiden Volksrechten und standen auch einige Male auf der Siegerseite – niemand aber sprach davon, die «Opposition» hätte gesiegt. Jüngst geschehen in der Abstimmung über das Kampfflugzeug «Gripen», wo die SP ein Nein vertrat. Die Parteien rechts und links der Mitte, FDP und CVP, verhalten sich weit regierungstreuer. Aber auch sie engagieren sich ab und zu in Initiativ- oder Referendumskomitees. Möchte eine der grossen Parteien wirklich eine Oppositionsrolle ausüben, müsste sie auf Bundesebene den Wechsel zu einem wettbewerbsorientierten Regierungsmodell fordern. Weil das aber mit der Abkehr von der direkten Demokratie (mit Referendum und Initiative) verknüpft sein müsste, lassen sowohl SVP wie SP die Hände von einer solchen Forderung.

Unser System kennt wechselnde Allianzen

Auch die SP fand einst kein Rezept für eine Oppositionsstrategie, nachdem entgegen ihrem Vorschlag 1983 Otto Stich zum Bundesrat gewählt worden war. SPS-Präsident Helmut Hubacher verkündete damals: «Nun wollen wir ‹schampar› unbequem werden und Opposition betreiben!» Aber wie wir aufzeigten, konnte dies systembedingt in der Schweiz nicht gelingen. Monate später wurde der sog. «Oppositionskurs» abgeblasen. Zudem weiss man, dass sich im Parlament bei Sachgeschäften häufig wechselnde Allianzen bilden, welche die grossen Parteien entzweien und zu knappen Mehrheiten von Mitte-Rechts oder Mitte-Links oder in seltenen Fällen von Links-Rechts (SP und SVP) führen. So sprachen sich im September 2006 CVP-FDP-SVP für, die SP gegen das neue Ausländer- und Asylgesetz aus. Nur zwei Monate später bildete sich eine Allianz CVP-FDP-SP für das neue Osthilfegesetz, während die SVP dagegen war. In beiden Fällen sprach niemand von Opposition. Der Kampf unter den Parteien um Konkordanz (d. h. gemeinsame Haltung) und Konkurrenz wogt somit hin und her.

Jede Partei spielt gleichzeitig Regierungs- und Oppositionsrolle

Von der Logik und den praktischen Möglichkeiten aus betrachtet bestehen eigentlich nur drei Varianten für die Organisation unseres Regierungssystems: die heute geltende Konkordanz, wo die wählerstärksten Parteien oder eine Allianz derselben im Bundesrat vertreten sind. Oder das reine Konkurrenzsystem, wo eine Mitte-Links- oder Mitte-Rechts-Regierung über eine parlamentarische Mehrheit verfügt und die Vertrauensfrage gestellt werden kann. Das bedingte aber eine Revision der Volksrechte. Und drittens die Bundesrats-Volkswahl, welche ebenfalls Systemänderungen nötig macht. Vorläufig aber politisieren wir weiter in einem System, wo jede

Partei gleichzeitig die Regierungs- und Oppositionsrolle spielen kann, unabhängig davon, ob ihre Bundesratsmitglieder wieder- oder abgewählt worden sind. Und unabhängig davon, wie stark sie im Bundesrat vertreten ist.

Die Wahl von Inoffiziellen und die Austrittsfrage

Auch andere Parteien als die SVP mussten sich mit Abwahlen oder Austritts- und Oppositionsfragen befassen. 1983 war es die Sozialdemokratische Partei (SP), als der offiziellen Kandidatin Lilian Uchtenhagen der Solothurner Otto Stich vorgezogen wurde. Geschäftsleitung und Parteivorstand beantragten mehrheitlich den Austritt, ein Sonderparteitag vom 12. Februar 1984 aber lehnte diesen mit 773 gegen 511 Stimmen ab. Das Verhältnis zum knorrigen und sparsamen Finanzminister Otto Stich normalisierte sich bald, und er wurde wie vor ihm schon Willi Ritschard und Hans-Peter Tschudi (beide ebenfalls nichtoffizielle SP-Bundesratskandidaten) zu einem der populärsten Bundesräte, sowohl innerhalb der Partei wie auch im ganzen Lande. Genauso bei der CVP, wo Hans Hürlimann als Inoffizieller zu einer Vaterfigur emporwuchs.

Die CVP mit nur noch einem Bundesratssitz

Die Austrittsfrage stellte sich viele Jahre später nur theoretisch für die CVP, nachdem 2003 Ruth Metzler nach vier Amtsjahren nicht wiedergewählt wurde und die SVP mit Christoph Blocher neben Samuel Schmid einen zweiten Vertreter in der Landesregierung erkämpfte. Niemand stellte innerhalb der Christlichdemokratischen Volkspartei diesen Antrag, und die Partei ist seit her mit nur noch einem Mitglied im Bundesrat vertreten: bis 2006 mit Joseph Deiss, seither mit Doris Leuthard. Die CVP unterstützte hingegen grossmehrheitlich die inoffizielle und bis zum Wahlgang geheime Kandidatur von Eveline Widmer-Schlumpf, was zur Nichtwiederwahl von Christoph Blocher nach ebenfalls vier Amtsjahren führte. Auch die Schweizerische Volkspartei (SVP) verzichtete nach anfänglichen Gedankenspielen und Oppositionsgelüsten auf einen Austritt aus dem Bundesrat. SVP-Präsident Ueli Maurer wurde Nachfolger von Samuel Schmid, der vorher noch zur neugegründeten Bürgerlich-Demokratischen Partei (BDP) übergetreten war. Die BDP hatte sich rund um die aus der SVP ausgeschlossene Bundesrätin Widmer-Schlumpf gebildet.

Der erfolglose SVP-Kampf für zweiten Bundesrat

Bei den Bundesrats-Gesamtwahlen von 2011 kämpfte die SVP erneut für einen zweiten Sitz, scheiterte aber mit den beiden Kandidaturen von Hansjörg Walter (TG) und Jean-François Rime (FR). Und erneut beschloss Ende Januar 2012 eine Delegiertenversammlung, mit Ueli Maurer im Bundesrat zu verbleiben, aber eine (noch) intensivere Oppositionsrolle zu vertreten. Je mehr wir uns dem Wahljahr 2015 nähern, desto stärker wird die Gewissheit, dass die SVP erneut in die Hosen um einen zweiten Bundesratssitz steigen wird. Sie sucht auch Verbündete im bürgerlichen Lager, mal bei den Freisinnigen, denen sie Listenverbindungen für die Natio-

Plötzlich besteht der Bundesrat in der Amtsperiode 2011–2015 aus 5 Parteien: hintere Reihe von links Johann Schneider-Ammann, Simonetta Sommaruga, Eveline Widmer-Schlumpf, Alain Berset; vorne von links Didier Burkhalter, Ueli Maurer, Doris Leuthard, Bundeskanzlerin Corina Casanova.

nalratswahlen vorschlug, dann wieder bei der CVP, wo sie den Dialog zu deren Wirtschaftsflügel sucht. Wenn nicht alles täuscht, wird es erneut zu einem harten und letztlich knapp zu entscheidenden Ausstich um den siebten Bundesratssitz kommen. Heute lautet die Formel im Bundesrat bekanntlich drei Vertreter von Mitte-Links (zwei SP und eine BDP-Vertretung), drei von Mitte-Rechts (zwei FDP und einer SVP) und in der Mitte die CVP-Bundesrätin. Ob dies so bleibt oder ob wieder eine Neuauflage der Zauberformel aus den Wahlurnen der Bundesversammlung steigt, wird erst der Wahltag im Dezember 2015 zeigen.

Diskonkordanz bei den Parteien

Die Uneinigkeit der Parteien in der Frage der Bundesrats-Zusammensetzung überträgt sich auch in die Sachpolitik. Am homogensten funktioniert das links-grüne Lager, das dazu mehrmals Vorlagen in unheiliger Allianz mit der SVP zu Fall brachte. Unter den bürgerlichen Parteien funktioniert die Zusammenarbeit in der Regel in der Finanz-, Steuer- und Wirtschaftspolitik, während sie bei der Zuwanderung, in sozialen Fragen und bei der Europapolitik zum Teil stark auseinanderdriftet. Die SVP erklärt, sie übernehme mehr Verantwortung, wenn ihr der zweite Sitz im Bundesrat zugestanden werde. Linke und Mitteparteien bieten aber der SVP diesen zweiten Sitz nur an, wenn er auf Kosten der FDP ginge. Das aber will die SVP nicht, denn die FDP steht ihr trotz gewissen Differenzen am nächsten. Ihr schwebt eine Mitte-Rechts-Mehrheit im Bundesrat vor, wozu aber die heutige Sitzzahl im Parlament nicht reichen würde.

Die heftig umstrittene Frauenvertretung im Bundesrat

Genau so, wie Christoph Blocher und die umstrittene Vertretung der SVP ein zentrales Kapitel im jüngeren Bundesratsgeschehen darstellen, trifft dies auch für die Einsitznahme von Frauen zu. Seit 1848 regierten Männer die Schweiz, und es wurden die Partei- und Kantonszugehörigkeit registriert. Erst 1971 wurde auf Bundesebene das Frauenstimm- und -wahlrecht eingeführt – wie beim UNO-Beitritt war die Schweiz das einzige Land, in dem dies durch eine Volksabstimmung geschah. Seit 1984, als mit der Freisinnigen Elisabeth Kopp die erste Frau in das Bundesratsgremium einzog, interessiert mal mehr, mal weniger auch das Mann-Frau-Verhältnis in der Zusammensetzung. 1993 verzichtete ein gewählter SP-Mann zu Gunsten einer SP-Frau. Jahre später gab es eine Frauenmehrheit (was nur wenige Regierungen der ganzen Welt bisher schafften), und heute stellen drei Frauen – von der CVP Doris Leuthard, der BDP Eveline Widmer und der SP Simonetta Sommaruga – fast die Hälfte des siebenköpfigen Regierungskollegiums. Mit dem erzwungenen Rücktritt von Elisabeth Kopp und der Abwahl von Ruth Metzler waren auch zwei Rückschläge in der Frauenvertretung hinzunehmen.

Kommt es zu einem Frauen-Rücktritt – und was macht Widmer-Schlumpf?

Ob die drei heutigen Bundesrätinnen im Dezember 2015 wieder zur Wahl antreten werden? Vieles deutet darauf hin: ihre Aktivitäten, ihre offenen Baustellen und vorgeschlagenen Gesetzesentwürfe. Doris Leuthard, 2006 gewählt, würde 2017 nochmals Bundespräsidentin. Für die abgemagerte CVP ist sie die Wahllokomotive. Simonetta Sommaruga, seit Ende 2010 relativ kurz im Amt, verlor zwar mit der Ausschaffungs-, der Einwanderungs- und Pädophileninitiative drei Abstimmungen, die aber alle auch vom Gesamtbundesrat verantwortet werden mussten. Intern gewann sie die Bundesratswahl als Reform-Sozialdemokratin gegen Jacqueline Fehr und steht seither unter besonderer Beobachtung der Parteilinken. Zweifellos möchte auch Eveline Widmer-Schlumpf nochmals zur Wahl antreten. Mit ihr ist erstmals seit Bestehen des Bundesstaats eine fünfte Partei im Bundesrat vertreten. Alle Anläufe, die BDP und damit auch ihre Bundesrätin an die CVP zu binden, misslangen. Die gewiefte Taktikerin wird eine nochmalige Kandidatur davon abhängig machen, ob bei den Oktoberwahlen 2015 die BDP nicht einbricht und ob wie 2011 eine Parlamentsmehrheit für sie resultieren könnte. Das wird auch diesmal massgeblich vom Wahlverhalten der CVP beeinflusst werden. Dass es zu einer Fusion zwischen CVP und BDP kommt und damit Widmer-Schlumpf zur zweiten CVP-Bundesrätin mutieren würde, ist wenig wahrscheinlich.

1984 schaffte Elisabeth Kopp den Durchbruch – andere Frauen unterlagen

Die erste Bundesrätin der Schweiz, Elisabeth Kopp, wird vereidigt.

Der Dammbruch gelang der Zürcher Freisinnigen Elisabeth Kopp. Bemerkenswert war zunächst, dass auf den Rücktritt von Rudolf Friedrich die FDP einen Zweiervorschlag unterbreitete. Dann die Überraschung: Die erst 1979 in den Nationalrat gewählte Elisabeth Kopp gewann in der Stichwahl gegen den FDP-Präsidenten, den Aargauer Bruno Hunziker, relativ deutlich mit 124 gegen 95 Stimmen. Nur die SP hatte Frau Kopp unterstützt, die andern Parteien gaben die Stimme frei. Zahlreiche Frauenorganisationen setzten sich ebenfalls für die Wahl einer Frau ein, nachdem 1983 als Nachfolger von SP-Bundesrat Willi Ritschard der eben abgetretene Solothurner Nationalrat Otto Stich das Rennen vor Lilian Uchtenhagen machte. Auch sie genoss wie Kopp überparteilichen Frauensupport. Rund zwanzig Jahre später war von einer starken Frauenunterstützung für die freisinnige Fraktionschefin Christine Beerli bereits nichts mehr zu spüren. Die Bernerin unterlag sang- und klanglos dem Appenzeller Ständerat Hans-Rudolf Merz, der wie Otto Stich Finanzdirektor wurde.

Wäre Beerli die bessere FDP-Bundesrätin geworden?

Uchtenhagen wie Beerli scheiterten letztlich daran, dass ihnen der nötige Rückhalt sowohl in der eigenen Partei wie im Parlament für eine Wahl fehlten. Die Gewählten Stich wie Merz traf keine Schuld an der Nichtwahl der beiden Frauen. Deshalb war es von der SP-Parteileitung auch unklug, einen SP-Austritt aus dem Bundesrat zu beantragen. Dieser wurde vom Parteitag zwar abgelehnt, aber Otto Stich damit ein schwieriger Start bereitet. Trotzdem erlangte dieser sowohl als Mensch wie in der Rolle des eidgenössischen Kassenwarts grosse Popularität: er warnte vor unvorsichtigen Finanzabenteuern wie der doppelten Eisenbahn-Alpentransversalen

(Neat), wo er sich für nur einen Tunnel einsetzte. Aber er unterlag Verkehrsminister Adolf Ogi, welcher auch eine neue Lötschberglinie wollte. Die Fakten gaben allerdings dem kühlen Rechner Stich recht – die Neat entwickelt sich immer mehr zu einem (Finanz-)Loch ohne Boden. Merz hatte weder die Statur seines Amtsvorgängers Kaspar Villiger, der eine schwierige Finanzlage gut im Griff hatte, noch von Otto Stich. Es ist wahrscheinlich, dass Christine Beerli das Amt besser gemeistert hätte als der glücklose und manchmal auch konzeptlose (so beim Bankgeheimnis, bei Steuerreformen und bei der Libyen-Krise) Hans-Rudolf Merz. Kabarettist Peach Weber bezeichnete ihn als «das teuerste Bündnerfleisch der Schweiz. Er hat uns mit seiner Unternehmenssteuerreform Milliarden gekostet».

Demonstrierende Frauen erzwangen Rücktritt eines bereits Gewählten
Die politischen Aktivitäten der Frauenbewegung und ihr Einfluss auf Bundesratswahlen blieben auch seither minim. Ganz anders Ende der 80er Jahre, als der Druck von Frauen im Einklang mit den Medien die Wahl der zweiten Frau in den Bundesrat erreichte – ein gelungenes Beispiel politischer Mitbestimmung. Anfang 1989 trat die einzige Frau im Bundesrat aus den bekannten Gründen zurück. Elisabeth Kopp sagte uns Jahre später: «Ich konnte und wollte damals einfach nicht mehr. Aber im Nachhinein betrachtet würde ich nicht mehr zurücktreten!» Eine verständliche Haltung, denn der Rücktritt erfolgte sicher auch im Sog einer starken Stimmungsdemokratie. Der Bundesrat blieb dann frauenlos, bis Anfang 1993 der welsche Sozialdemokrat René Felder zurücktrat. Jetzt mischten sich die Frauen massiv in den Entscheidungsprozess ein. Die Genfer Nationalrätin Christiane Brunner wurde offizielle SP-Kandidatin. Doch die Bundesversammlung wählte mit 130 Stimmen SP-Nationalrat Francis Matthey. Auf Brunner entfielen 108 Stimmen. Der eher farblose Matthey erklärte vor dem Parlament, dass er vor der Wahlannahme eine Bedenkzeit brauche. Die Frauenproteste und der Druck in der Öffentlichkeit stiegen darauf von Tag zu Tag. Die SP brachte nach einer turbulenten Wochenendsitzung mit Christiane Brunner und Gewerkschaftssekretärin Ruth Dreifuss einen neuen Doppelvorschlag. Am 10. März gab Matthey vor dem Parlament eine gewundene Verzichtserklärung ab. Draussen auf dem Bundesplatz protestierten Tausende, meist Frauen. Dann wählte die Bundesversammlung im dritten Wahlgang mit Ruth Dreifuss erstmals in der Geschichte des Bundesstaates Schweiz eine Jüdin und die zweite Frau in den Bundesrat.

Ruth Metzler: 2003 nicht wiedergewählt.

Plötzlich regierte eine Frauenmehrheit die Schweiz

Diese Wahl bedeutete den Auftakt zu mehr Frauen in der Landesregierung. Als bei der CVP 1999 ihre beiden Bundesräte Arnold Koller und Flavio Cotti zurücktraten, machten die junge Ruth Metzler und der solide Joseph Deiss das Rennen. Doch die dritte Frau im Bundesrat vermochte nicht zu überzeugen. Selbst die eigene Partei liess sie fallen und setzte auf Deiss, nachdem die wählerstärkste SVP mit Christoph Blocher den zweiten CVP-Sitz gewonnen hatte. Doch der Siegeszug der Frauen war nicht aufzuhalten. Nach Joseph Deiss folgte 2006 die unbestrittene CVP-Präsidentin Doris Leuthard, die im Volkswirtschaftsdepartement schnell Fuss fasste. Christoph Blocher verlor nach vier engagierten Jahren um wenige Stimmen seinen Sitz an die am Wahlmorgen aus dem Hut gezauberte Überraschungskandidatin Eveline Widmer-Schlumpf, und Micheline Calmy-Rey trat bei der SP 2002 die Nachfolge von Ruth Dreifuss an. Als bei der SP der Zürcher Moritz Leuenberger 2010 zurücktrat, wurde die Berner Ständerätin Simonetta Sommaruga gewählt, womit erstmals vier Frauen gleichzeitig der Landesregierung angehörten. Nur wenige andere Staaten der Welt hatten jemals eine Frauenmehrheit in ihrer Regierung. So schnell ticken manchmal die Uhren in der Schweiz!

Drei Frauen kämpfen um Macht und Beliebtheit

In der Zwischenzeit ist der reformfreudige Alain Berset Nachfolger von Aussenministerin Calmy-Rey geworden, die infolge ihres eigenmächtigen Kurses und einer dynamischen Auslegung der Neutralität zunehmend unter Beschuss geriet. Es blieb beim Frauentrio Leuthard, Sommaruga, Widmer-Schlumpf – ein Trio, von denen alle drei bevorzugt die erste statt die zweite Geige spielen wollen. Dabei schonen sie sich auch gegenseitig nicht. So packte nach dem Ausscheiden des oben skizzierten Finanzministers Merz Ende 2010 die Bundesratstochter Eveline Widmer-Schlumpf die Chance, dem Justizdepartement mit Asyl- und Ausländerfragen den Rücken zu kehren und das Finanzressort zu übernehmen. Keine Freude daran hatte Sommaruga, denn sie musste das in Turbulenzen und voller Probleme steckende Justizressort übernehmen, wäre als beliebte Konsumentenschützerin aber gerne Volkswirtschaftsministerin geworden. Die Chance hätte sich geboten, da

Starke Stellung und das Scharnier im Bundesrat: Doris Leuthard.

Doris Leuthard als Amtsälteste den Wirtschaftsbereich verliess. Es lockte sie, als neue Energie- und Verkehrsministerin die grossen, ungelösten Infrastrukturaufgaben zur Entscheidung und Realisierung zu bringen. Sommaruga verlor den Machtkampf, Schneider-Ammann wurde neuer Volkswirtschaftschef.

Halblinks- und Halbrechts-Gruppe – und Doris Leuthard in der Mitte
Die stärkste Stellung unter den Frauen und im ganzen Siebnergremium scheint in dieser Legislatur 2011 bis 2015 Doris Leuthard einzunehmen. Zum einen wirkt sie in ihren Auftritten gewinnend und überzeugend, aber nicht überheblich und populistisch. Vor allem aber spielt sie gegen innen das Scharnier zwischen einer Halblinks- und Halbrechts-Gruppe. Halblinks nenne ich die Dreiergruppe mit den zwei eher gemässigten Sozialdemokraten Berset und Sommaruga sowie der dossierkundigen Widmer-Schlumpf. Sie ist zum Entsetzen vieler Bürgerlicher daran, den Finanzplatz Schweiz umzubauen (Verschärfung Geldwäschereigesetz, Bankgeheimnis, Unternehmenssteuer) und lancierte im Sommer 2014 gar eine Idee der Linken, nämlich die Kapitalgewinnsteuer einzuführen. In diesen und gesellschaftspolitischen Fragen neigt Bundesrätin Leuthard zur eher wirtschaftsliberalen Dreiergruppe von Johann Schneider-Ammann, Ueli Maurer und Didier Burkhalter. In der epochalen Frage des Ausstiegs aus der Atomenergie paktierte dann aber die federführende CVP-Energieministerin mit der Halblinks-Gruppe, die mit einer 4-zu-3-Mehrheit die Energiewende einläutete. Typisch Leuthard aber – den sofortigen Ausstieg wie in Deutschland will sie nicht, das verkrafte unsere Volkswirtschaft nicht. Das Wahljahr 2015 verspricht nicht zuletzt mit den drei Frauen im Bundesrat spannend zu werden. Die WählerInnen und Eveline Widmer-Schlumpf machen es zudem unberechenbar.

Bedrohte Alpen und Landschaften

Zwar liegen die Traumziele für viele Menschen auf weit entfernten Kontinenten, Inseln und am warmen Meer, doch die Sehnsucht nach den Bergen ist nach wie vor ungebrochen. Viele zieht es fast magisch immer wieder auf ihren «Hausberg». Wir begegnen im Eingangsartikel vielen klingenden und bekannten Namen und fragen uns, was ihren Reiz ausmacht. Ich bin Alpen und Landschaften auf zwei Ebenen begegnet: einerseits auf dem politischen Parkett. Die Rede ist vom Schutz der Bergwelt, vom Kampf gegen Zerstörung sowie übertriebene Belastungen von natürlichen Landschaften (Winterolympiade, Heliskiing etc.). In Pamphletform und als Plädoyer versuche ich darauf aufmerksam zu machen. Andererseits als Berggänger, wo man neben den Problemen mit Klimaerwärmung und schwindenden Gletschern auch mit den Grenzen des eigenen Körpers und frei schwebenden Gedanken über unser Sein konfrontiert wird. Ich verfasste dazu einen Erlebnisbericht einer gewagten 4000er-Bergtour, weg von der Hektik und abgeschnitten von der Zivilisation, und eine zum Schmunzeln anregende Kolumne einer sonntäglichen Kettenjura-Wanderung. Diese fand im Rahmen des Schweizer Alpen-Clubs (SAC) statt. Der SAC steht für die Eroberung der Gipfel in den Alpen, aber auch für den gesunden Breitensport und die Erholung in der freien Natur. Die gekürzt wiedergegebene Festrede zum 150-Jahr-Jubiläum schildert Turbulenzen, Engagement und allzu Menschliches eines Verbandes, bei dessen Mitgliedern die Liebe zu den Bergen und Landschaften sowie das Gemeinschaftserlebnis im Zentrum steht. Dann ein Beitrag über die harte Realität: Das Bekenntnis zu mehr Landschaftsschutz ist schnell über die Lippen gebracht und treibt uns alle an – aber an der Realisierung und in der Politik hapert es. Dass die Liebe zur Natur schon in den Herzen unserer Kinder entfacht wird – darüber sinniert zum Schluss eine stark persönlich gehaltene Kolumne.

Zauber und Mythos der «Hausberge»

Für viele bewusst, für die meisten unbewusst, ist Landschaft und die Bergwelt fester Bestandteil der Kultur. Wir Menschen suchen nach Freiräumen, nach Trauminseln. Sehen wir einmal ab von der Schar derjenigen, deren Heil für ihre Traum- und Erholungsziele möglichst weit weg, auf den Malediven, Kanaren oder in der Karibik liegt, dann sehnt sich die andere Hälfte der Menschheit nach der Bergwelt und bevölkerungsarmen, natürlichen Landschaften: nach den Bergen, dem Erleben von Landschaft und regionaler Gastronomie, dem Eintauchen in unberührte Bergdörfer ohne Motorenlärm, dem Schwatz mit Einheimischen. Und bedeuten nicht das Rauschen des Bergbaches, das Begegnen mit der Stille beim Abendrot am Bergfirn für viele Menschen tiefe kulturelle Erlebnisse, wie wenn sie den Gängen von Museen entlangschlendern, sich von Kunstwerken oder Musik in eine andere Welt entführen lassen oder einen Gottesdienst besuchen. Und es braucht manchmal wenig, um dieser Kultur in der Landschaft begegnen zu können.

Vom Weissenstein zur Rigi

Beispiele gefällig? Da sind die berühmten «Hausberge». Der Weissenstein für die Solothurner, das Stockhorn für die Stadt Thun, der Üetliberg für die Zürcher. Wenn vom Albisgüetli her aufwärts langsam der Nebel sich lichtet, nehmen griesgrämige Zürcher selbst einem Aargauer den Gruss ab. Die Rigi für die Luzerner und Innerschweizer, die zwar einen wildwüchsigen, felsigen See ihr Eigen nennen, aber im Übrigen oft von kaltnassem Gewölk geplagt sind. Da schmeckt der «Kafi Luz» doppelt gut, wenn ab der Seebodenalp, der Scheidegg oder dem Klösterli langsam in wunderschöner Klarheit Rigi Kaltbad, der Sattel oder Rigi Kulm auf knapp 1800 m ü. Meer aufleuchten und ein 360-Grad-Panorama zur Belohnung winkt. Dieselbe Rundum-Sicht für die Berner, wenn sie den nur 864 Meter hohen Gurten besuchen und die Bundesstadt, den Jura und die Alpen überblicken. Abschalten und Kultur geniessen können auch die Basler, wenn sie im Süden die wunderbaren Naturgärten in Münchenstein oder im Nordosten den Chrischona-Hügel besteigen oder eintauchen in die Petite Camargue Alsacienne.

Einkehr auf dem Hospiz des Grossen St. Bernhard ...

Und es locken viele landschaftlich-kulturelle Highlights den, der sich etwas mehr Zeit lässt. Einige blieben mir in tiefer Erinnerung haften: Wir halten Einkehr im Hospiz auf dem Col du Grand-St-Bernard auf 2465 m ü. Meer, an der Grenze zu Italien. Eine Alternativroute zum Gotthard, wer die Höhe nicht scheut. Die Stille und Abgeschiedenheit in den kalten Mauern des Augustinerordens fühlt sich an wie etwas zwischen Himmel und Erde. Und eine sakrale Kulturlandschaft umgibt die Statue des heiligen Bernhard von Menthon, Schutzpatron der Bergsteiger, der das Hospiz um 1050 gegründet haben soll.

... oder auf dem Natischerberg ob Visp

Der Natischerberg als Unesco-Weltkulturerbe ob Naters/Visp und Blatten: Mit Hilfe von Kanton Wallis und Gemeinden sowie Mitteln des Fonds Landschaft Schweiz, dem ich als Vizepräsident verbunden bin, werden Trockenmauern und Suonen als bedeutendes kulturhistorisches Erbe vor dem Verfall gerettet, der Treibweg für die Sömmerung von Schafen (direkt über dem Aletschgletscher gelegen) sowie Schafpferche aus Steinen saniert. Wir erlebten, wie die ganze wiederhergestellte Berg- und Kulturlandschaft auf eindrückliche Weise mit Gottesdienst und Volksfest rund 2000 einheimischen Berggängern und Touristen übergeben wird. Es zieht eben nicht nur aus dem Mittelland, sondern auch aus dem stark bevölkerten Rhonetal die Leute in die noch intakten Landschaften hinauf!

Von der Madonna del Sasso zur Dufourspitze

Wohin es auch mich fast magisch zieht, wenn ich im Tessiner Locarnese bin: zu dem auf jähem Felsabsturz gelegenen Wallfahrtsort Madonna del Sasso. Den «Sacro Monte» besteige ich zu Fuss von der geschäftigen, aber schon von mediterraner Stimmung geprägten Piazza Grande in Locarno aus die 14 Kreuzwegstationen hinauf, vorbei an vielen Kapellen und Kunstwerken, den Blick auf den Gambarogno und den Monte Tamaro. Mich stört wenig, dass viele Leute direkt zur Botta-Bergbahn auf den Locarneser Hausberg Cimetta (1670 m) eilen, um bei Klarsicht vom tiefsten (Maggia-Delta) bis zum höchsten Punkt der Schweiz (Dufourspitze im Monte-Rosa-Massiv) zu blicken. Denn Landschaftserlebnisse gehorchen keinen objektiven Massstäben. Jeder fasst den Landschaftsbegriff anders auf. Nicht alle haben Freude an Postkartenlandschaften.

Und schliesslich ist «nichts konstanter als der Wandel» (Heraklit): auch uralte Landschaften sind einem Wandel unterworfen, die Gletscher schmelzen, und alle zwei Stunden wird die Fläche eines Fussballfeldes überbaut. Der Druck auf einst unberührte Landschaften steigt, der Zweitwohnungsbau ist kaum zu stoppen, Seilbahnen drängen immer höher hinauf. Und die meisten von uns helfen an dieser Spirale mitzudrehen. Wir alle leben mit Zielkonflikten. Aber es wächst auch die Einsicht, dass uns anvertraute Landschaften zu schützen sind. Dass schonungsvolles Verhalten angesagt ist. Das Umweltbewusstsein ist gestiegen. Denn schliesslich wissen wir: Intakte Landschaften sind auch gelebte Kultur!

2014 AZ und Nordwestschweiz, Zofinger Tagblatt

Bedrohung für die Schweizer Bergwelt – gegen neue Bündner Winterolympiade

Ist es übertrieben, von einer neuen oder weiteren Bedrohung der Schweizer Berglandschaften zu sprechen? Mit Blick auf die weitere touristische «Erschliessung» der Schweizer Alpen fällt die Antwort leicht. Stichworte wie «Bündner Winterolympiade», das «Heliskiing» und Pläne für neue Skianlagen (wie etwa für eine Bergbahn zum Eigergletscher, «Neu-Andermatt» oder das Gebiet zwischen Riederalp und Belalp) oder für eine Bahn auf das Saas-Fee-Joch mögen genügen. Hinzu kommen die neuen Gefahren mit der Klimaerwärmung und den schwindenden Gletschern. Ich habe mich jahrelang im eidgenössischen Parlament der Themen rund um die Bedrohung unserer Bergwelt angenommen, manchmal mit, dann wieder mit weniger Erfolg. Oft entstanden mit Hilfe der Umweltorganisationen Allianzen quer durch die Parteien. Das Parlament sollte sich wieder vermehrt der bedrohten Schweizer Bergwelt annehmen, bevor es zu spät ist und irreversible Schäden entstanden sind.

«Nachhaltige» weisse Spiele sind Illusion

Am meisten zu reden und schreiben gab dieses Jahr der neue Bündner Olympia-Anlauf: Zweimal scheiterten Bündner Kandidaturen für eine Bewerbung für die Winterolympiade. 1988 war es das Nein der Bündner Stimmberechtigten selbst, welches Halt gebot, und 2010 stoppte bereits die 83 Mitgliedverbände repräsentierende Sportorganisation «Swiss Olympic» eine mögliche Bewerbung von Davos. In der Luft liegen auch erneute Bewerbungsideen des Wallis (Sion lässt grüssen), der Region Genf, von Bern und der Zentralschweiz. Auch «Swiss Olympic» selbst prüft eine Kandidatur. Aber klugerweise hat das Sportparlament von Swiss Olympic dem Verband den Auftrag erteilt, die Machbarkeit Olympischer Winterspiele in der Schweiz zu prüfen. Und alle diese Kreise träumen davon, dass nach 1928 und 1948, beide Male St. Moritz, zum dritten Male Olympische Winterspiele in der Schweiz erlebbar werden. Natürlich schieben sie nach, und als Erster trat mit diesem Impetus das Bündner Aktionskomitee auf den Plan, dass diesmal «eine nicht nur als Schlagwort verstandene Nachhaltigkeit» anzustreben sei.

Im Widerspruch zu den olympischen Vorgaben

Doch eine Rückbesinnung auf weisse Spiele ohne Gigantismus und mit «nachhaltigen Wachstumsimpulsen», wie es das Bündner Vorhaben auf seine

Fahnen schreibt, ist im heutigen olympischen Mass und gemäss den Anforderungen der Athleten, des Publikums und nicht zuletzt der Vergabeinstanzen ein Ding der Unmöglichkeit. Der Widerspruch beginnt schon bei der Formulierung: Nachhaltigkeit (sanfter Tourismus und Weiterverwendbarkeit der Anlagen für die Bevölkerung) und Wachstum (das sind in der Realität riesige olympische Dörfer, Logistikzentren, eine neue 120-Meter-Bobschanze, neue überdimensionierte Wintersporthallen, so in Samedan und Klosters, neue Skipisten rund um St. Moritz) vertragen sich schlecht miteinander.

Das Oberengadin darf kein Siedlungsbrei werden

Wer das Oberengadin kennt, weiss um den enormen Siedlungs- und Verkehrsdruck, der auf dieser schützenswerten Landschaft lastet. Ich bin kein Vertreter einer heilen Welt, die es nicht mehr geben kann. Aber ich weiss um die berechtigten grossen Sorgen vieler Einheimischen und Touristen. Ihnen ist angst und bange um die dauernde Bauerei, die vielen neuen Strassenstränge, die immer zahlreicheren Verkehrsstaus, das Ausufern von St. Moritz und Davos zu eigentlichen Städten in den Bergen. Eigentlich will das ja niemand, ausser vielleicht einige Baulöwen, die nach gehabtem Event wieder abziehen und sich neuen Projekten, vielleicht auch in andern Ländern, zuwenden. Von uns aus können sie dies tun, zum Beispiel in Sotschi (Olympische Winterspiele 2014) in den unendlichen Weiten Russlands, aber nicht im Bündnerland. Dort würden wie in Turin oder wie nach der Ski-WM in Garmisch-Partenkirchen Infrastrukturen zuhauf zurückbleiben, unbenutzt und bald einmal abbruchreif. Zwei Wochen internationales Rampenlicht sind eben schnell vergessen.

Die Heliski-Auswüchse stoppen

Und wollen wir die neue Ausdehnung der Heliskiing-Landeplätze, wie sie seit Monaten hartnäckig bei den Bewilligungsinstanzen propagiert werden? Ich setzte mich als noch junger Nationalrat für eine Einschränkung dieser auf 3000, ja sogar bis auf 4000 Meter gelegenen Gebirgslandeplätze ein, wo zahlungskräftige Skifahrer die Warteschlangen unserer Skiliftanlagen elegant überfliegen. Dann sausen sie mit einem Bergkundigen zu Tale, oft auch durch Wildtierzonen oder mitten in den prächtigen Unesco-Welterbe-Gebieten. Das Parlament steuerte nach meinem Vorstoss einen Kompromiss an, der dann eine Beschränkung auf total 42 Heli-Gebirgslandeplätze in den Schweizer Bergen festlegte. Nun aber sollen diese Landeplätze ausgedehnt, zum Teil so verlegt werden, dass Mehrfrequenzen möglich sind. Allein an den beiden im Unesco-Gebiet gelegenen Landeplätzen Ebnefluh und Petersgrat wurden jährlich insgesamt 1500 Flugbewegungen für Heliskiing und Champagnerfrühstücke gezählt! Wollen wir das wirklich?

Es gibt auch den naturnahen Tourismus
Wir müssen nicht zurück zu den wunderschönen, grossflächigen Bildern Segantinis über die Bündner und Engadiner Bergwelt. Aber das Volk hat mit eindrücklichen Willenskundgebungen den Schutz eines Teils der Oberengadiner Seenplatte erstritten. Der Tourismus soll florieren, aber er ist in Einklang mit der Natur und in geregelten Bahnen zu entwickeln. Naturnaher Tourismus, mit Unterstützung des einheimischen Gewerbes, sowie nachhaltige Landschaftspflege Arm in Arm mit einheimischen Landwirten ist kein abstrakter Begriff. Der Fonds Landschaft Schweiz (FLS) beispielsweise, 1991 mit Bundesgeldern zum 700-Jahr-Jubiläum der Schweiz geschaffen, hat in den vergangenen 20 Jahren rund 1800 Projekte mit über 100 Millionen Franken gefördert, die vorzugsweise den Gebirgs- und Tourismuskantonen Graubünden, Wallis und Tessin zugutekamen. So sind in diesen und andern Kantonen regionale Natur- und Landschaftsparks gefördert, Moorlandschaften und andere Naturschutzgebiete gerettet oder aufgewertet und eingedolte Bäche ans Tageslicht geholt worden. Daran mag Bundesrätin Doris Leuthard als neue Verkehrs- und Umweltministerin gedacht haben, als sie am 20-Jahr-Jubiläum des FLS im September erklärte, dass die Zersiedelung der Schweiz, die Eingriffe in die Natur und in schützenswerte Landschaften sowie die immer grössere Mobilität in diesem Tempo so nicht weitergehen können. «Ich möchte eine schöne und nachhaltige Schweiz», sagte sie. In der Realität bedeutet dies: «Sorgetragen» zu unserer Schweizer Bergwelt, denn wir können sie nicht ersetzen, wenn sie einmal zerstört ist!

2011 NZZ und Basler Zeitung

Umwelt- und Landschutz begleiteten mich während meiner ganzen Politikerzeit. Sei es ab 1979 im Nationalrat, wo ich mit KollegInnen aus den verschiedensten Fraktionen – so mit der späteren ersten Bundesrätin der Schweiz, Elisabeth Kopp (FDP), dem Verleger Erwin Akeret (SVP), der Bernerin Leni Robert (Freie Liste, Grüne) oder dem Genfer Professor Gilles Petitpierre (FDP) – eng zusammenarbeitete. Aus solcher interfraktioneller Zusammenarbeit gelangen hier wie bei andern politischen Themenfeldern ab und zu überraschende parlamentarische Erfolge. Auch entstanden daraus manche dauerhafte freundschaftliche Bande.

Politikerengagements ausserhalb des Parlaments
Oder sei es ausserhalb des Parlaments. So war ich in den 1980er Jahren Zentralpräsident der Schweizer Naturfreunde und Stiftungspräsident der damals äusserst populären, jährlich durchgeführten «Tour de Sol», eines ähnlich dem Radrennen «Tour de Suisse» quer durch die Schweiz führenden Etappenrennens für die damals aufkommenden Solarfahrzeuge. Sie schafften dann aber in der Folge den Durchbruch am Markt nie wirklich.

Oder sei es in einzelnen der vielen parlamentarischen Interessen- und Lobbygruppen, wo manchmal effizienter, wenn auch wenig transparent für ganz spezifische Fragen hinter den Kulissen, parallel zum Parlamentsbetrieb, gearbeitet und genetzwerkt wird. Die von mir mitbegründete Velogruppe etwa kämpfte mit dem spätern Bundesrat Kaspar Villiger an vorderster Front (sein Zigarrenbetrieb in Pfeffikon produzierte eben auch Velos) für bessere Beachtung der Zweiradfahrer im täglichen Verkehr, die Natur- und Umweltschutzgruppe für den Schutz der bedrohten Landschaft und Umwelt. Viele Politiker setzen ihr Engagement für eine Sache auch nach ihrem Rücktritt aus dem Bundesparlament fort und können dabei manche ihrer langjährigen politischen Erfahrungen und Kenntnisse einbringen. Bei mir ist es wie bei Ex-Nationalrat und FLS-Präsident Marc Suter seit 2004 bis heute noch das Engagement als Vizepräsident des vom eidgenössischen Parlament begründeten Fonds Landschaft Schweiz, der sich für die Rettung und Aufwertung bedrohter Landschaften einsetzt.

Zwischen Aussenpolitik und Bergwelt
Ganz allgemein galt und gilt je länger, je mehr für Bundes-Bern: Den «Allroundpolitiker» gibt's immer weniger, denn die Themen wurden immer komplexer. Die meisten engagieren sich in Gebieten und bei Themen, mit denen sie beruflich oder ausserberuflich verbunden sind. Bei mir mag der Beruf für das Engagement in der Wirtschafts- und Aussenpolitik, die Passion als leidenschaftlicher Berggänger für das Interesse an Landschaft und Bergwelt massgebend gewesen sein. An diese Passion erinnert der nach einem starken Erlebnis einer für mich waghalsigen Bergtour verfasste nachfolgende Stimmungsbericht. Er schildert die Überquerung von Fletschhorn (3993 m) und Lagginhorn (4010 m), zwei zwischen dem Walliser Saasertal und der Simplonroute eingebettete Kletterberge.

4000er-Besteigung: ein Bergwelterlebnis der besonderen Art

Der Schreibende besucht seit vielen Jahren zum Langlaufen im Winter das Oberwallis. Im Goms fühle ich mich fast wie zu Hause, lernte Landschaft und Leute schätzen und bewundere die natürlich gehaltenen Dörfer entlang dem Rotten. Erst nach Abschluss meiner politischen Laufbahn im Nationalrat und später im aargauischen Regierungsrat fand ich die nötige Zeit, die mich schon seit vielen Jahren faszinierende Bergwelt intensiv selbst zu erleben und sukzessive höher zu streben. Die Eindrücke meiner ersten Viertausender-Besteigung sollen ans Jahr der Berge erinnern, an die noch nicht erfolgte Ratifizierung der Alpenkonvention, an die Aufnahme des Jungfrau-Aletsch-Bietschhorn-Gebiets als neues Weltnaturerbe. Wer stundenlang auf hohe Berge steigt, sieht die schleichende Zerstörung weiter Landstriche durch immer höher strebende Skiliftanlagen sowie den erschreckenden Rückgang der Gletscherzungen.

Wetterglück und Vorbereitung

Schon letztes Jahr hätte diese Walliser Höhentour stattfinden sollen, aber es erging uns wie vielen Alpinisten und Alpinistinnen: das schlechte Wetter vermasselte das Vorhaben. Ohne Vorbereitung und ohne eine gute Grundkondition ist ein solches Bergabenteuer nicht möglich, das wissen alle Bergsteiger. Also gehörten für mich als «Späteinsteiger» sukzessives Training auf immer etwas höhere Berge dazu, vornehmlich – aus Distanzgründen zu meinem Wohn- und Arbeitsort Aarau – im Raum Innerschweiz. Vor dem ersten Viertausender-Unternehmen hört man dann aus dem Freundeskreis noch etliche gut gemeinte Ratschläge und auch Warnungen im Voraus. Es seien schliesslich letztes Jahr über 1200 Berggänger von einem Notfall betroffen worden, 93 davon endeten mit dem Bergtod, lauteten etwa die Warnungen. Wir Bergsteiger aber wissen mit den Gefahren und dem kleinen Restrisiko umzugehen. Und unser Tourenleiter traf in der Zusammensetzung der Dreierseilschaften, den gewählten Aufstiegsrouten, der Zeiteinteilung und den nötigen Anweisungen alle nur erdenklichen Vorsichtsmassnahmen, um auch das Restrisiko zu minimieren. Kommt dazu: Diesmal hatten wir ein ausserordentlich schönes Wochenende erwischt, was sich auch in einer völlig überfüllten Weissmies-SAC-Berghütte niederschlug. Sie zeigte sich dem Ansturm allerdings vollumfänglich gewachsen – in zwei Schichten wurden abends und in den frühen Morgenstunden mit hohem Qualitätsstandard die Essen serviert.

Matterhorn-Katastrophenschilderung vor Augen

Viele fragten mich: Weshalb hattest du für deinen ersten Viertausender ausgerechnet das Wallis ausgewählt? Einen Teil der Antwort enthält die Einleitung mit meiner Beziehung zum Wallis. Im Obergoms stieg ich mit Schneeschuhen als Abwechslung zum Loipengleiten auch ab und zu den Hängen entlang, und wer kennt nicht die Ansicht des Matterhorns und der es umgebenden Viertausender ... Meine Gedanken kreisen auch etwa um die Schilderung der dramatischen Matterhorn-Katastrophe von 1865 und anderer Walliser Bergabenteuer. Und so geschah es denn auch, dass mir auf der Hochtour Namen von Bergpionieren wie Edward Whymper, Charles Hudson und von Vater und Sohn Peter Taugwalder durch den Sinn gingen, die im letzten Jahrhundert südwärts des Rotten Gipfel für Gipfel stürmten. Damals glitten die Seile nur klotzig in den Händen, die Bergschuhe und Eispickel wogen schwer. Das heutige Material ist nicht mehr zu vergleichen. Geschmeidige Seile, leichte Helme und Steigeisen. Geblieben aber ist seit den Seilschaften des «goldenen Zeitalters» die Sehnsucht nach den Gipfeln, das langsame Entschwinden von der Zivilisation der Täler, die Konfrontation mit den wilden Schönheiten, aber auch Gefahren aus Schnee, Eis und Fels. Geblieben ist der nächtliche Aufbruch im knappen Schein des kalten Mondes, wo nur die Stirnlampen die ersten Eisrisse ausleuchten.

Unterwegs im Hochgebirge finden sich immer wieder sogenannte «Steinmännchen», eine archaische Form von Wegzeichen in unwegsamem Gelände. Sie sind weltweit anzutreffen und sollen die Orientierung erleichtern.

Vom Fletschhorn hinüber zum Lagginhorn

Auch wir waren froh über die Drei-Uhr-Tagwache, die uns unser Tourenleiter schmackhaft machte, denn je höher und steiler der Weg, desto stärker begann die Sonne zu brennen. Schnee und Eis verlieren ihre Festigkeit, die Rutschgefahr steigt. Der Aufstieg zur vergletscherten Westflanke des Fletschhorns und zum NW-Grat schien endlos, doch der schneebedeckte Gipfel (3993 m) gab uns allen die Anstrengung tausendfach zurück. Über einen kurzen Abstieg erreichten wir das Fletschhornjoch (3694), dann folgte die für mich anstrengendste Kletterpartie den NNE-Grat hinauf zum Gipfel des Lagginhorns (4010 m). Bei solchen langen Touren – Ankunft in der Weissmieshütte erst um 17 Uhr – lernt man seinen Körper, aber auch seine Seele erst richtig kennen.

Die Seele baumeln lassen

Da kreisen die Gedanken tiefer als in unseren oft nebelbehangenen Tälern des schweizerischen Mittelandes. Man hat ausgiebig Zeit, über den Sinn des eigenen Tuns, jetzt am Berg und überall sonst, nachzudenken. Sich Gedanken zu machen über Leben und Tod, über den Weg als Ziel, mit all seinen Tücken, Fehltrittrisiken, Begegnungen und Schönheiten. Über die Wirrnisse unserer Zeit, wo Menschenleben so schnell buchstäblich in die Luft geblasen oder unter einer Staublawine begraben werden. Und was ist dieses Suchen nach der sichersten Route, nach dem griffigsten Fels und Eis anderes als ein Spiegelbild des menschlichen Alltags – nur weg von der Hektik, abgeschnitten von der Zivilisation und Technik. Da wo selbst die Mobiltelefone ihren Dienst versagen, fühlt man sich den Göttern einen Schritt näher. Und ist dankbar, wenn bis zum zweiten Gipfel keines dieser schnellen Berggewitter aufzieht, wo plötzlich alles ganz anders aussieht. Nur an ein kurzes, von Eis und Böen geknicktes Kreuz gelehnt blicken wir vom Lagginhorn zur gegenüberliegenden Mischabel-Gruppe und weiter nach Süden zum höchsten Punkt der Schweiz, der Dufourspitze im Monte-Rosa-Massiv. Nicht weniger als 13 Viertausender liegen im Umkreis des Saaser Tales. Und bei dieser Rundsicht wird einem auch bewusst, über welch grossartige Bergwelt das Wallis verfügt.

Zurück in den Alltag – mit Gedanken zur Zukunft

Am Schluss holte uns ein harter Regen beim Abstieg durch rutschiges Eis und Geröll, den Moränenhügel des Lagginhorns, der als Normalroute für den Aufstieg gilt, noch früh genug in das Saastal und den Alltag zurück. Im Alltag, auf den harten Bänken der Politik, bei Verbänden und Organisationen werden wir dann konfrontiert mit den Anliegen des UNO-Jahres der Berge, zu dem das zentralasiatische junge Land Kirgistan den Anstoss gegeben hatte. Da geht es um die Bewahrung der Berggebiete, auch zum Schutz der Menschen im Tiefland. 46 der heute 191 Staaten der Erde haben einen Berganteil von über 50 Prozent. In den Gebirgsgegenden befinden sich fragile Ökosysteme, welche auf veränderte Umweltbedingungen und bauliche Eingriffe empfindlich reagieren können. Diese Gebiete stehen gleich mehrfach unter Druck, etwa durch Entwaldung, Verbauungen, Erosion, Gletscherschwund. Klimaveränderungen haben in Gebirgen stärkere Auswirkungen als im Flachland. Der sanfte Tourismus darf für die Zukunft kein Schlagwort bleiben, gerade in einem touristisch intensiv genutzten Land wie der Schweiz!

2001 SAC- und Naturfreunde-Zeitschrift, St. Galler Tagblatt

So eine 4000er-Besteigung, wie ich sie eben schilderte, muss relativiert werden. Ich hätte sie nie geschafft ohne die Führung und Mithilfe (im wörtlichen Sinne!) meiner beiden bergerprobten SAC-Kollegen Silvan Schenk und Thomas Kähr. Beide zählen unter den 2500 Sektion-Aarau- und 140 000 Gesamtschweiz-SAC-Mitgliedern zu den absoluten Spitzen-Berggängern. Beide bestiegen einzelne der höchsten Gipfel unserer Erde – Silvan zum Beispiel noch im Jahr 2013 von den Seven Summits (die sieben höchsten Gipfel jedes Kontinents) den von Europäern selten begangenen Rekordberg Australiens/Ozeaniens, die Carstensz-Pyramide (4884 m), oder den Elbrus, die mit 5633 m höchste Erhebung Europas im Kaukasusgebirge.

Das Matterhorn war mir eine Schuhnummer zu gross

Weit berühmter als die von mir erklommenen Gipfel (viel leichter fiel mir wie vielen andern auch später der Aufstieg zum Allalinhorn, Breithorn und Weissmies, alles «leichte» 4000er) ist das allen bekannte Matterhorn. 1865 zum ersten Mal vom Engländer Edward Whymper im neunten Versuch bestiegen (vier Männer der damals erfolgreichen 7er-Seilschaft stürzten beim Abstieg in den Tod), entwickelte sich der magische, pyramidenförmige Mont Cervin seither zum Kultberg. Für mich war er eine Nummer zu gross. Doch rund 2000 bis 3000 Bergsteiger aus aller Welt gelingt dieses Unterfangen jedes Jahr. Über 450 bezahlten ihren Versuch bisher mit dem Leben. Das unschöne bei solch berühmten Bergen: Wie beim Mount Everest, wo heute bloss für eine Bewilligung zu den streng reglementierten Besteigungsversuchen 10 000 Dollar hingeblättert werden müssen, beginnt auch am Matterhorn immer stärker das Kontrollregime. So muss, wer die «Horu»-Route in Angriff nehmen will, vorher obligatorisch in der Hörnlihütte übernachten. Campieren ist verboten worden. Der Hüttenwart bestimmt, wann und in welcher Reihenfolge morgens früh Abmarsch ist ...!

Die Freuden mancher bescheidenen SAC-Tour – und Reinhold Messners Zynismus

Da loben wir uns die Freuden von der «Besteigung» kleiner, bescheidener Mittelland-, Voralpen- und Juraberge, wovon nachfolgende SAC-Erlebnisse berichten. Bei mancher solchen Tour werden manchmal mehr Stunden gebraucht und Höhenmeter zu Fuss bewältigt, als wenn zum Beispiel die durch Eis und Fels gebohrte Allalin-Bergbahn die Leute auf 3500 m hinaufbefördert, wonach sie bloss noch gut 500 m zu Fuss für eine sog. «4000er-Besteigung» zu bewältigen haben … Ohnehin gilt: Jede Bergtour fordert den Menschen und ist ein Erlebnis! Solche Gedankengänge kontrastieren krass zu jenen eines Reinhold Messner. Als über Ostern 2014 über ein Dutzend Sherpas beim Präparieren einer Route auf den höchsten Berg der Welt, den Mount Everest (8848 m), durch eine Lawine verschüttet wurden, meinte der Südtiroler Rekordbergsteiger, dieses tödliche Unglück müsse als «Arbeits- und nicht als Bergsteigerunfall» taxiert werden. Diese Bemerkung Messners war mehr als zynisch, sind es doch gerade diese einheimischen Bergführer, die dafür vorsorgen, dass bisher «nur» 300 Alpinisten auf dem «Dach der Welt» zu Tode kamen und manche überforderte «Touristen» auf den Gipfeln überhaupt ankamen!

Wer ist der oder die Höchste im Land? – Einfache Fragen und differenzierte Antworten nach einer Kettenjura-Wanderung

Speziell übers Jahresende erwacht bei vielen die Lust, einen Berg im eigenen Kanton zu besteigen. Sei es, um dort gute Vorsätze für die nächsten Monate zu fassen, oder ganz prosaisch, um den Festtagsspeck zum Verschwinden zu bringen. Im Aargau erlaubt es die Topographie, dieses Vorhaben auch bei kalten winterlichen Verhältnissen mit dem Marsch auf den höchsten Berg zu realisieren – nur ganz selten verwehren dies zu viel Eis oder Schnee. Doch welches ist denn dieser höchste Aargauer Gipfel?

Genau diese Streitfrage erhitzte auf einer traditionellen SAC-Tour zu Jahresbeginn im Kettenjura die Gemüter. Befand man sich auf der Geissfluh mit ihren stattlichen 962 Metern Höhe nun wirklich auf dem höchsten Berg des Aargaus? Erst im «Unterland» konnte mit den bekannten Hilfsmitteln Klarheit geschaffen werden. Ja und Nein, lautete die Antwort. Die Bergspitze der Geissfluh fiel ausser Betracht, da sie im Grenzgebiet von Solothurn und Baselland liegt. Verwirrlich nah zum Gipfel bohrt sich aber ein aargauischer Keil von der Salhöhe her den Geissfluh-Bergrücken hinauf, um aber auf genau 908 m den höchsten Punkt des Aargaus erreicht zu haben. Dies hat denn auch die «Kulturkommission der drei Erlinsbach» im Jubiläumsjahr des Aargaus 2003 mit einem Gedenkstein klar und deutlich festgehalten. Kleine Fussnote: Diesen Punkt überschreitet nur, wer die Geissfluh von Nordosten her über den Grat, eben durch Erlinsbacher und Aargauer Land, in Angriff nimmt ...

Nun interessierte die halbwegs wieder friedlich gestimmte Tourengruppe natürlich, welches denn der höchste Berggipfel auf Aargauer Boden sei. Auch hier resultierte eine differenzierte Antwort: Die höchste Aargauer Bergspitze krönt mit 872 m den im Unterschied zur Geissfluh eher flachen Stierenberg im südlichen Wynental. Stolz hielt dies bereits 1979 auf einer mit Wappen geschmückten Tafel der «Verkehrs- und Verschönerungsverein Menziken» denn auch korrekt fest, ohne vom höchsten Berg zu schreiben. «Höchster Gipfel Kt. Aargau» lautet die Inschrift. Denn den Stierenberg teilen sich die Kantone Luzern und Aargau je zur Hälfte. Der ganz auf Aargauer Boden liegende höchste Aargauer Berg ist mit 867 m Höhe der Strihen, östlich von der Geissfluh und nördlich vom

Jurapass Benkerjoch gelegen, eingeklemmt zwischen die Juradörfer Oberhof und Densbüren.

Ob 908, 872 oder 867 Meter: Den Aargau, häufig bei Ratings im Spitzenfeld gelegen, findet man in der Berghöhe-Rangliste der 26 Kantone auf dem drittletzten Platz, deutlich noch vor Basel-Stadt mit dem St. Chrischona von 522 m und Genf mit dem Weiler Moniaz (516 m). Aber es sind im Aargau neben den drei Rekordhaltern Strihen, Stierenberg und Geissfluh zahlreiche andere Berge, welche den Reiz der wechselvollen Landschaften und Täler ergänzen. So Wasserfluh, Heitersberg, Homberg, Gislifluh (sogar mit einem Gipfelbuch ausgestattet!), Tiersteinberg, Schinberg und Wiliberg, um nur die paar nächsthöheren zu nennen. Und ein weiterer Trost bleibt uns: Der Aargau hatte, wenigstens für das vergangene Jahr, mit der Bundespräsidentin und der Nationalratspräsidentin die beiden höchsten politischen Repräsentantinnen der Schweiz. Und weil Doris Leuthard und Pascale Bruderer ihre Ämter hervorragend meisterten, wird dieser Glanz noch manche aussserkantonale Bergspitze überstrahlen …

2010 Schweiz am Sonntag, SAC-Zeitschrift

Jeder Kanton ist stolz auf seine höchste Erhebung, und es sei mir deshalb verziehen, dass ich mich in einer Kolumne in der Sonntagspresse und im SAC-Organ fast ausschliesslich mit meinem Wohn- und Heimatkanton befasste. Selbstverständlich müssen als höchste kantonale Bergspitzen zuallererst die Walliser Dufourspitze (mit 4634 m gleichzeitig der höchste Punkt der Schweiz), der Bündner Piz Bernina (4049 m), im Kanton Bern das Finsteraarhorn (4273 m), in Uri der Gammastock (3830 m), St. Gallen der Ringelspitz (3247 m), Obwalden der Titlis (3238 m), in der Waadt Les Diablerets (3210 m) und im Kanton Glarus der Tödi mit 3614 Metern Höhe über Meer erwähnt werden. Aber auch das Brienzer Rothorn (2349 m), der Säntis (2502 m), der Chasseral (1552 m) und die Hasenmatt (1445 m) wecken den Stolz von Luzernerinnen, Appenzellern, Neuenburgerinnen und Solothurnern und überragen die höchsten Aargauer Erhebungen um einiges. Obige, 2010 erschienene Kolumne «bescherte» mir übrigens zahlreiche Mails, Zuschriften und Telefone mit vielen Ergänzungen und Tourenhinweisen aller Art. Sie alle sind Beweis, dass BerggängerInnen wachen Geistes unterwegs sind. Ja, Bergtourenerlebnisse sind beliebter Gesprächsstoff für manche gesellige Runde.

Menschen mit der heimlichen Sucht nach den Bergen

(...). Die Gründung des Schweizer Alpen-Clubs (SAC) fiel in das goldene Zeitalter des Schweizer Alpinismus und der Berghotels, wo Alpenbegeisterung herrschte und die Zahl der Erstbesteigungen förmlich explodierten. Dazu kam eine Reaktion auf die Industrialisierung, auch auf die grösser werdenden Städte, den sich abzeichnenden Siedlungsbrei, die Monotonie mancher Wohngebiete.

Die Natur als Zufluchtsort

Hier wurde die Natur und die Gebirgswelt als Gegenpol und Zufluchtsort entdeckt und geschätzt. Die Verkehrssysteme begannen sich zu verbessern und drangen langsam auch Richtung Berge und Alpen vor. Es herrschte Pioniergeist, die frühere Angst der Menschen vor den Bergen war am Schwinden und die Eroberungslust nahm Oberhand. Die Gründung geschah in Olten, dort, wo der Bergbahnpionier Niklaus Riggenbach wirkte und von wo aus auch die ersten Fühler für das Gotthardbahnprojekt ausgestreckt wurden. Es waren Männer, nur Männer, aus 9 Kantonen, welche am 19. April 1863 in Olten den Schweizer Alpen-Club gründeten. (...) Auch halfen zur Ausbreitung des Bergsports die ersten technischen Hilfsmittel wie Vermessung, Kartografie, besseres Ausrüstungsmaterial. Dazu kamen die ersten SAC-Hütten als Zufluchts- und Übernachtungshorte.

Schweizer statt Engländer sollten Erstbesteiger sein

Zum Pioniergeist gesellte sich beim SAC eine gute Portion Patriotismus. Die Schweizer Alpen-«Clübler» wollten es mit den Briten aufnehmen, welche seit Jahrzehnten in unserem Land die schönsten Berghotels bevölkerten und Gipfel für Gipfel eroberten. Nicht Engländer, sondern Schweizer, nicht Whympers, sondern Taugwalders sollten die Erstbesteiger heissen. Alles in allem dominierte in jenen Gründungsjahrzehnten des Alpinismus und des Bergsteigens das Erstaunen über die Schönheiten der Alpenwelt, allerdings immer wieder gestört und unterbrochen durch Kriegshandlungen, welche unsern Kontinent spalteten und auch in der Schweiz Spuren hinterliessen, auch beim Schweizer Alpen-Club.

Weg vom Machogehabe und das erotische Element

Das Positive vorweg: Innerhalb von 150 Jahren hat sich der fünftgrösste Sportverein der Schweiz gewandelt: Weg vom Elitären, wo noch ein Götti das Neumitglied vorschlagen musste, weg vom Machogehabe, wo nur Männer Mitglied sein durften. Erst 1980 öffnete sich der Zentralverband für Frauen. Klar interessierte auch die meisten Bergsteiger in früheren Jahrzehnten das andere Geschlecht. Aber Frauen konnten nicht SAC-Vollmitglied sein. So schrieb der hochbetagte Bergsteiger-Schriftsteller Emil Zopfi über seine frühen Bergsteigerjahre: «Natürlich nahmen wir die Mädchen zum Klettern mit. Gern hatten wir gelegentlich Mädchen am Seil, aber in der Regel im Nachstieg. Das erotische Element gehörte eben zum Männertraum vom Helden am Berg.» Heute klettern und wandern im SAC längst Frauen und Männer auf Augenhöhe miteinander. 35% der Mitglieder sind weiblich. (…). Und noch etwas gegen ein allfällig schlechtes SAC-Gewissen in Sachen Frauen: Wie steht oder stand es eigentlich bei andern noch populäreren Sportarten? Wie ist es im Fussball, beim Schwingen, an den grossen Radrennen? Auch da dauerte es lange, bis die ersten Frauen offizielle Wettkämpfe austragen konnten, und in der öffentlichen Wahrnehmung dominieren nach wie vor die Männer.

Elitär und politisch engagiert

Viel wurde in diesem Jubiläumsjahr auch zum politischen und nationalen Engagement von Exponenten des SAC geschrieben. So sagte noch 1970 der damalige Lausanner SAC-Zentralpräsident Charles Cevey in seiner Antrittsrede: «Ich glaube, man darf ohne Übertreibung sagen, dass der SAC die Elite der vaterländisch gesinnten Bürger vereinigt. Und warum?», fragte Cevey. Er gab zur Antwort, weil das Ideal des SAC nicht nur in der Liebe zu den Bergen wurzele, sondern vor allem in der Liebe zu unserem Staat. Das Elitäre schimmerte auch bei andern Exponenten immer wieder durch. Stark geprägt von politischen Ereignissen waren Äusserungen von SAC-Seite in den Jahren des Klassenkampfs im 1. Weltkrieg. Im Landesstreik 1918 und «in der Eroberung der Schweiz durch Lenin, Trotzki und Gefährten droht der Schweiz Blut, Schande und schwere Not», heisst es im SAC-Zentralkomitee-Protokoll vom 4. November 1918. Die vom Landesstreik am meisten betroffene Sektion Uto in Zürich zog es allerdings offiziell vor, neutral zu bleiben, hielt aber auch fest, dass sie auf dem Boden der Demokratie stehe und keine Mitglieder dulde, die kommunistischen Bestrebungen nahestünden.

Gegen immer mehr Hilfsmittel und Perversion in den Bergen

Aber auch hier haben sich die Zeiten und Prioritäten beim SAC geändert. Immer mehr rückte der Schutz der Gebirgswelt ins Zentrum des Clubengagements. So wehrte sich der SAC 1944, noch mitten im Krieg, gegen einen Schiessplatz auf der Riederalp. Ins Zentrum traten das breite und immer modernere Hüttenangebot auch für Nichtmitglieder, das alpine Rettungswesen mit eigenen SAC-Rettungskolonnen, das sportliche und Umweltengagement. Im SAC sind heute Menschen vereinigt, die in ihrer überwiegenden Mehrzahl die Bergwelt als Naturwunder begreifen. Für uns SACler gilt eben das Motto: «Die Berge waren schon da, bevor wir da waren. Und sie werden noch da sein, wenn wir es nicht mehr sind.» Vorherrschend sind die Liebe zur Natur, zur Landschaft, die Faszination über Gletscher, Gebirge und Gipfel. Und da stört uns auch, wenn Fun, Action, Heliskiing und immer schnellere Hilfsmittel bis fast auf die 4000er-Grenze hinauf den Alpinismus und das Bergsteigen pervertieren. Ist es nicht «gestört», wenn Verantwortliche der Rigi-Bahnen einen 10 Tonnen schweren und 2,5 Meter hohen Stein aus China importieren wollen, mit dem Zweck, dass die Rigi nicht mehr 1797,5 Meter, sondern just 1800 Meter hoch wäre – und mit dem Nebeneffekt natürlich, dass die Rigi zum Magnet für chinesische Touristen aufgemotzt würde?

Der magische Zwang hinauf in die Berge

Ich schliesse mit dem Bekenntnis, dass Liebe und Faszination für die Berge bei vielen von uns SAClern mit einer heimlichen Sucht nach immer neuen Berg- und Gipfelerlebnissen gepaart sind. Spüren wir alle nicht oft schon frühmorgens, wenn günstige Wetteraussichten locken, einen fast magischen Zwang, Haus, Werkstatt und Büropult möglichst schnell zu verlassen und durch die verbauten und zersiedelten Gebiete des Mittellands den Bergen entgegenzustreben? Um dann zu Fuss hinauf auf Hügel und Juraketten, Berge und Alpen zu gelangen. Wo die Luft frei, der Blick ungetrübt ist, kein Handy klingelt und keine iPhones laufen.

Und immer, wenn wir am Ziel angelangt sind – ganz gleich, wie hoch es liegt –, dann überkommt uns ein seltenes Glücksgefühl: Wir haben etwas vollbracht, was uns unendlich gut tut, und wir spüren Körper und Seele anders als im Tal unten oder am Arbeitsplatz oder im Geplätscher des Swimmingpools. Wir haben Zeit für Gedanken über Leben und Tod, über den Weg als Ziel, und den tieferen Sinn eines Ziels – und hin und wieder auch über den SAC mit seiner bewegten, 150-jährigen Geschichte.

2013 Festrede zum 150-Jahr-Jubiläum des SAC

Wir zerstören, wovon wir träumen – Plädoyer für mehr Landschaftsschutz

Wer mit offenen Augen durch die Schweiz fährt, wer frühere Eindrücke mit der heutigen Realität vergleicht, stellt fest, dass ein gewaltiger Umbau der Landschaft stattfindet. Die Siedlungsfläche ist innerhalb von nur 12 Jahren um rund 13 Prozent oder 327 km^2 gewachsen. Das entspricht etwa der Grösse des Kantons Schaffhausen. Allein im Jahr 2003 wurden in der Schweiz 44 Mrd. Franken verbaut, davon 27 Mrd. für Neubauten. Seit 1960 hat das Schweizer Strassennetz von 55 934 auf 71 192 km im Jahre 2002 zugenommen. Das zerstückelt die Landschaft in ein immer kleinräumigeres Mosaik. Und wer vor einem Hügel am Rand einer Agglomeration steht, sieht fast überall Baukrane: die Quartiere dehnen sich weiter ins Kulturland hinaus, was neue Zufahrten und Umfahrungen zur Folge hat.

Die Kosten der Zersiedelung

Diese Zersiedelung kostet im doppelten Sinn. Sie verursacht höhere Infrastrukturkosten, sie schadet Natur und Landschaft. Eine der Ursachen dieser Entwicklung ist der Drang nach dem Wohnen im Grünen. Wir wissen aber auch, dass der Bodenverbrauch für Wohnzwecke weit stärker zugenommen hat als die Wohnbevölkerung: 1980 bewohnten wir noch 34 m^2, 20 Jahre später bereits 44 m^2 pro Person. Die tieferen Bodenpreise in ländlichen Gebieten fördern diese Entwicklung noch. Die Bevölkerung in den Städten und deren Vororten nimmt eher ab und die Pendlerfahrten zu den Arbeitsplätzen in den Zentren steigen. Wir bewegen uns damit in einem Teufelskreis von Ursache und Folgewirkungen.

Immer mehr Bergbahnen

Die Berggebiete selbst sind geprägt und belastet vom Mythos der technischen Erschliessung. Obwohl die meisten touristischen Regionen längst dicht bestückt sind von Alp- und Verbindungsstrassen, Bergbahnen und Liften aller Art, entstehen immer neue Projekte. Zwar nennen die Mehrzahl der in- und ausländischen Feriengäste «intakte Natur und Landschaft» als Hauptmotiv ihrer touristischen Neugierde. Aber die Zunahme der Mobilität und der wachsende individuelle Freizeitverkehr in diesen Gebieten, der Trend zu Erlebnisferien mit Techno- und Themenparks, zu den alpinen Metros mit dem totalen Skizirkus stehen im krassen Kontrast zu diesen Wunschvorstellungen. Oft hilft ein und dieselbe Person das zu zerstören, wovon sie träumt.

Fragwürdiger Zweitwohnungsbau

Hinzu kommt der Trend zum Zweitwohnungsbau, der sich in die alpinen Regionen und Berggebiete hineinfrisst. Für die Einheimischen bringt dies höchstens kurzfristig Vorteile (Bauwirtschaft). Längerfristig entstehen Verkehrsprobleme, die Infrastruktur muss auf Spitzenzeiten ausgelegt werden. Ein hoher Zweitwohnungsanteil konkurrenziert die Hotellerie, prägt ein Ortsbild mit geschlossenen Fensterläden und verändert die Landschaft. Schwarzen Moränen gleich liegen solche Bauten quer im Gelände und verunstalten touristisch wertvolle Naturschönheiten. Zweifellos wird auch der Turmbau auf der Schatzalp ob Davos diesen Trend fördern, mag er von «Stararchitekten» noch so filigran ins Landschaftsbild hineingezeichnet worden sein. Er bleibt Fremdkörper.

Zum Glück regt sich Widerstand

Zum Glück regt sich Widerstand, sind Abwehrfronten im Aufbau, wird an Schutzkonzepten gearbeitet. Ob sie den laufenden Trend stoppen können? Die Davoser Stimmbürgerschaft hat entgegen allen Erwartungen nur mit knappem Mehr das Hochhaus auf der Schatzalp befürwortet – nun folgen die Einsprachen gegen die Bauplanung. Der Aufhebung der Lex Koller, welche vom Bund aus den Erwerb von Grundstücken durch Personen im Ausland beschränkt, erwächst Widerstand. Für Zweitwohnungen in Berggebieten wird der Ruf nach Kontingentierungen im Verhältnis zum Erstwohnungsanteil, Steueranreizen bei Vermietungen oder höheren Gebühren für den Einkauf in die Dorfinfrastrukturen laut. Eine Volksinitiative will für das ganze Oberengadin den Zweitwohnungsbau auf höchstens 12000 Quadratmeter Bruttogeschossfläche pro Jahr reduzieren, was etwa 100 Wohnungen entspricht. Wenn auch dieser politische Vorstoss die Bevölkerung spaltet, bleibt er vor dem Hintergrund der gewaltigen baulichen Veränderungen und hohen Spekulationspreise verständlich. Denn der einst exemplarische Schutz der Oberengadiner Seenplatte droht mehr und mehr ausgehöhlt und unterlaufen zu werden.

Naturnahe Produktion und neue Naturparks

Gegensteuer geben auch viele regionale Initiativen, wo Ideen längst zur Umsetzung fortgeschritten sind: Bauernbetriebe mit naturnaher Produktion und Landschaftspflege als Teil des abgegoltenen Leistungsauftrags, Wiederherstellung von Trockenmauern, Hecken und Magerwiesen, Anbau von hochstämmigen Obstbäumen, von Kastanienhainen bis hin zum Aufbau gänzlich neuer Kooperationen zwischen Landschaftsschutz und Tourismus. Und schliesslich hat die Gründung neuer National- und Naturpärke in der Schweiz neuen Schub erhalten. In rund zwei Dutzend Regionen sind Initiativen entstanden, die unter Einbezug der ansässigen Bevölkerung und im Einklang mit touristischen Interessen neue regionale Parks entwerfen. Solche neue grossflächige Schutzgebiete können aber ohne Bundeshilfe kaum realisiert werden. Die dazu nötige Gesetzesrevision wollte der Bundesrat stoppen. Nun aber hat er vom Parlament den klaren Auftrag erhalten, vorwärtszumachen. Die Vision neuer Schutzgebiete in der Schweiz rückt damit näher – wenigstens dies ein Gegengewicht zur schleichenden Verbauung und Zersiedelung unseres Landes.

2005 AZ und Mittelland Zeitung

Interessanterweise ist es das Volk, welches die deutlichsten Signale für mehr Naturschutz an Parlament und Bundesrat aussandte.

Dreimal Ja für den Schutz der Natur

Mit dem starken Mittel der Volksinitiative hat das Schweizer Volk bereits drei Mal erfolgreich in Natur- und Landschaftsschutzfragen Akzente gesetzt: 1987 mit der Rothenthurm-Initiative (Hochmoorschutz), 1994 mit der Alpeninitiative (Beschränkung des Nord-Süd-Transitverkehrs auf der Strasse) und im März 2012 mit der Volksinitiative gegen «überbordenden Zweitwohnungsbau». Der Anteil der Zweitwohnungen soll danach auf 20 Prozent pro Gemeinde beschränkt bleiben. Seit Einführung der Volksinitiative beim Bund im Jahr 1891 sind gerade mal 20 von 179 Initiativen angenommen worden (Stand 2014). Das Initiative-Volksrecht auf Bundesebene erfreut sich steigender Beliebtheit, sind doch heute 34 Volksbegehren in der Pipeline. Bis 1977 (Einführung des Frauenstimmrechts) waren 50 000 Unterschriften für eine Initiative notwendig, seither 100 000. Es wäre wenig sinnvoll, diese Hürde zu erhöhen.

Mühe mit Umsetzung von Volksentscheiden

Die Umsetzung von erfolgreichen Volksinitiativen bringt dann allerdings meist Knochen- und Denkarbeit mit sich. So sind die in der Verfassung verankerten Ziele der Alpeninitiative bis heute nicht voll umgesetzt, auch beim Hochmoorschutz hapert es, und die Ausführung der Zweitwohnungs-Beschränkungsinitiative steckt mitten im Widerspruch der Interessen. Da ist etwa die Frage, ob für den Weiterverkauf bestehender Wohnungen in Gemeinden mit einem Anteil von mehr als 20 Prozent Zweitwohnungen Restriktionen gelten sollen oder nicht. Oder ob der Bau von touristisch bewirtschafteten Zweitwohnungen auch unter die neue Regelung fallen soll. Sehr wahrscheinlich wird das Ausführungsgesetz nach der Beratung im Parlament via ein ergriffenes Referendum in eine erneute Volksabstimmung münden. Ebenso schwierig haben es erfolgreiche Initiativen im Gebiet des Ausländerrechts: Sie stossen bei der Umsetzung auf den Widerstand von völkerrechtlichen Prinzipien oder einer Parlamentsmehrheit, die im Abstimmungskampf unterlegen blieb. Wahrlich, das Initiativrecht ist zu einer stumpfen Waffe verkommen!

Nationalpark als Naturreservat – daneben neue Erlebnispärke
Bei allen Rückschlägen für Natur und Landschaft in der Schweiz darf die Erfolgsgeschichte des Nationalparks nicht vergessen werden. Am 100-Jahr-Jubiläum 2014 in Zernez sagte mir Nationalparkdirektor Heinrich Haller, dass es heute im gesamten Alpenraum nicht mehr möglich wäre, ein so strenges Naturreservat einzurichten. Es sei eine Pioniertat vollbracht worden, die nicht wiederholbar sei. So ist man gespannt, wie die in der Errichtungsphase steckenden zwei Nationalparks im Adulagebiet und im Locarnese sich präsentieren werden. Die oben erwähnten regionalen Naturparks, die seit 2005 fast überall «in Betrieb» sind, legen den Schwerpunkt bekanntlich auf den Erhalt von Kulturlandschaften und sind offen für vielfältige Nutzungen. Während der Nationalpark als eigentliches Wildnisgebiet ins zweite Jahrhundert schreitet, werden die Naturparks in den Regionen in dauerndem Dialog mit der Bevölkerung einen Mittelweg zwischen Naturschutz, Landschaftspflege und lebendiger Nutzung suchen müssen. Es ist ländliches Gebiet, wo die Natur hautnah zu erleben ist, so etwa mit einem Kräuter- oder Moorlandschaftspfad, aber auch mit Dorfläden, wo noch lokale Würste, Weine und Käse angeboten werden. Es ist die Kombination dieser Werte, welche die 20 Naturpärke in (fast) allen Teilen der Schweiz so wertvoll machen.

Mitten im Nationalpark: die wunderschöne Alp la Schera.

«Papi, lueg, Vögeli uf em Baum!»

Wenn ich unserer kleinen Tochter Felicitas «Gschichtli» erzähle, so fällt mir auf, wie sie aus vielen Bildern immer wieder die Natur und die Kreaturen herauspickt: Sie freut sich an den «Blüemli», dem «Chueli» und dem «Büsi». Und draussen auf der Wiese, wo jetzt die ersten freien Spaziergänge gewagt werden können, ruft sie entzückt: «Papi, lueg, Vögeli uf em Baum!» Diese Reaktionen beeinflussen mich als Mensch und Politiker, nicht nur als «Papi». Denn ich weiss, dass für unsere Jugend die Natur ein einzigartiges Erlebnis ist, das unauslöschliche Erinnerungen prägt. Und, dass vieles heute in Gefahr ist. Die Förster rechnen mit kranken Bäumen, und Nobelpreisträger Werner Arber warnt uns: «Wenn wir so weitermachen, geht unersetzliches Erbgut verloren.» Aus der Vogelwarte Sempach wird eine Abnahme der Vogelarten gemeldet, und alle wissen um den Zustand der Luft. Der schwarze Februarschnee, der chemieverseuchte Rhein, die überdüngten Äcker mit den Auswirkungen auf Nahrungsmittel, das alles macht uns Angst. Und als Politiker will man helfen, will Beschlüsse bewirken und Massnahmen zum Tragen bringen. Vieles braucht Zeit, Geduld und Mithilfe vieler, mindestens einer knappen Mehrheit. Als ich seinerzeit allein auf weiter Flur die Tariferhöhungen der SBB bekämpfte – von der Politik erzwungen –, war ich noch chancenlos. Und als ich mit der Forderung nach «halben Billettpreisen für alle» nur drei, vier Jahre später nochdoppelte, konnte dafür eine Mehrheit der Bundesratsparteien gewonnen werden, mit dem vernünftigen Zusatz des 100-Franken-Abos. An vielen anderen Fronten wird gearbeitet, doch für viele immer noch zu langsam. Allerdings: Dort, wo Verzichte sichtbar werden, ein finanzielles Opfer droht, schwindet bereits die «Akzeptanz». Der Graben zwischen «Wollen» und «Mithelfen» wird sichtbar. Das wird

unsere grosse Zukunftsaufgabe sein, auch für unsere Kinder: Dass wir nicht nur ein Stück grüne Natur, etwas Ruhe und eine gesunde Umwelt reklamieren, sondern auch selbst einen Beitrag dazu leisten. Dass wir nicht nur «von Bern oben» Massnahmen fordern, sondern sie in den Kantonen und Gemeinden auch zur Anwendung bringen. Und auch unsere Kinder müssen wir lehren, später sorgsam mit der Natur umzugehen, damit auch sie von ihren späteren Kindern noch den Ruf vernehmen können: «Papi, lueg, Vögeli uf em Baum …!»

1987 Aargauer Woche, Naturfreunde-Zeitschrift

Grosse wirtschaftliche Herausforderungen

Die Schweiz verfügt über eine der stabilsten Volkswirtschaften der Welt. Nach dem Bruttoinlandprodukt (BIP) liegen wir an 19. Stelle weltweit, nach dem BIP pro Kopf berechnet sogar auf dem 4. Platz. Das ist deshalb erstaunlich, weil unser Land praktisch keine natürlichen Rohstoffe besitzt, wenn wir von der Wasserkraft zur Stromerzeugung absehen. Das ist nur dank einer funktionierenden und leistungsfähigen Wirtschaft möglich. Wichtig ist dabei die Auslandtätigkeit vieler Unternehmen, wird doch heute fast jeder zweite Franken im Ausland verdient. Wohlstand und Wohlfahrt der Schweiz und ihrer Bevölkerung würden schnell geschmälert, wenn sich die Wirtschaft nicht dauernd dem weltweiten Strukturwandel stellen und sich anpassen, wenn die Menschen mit ihrer Arbeitskraft und ihrem Wissen sich nicht engagieren, weiterbilden und mitziehen würden. Dies will der erste Beitrag aufzeigen und dabei nicht verschweigen, dass nicht ganz alle dem rasanten Wandel gewachsen sind. Mit Schwerpunkt Aargau wollen wir dann fragen, wie sich der Staat am besten verhält: aktive Förderung einzelner neuer Firmen oder gute Rahmenbedingungen für alle Marktteilnehmer schaffen? Wir fragen nach den soliden, gesamtschweizerisch und teils weltweit engagierten Unternehmen und Unternehmern im viertgrössten Kanton der Schweiz – erstaunlicherweise viele Familienbetriebe darunter, die sich in jahrzehntelangem Konkurrenzkampf behaupten, ihre Produkte und Leistungen verbessern und die Arbeitsplätze mehren konnten. Aber den Strudel der weltweiten Globalisierung haben nicht alle unbeschadet überstanden. Wir greifen die beiden Schweizer Industrieflaggschiffe ABB und Alstom heraus, die im Aargau ihre Haupttätigkeit ausüben. Zum Teil ihre Produkte, zum Teil auch das Ausland sind massgebliche Gründe für ihre wirtschaftlichen Wechselbäder. Wir kommen auf das politische Engagement von Unternehmern zu sprechen, durchdringen sich doch Wirtschaft und Politik. Besonders mit der Politik verflochten ist die Energiewirtschaft. Wohin treibt sie nach dem Entscheid des Bundesrats und den seitherigen Diskussionen zum Atomausstieg? Und weil die Wirtschaft und 350 Mio. Reisende, 440 000 GA- und 2,3 Mio. Halbtaxabo-Besitzer am Gang der Dinge bei den SBB interessiert sind, widmen wir ihren Problemen die Schlussbetrachtung.

Schweizer Wirtschaft im Strukturwandel

Die schweizerische und die aargauische Volkswirtschaft stehen heute vor wirtschaftlichen und arbeitsmarktlichen Herausforderungen, die sich von den Problemen grundlegend unterscheiden, mit denen wir in der Vergangenheit konfrontiert waren. Damals nahm der Problemdruck nach einer kürzeren oder längeren Phase des Konjunktureinbruchs jeweils weitgehend von alleine wieder ab und wurde durch eine gegenläufige Wachstums- und Vollbeschäftigungsperiode abgelöst. Nach dem alten Ablaufmuster wäre heute angesichts der hohen Arbeitslosenzahlen und der negativen Wachstumsraten der letzten Quartale eigentlich längst ein wirtschaftlicher Aufschwung fällig.

Statt Auf- und Abschwung tiefer Strukturwandel

Die rasant zunehmende und immer mehr Wirtschafts- und Lebensbereiche erfassende Globalisierung lässt vielmehr erwarten, dass wir erst am Anfang eines tiefgreifenden Strukturwandlungsprozesses stehen. Das von vielen Prognostikern vorausgesagte Wirtschaftswachstum findet zwar statt, verlagert sich aber immer mehr von der Schweiz und Westeuropa weg hin zu andern Regionen der Weltwirtschaft. Auf dem Markt der Standortvorteile werden die «Trümpfe» der internationalen Wettbewerbsfähigkeit und damit der Wachstums- und Wohlstandschancen unter den Weltregionen neu verteilt. Wir stehen im internationalen Vergleich zwar immer noch sehr gut da, haben aber keinerlei Garantie, dass dies während weiterer Jahrzehnte so bleiben wird. Das nächste Jahrzehnt wird unsere Umdenk-, Lern- und Anpassungsfähigkeit in einem bisher wohl noch nie dagewesenen Ausmass herausfordern.

Patentrezepte gibt es nicht

Fixfertige Patentrezepte, nach denen unserem Land und unserem Kanton auch mittel- und längerfristig einer der vorderen Ränge der Weltwirtschaft gesichert werden kann, gibt es nicht. Abbau von Hemmnissen ist zwar zweifellos wichtig, bringt aber wenig, wenn in der Privatwirtschaft stimulierende Investitionen und Innovationen ausbleiben und die Risikobereitschaft fehlt. Die öffentliche Hand muss sich vor allem im Bereich der Bildung und Ausbildung engagieren. Hier braucht es – in Zukunft noch vermehrt – einen aktiven und starken Staat. Dabei stehen naturgemäss «Investitionen in die Zukunft» im Vordergrund, d. h. auf jüngere Menschen ausgerichtete Bildungsmassnahmen, aber nicht nur.

Lebenslanger Prozess

Der rasante und sich beschleunigende Struktur- und Anforderungswandel bringt es mit sich, dass in der Jugend erworbene Kenntnisse und Fähigkeiten immer rascher veralten und damit unbrauchbar werden. Um den Anforderungen des Wirtschafts- und Arbeitslebens gewachsen zu sein, müssen alle Menschen daher die Möglichkeit haben, ihre Kenntnisse und Fähigkeiten immer wieder aufzufrischen und zu ergänzen; ja gegebenenfalls in einen völlig neuen Tätigkeitsbereich umzusteigen. Nur wenn derartige Angebote im Sinne der «éducation permanente» vorhanden sind, kann die Gefahr einer gravierenden Arbeitslosigkeit gebannt werden. Diese Angebote müssen in enger Zusammenarbeit mit der Wirtschaft entwickelt werden, damit sie dem entsprechen, was der Arbeitsmarkt verlangt. Damit von diesen Angeboten auch umfassend Gebrauch gemacht wird, braucht es zudem Beratungsstellen, die den Arbeitnehmerinnen und Arbeitnehmern – aber auch ihren Arbeitgebern – helfen, ihre Probleme frühzeitig zu erkennen und die zu deren Lösung zweckmässigsten Massnahmen einzuleiten. Ohne diese Unterstützung haben vor allem beruflich wenig qualifizierte Menschen, die oft auch ausserhalb des Arbeitsmarktes benachteiligt sind, wenig Chancen.

Mit regionalen Arbeitsvermittlungszentren (RAV) erste Hilfe bieten

Bis ein Angebot im oben skizzierten Sinne vorhanden ist und funktioniert, ist noch viel zu tun. Mit den regionalen Arbeitsvermittlungszentren (RAV), die der Kanton Aargau wie die andern Kantone aufgrund des revidierten Arbeitslosenversicherungsgesetzes in Aarau, Baden, Brugg, Lenzburg, Rheinfelden, Wettingen, Wohlen, Zofingen und Zurzach seit Anfang 1997 führt, ist aber ein erster entscheidender Schritt in diese Richtung getan. Die RAV müssen in ihrer Region alle Arbeitslosen bei der Stellensuche unterstützen und ihnen – sofern keine Stelle gefunden werden kann – zu einer ihre Arbeitsmarktchancen verbessernden Qualifizierungsmassnahme oder allenfalls zu einer vorübergehenden Beschäftigung verhelfen. Sie arbeiten dabei eng mit den Arbeitgebern, den Sozialpartnern und verschiedenen privaten und öffentlichen Beratungs- und Vermittlungsstellen zusammen.

Parallel mit dem Aufbau der RAV wird das Angebot an arbeitsmarktlichen Massnahmen, d. h. an Kursen, andern Qualifizierungsmassnahmen und vorübergehenden Beschäftigungsmöglichkeiten, stark erweitert. Alle Arbeitslosen sind auf ihre persönliche Situation zu testen und auf ein entsprechendes Programm festzulegen, das ihnen wieder zu einer neuen Stelle verhilft. Die möglichst baldige Wiedereingliederung bleibt Hauptzweck aller Bestrebungen, sei es im bisherigen oder in einem neuen beruflichen Umfeld. Möglichst wenig Menschen sollten ihren sozialen und wirtschaftlichen Halt verlieren und in die Langzeitarbeitslosigkeit abgleiten.

Nullsummenspiel vermeiden

Es wird einer dauernden Anstrengung bedürfen, um im heutigen Strukturwandel auch neue Stellen anbieten zu können. Gezielte Nischenpolitik, Neugründungen, Zusammenarbeit mit bestehenden Technologiestützpunkten lauten die Stichworte. Unser Kanton fördert den Technologietransfer aus Forschungszentren in private Firmen, um ihnen solche Neuausrichtungen zu erleichtern, und stellt im Übrigen eine gut funktionierende Infrastruktur in allen für die Entwicklung der Wirtschaft wichtigen Bereichen zur Verfügung. Mit zu optimalen Bedingungen im Vergleich zum Ausland gehört auch eine funktionierende Sozialpartnerschaft. Dort wo Arbeitskonflikte die Produktion lahmlegen, ist auch die Konkurrenzfähigkeit geschwächt. Im Übrigen ist es letzten Endes ein «Nullsummenspiel», wenn Kantone einander Firmen mit einseitigen finanziellen Vergünstigungen abwerben. Es sollten andere als diese strukturverzerrenden Standortvorteile angeboten werden.

> **1997 in der «Volkswirtschaft», Publikation des**
> **Eidg. Volkswirtschaftsdepartements (EVD)**

Unternehmen und Unternehmer mit Vorbildcharakter

Es entsprach meinem liberalen Credo als Aargauer Volkswirtschaftsdirektor, dass ich zwar in der Arbeitsmarktpolitik im Konzert und in enger Zusammenarbeit mit dem damaligen innovativen und temperamentvollen EVD-Chef Jean-Pascal Delamuraz beim Bund und den in den andern Kantonen für die Wirtschaft zuständigen Regierungsräten von Null auf den RAV-Aufbau realisierte, in der Firmenpolitik auf lenkende und fördernde Massnahmen des Staates aber verzichten wollte. Die Nachbarkantone Bern und Solothurn und vor allem welsche Kantone setzten stark auf die kantonale Wirtschaftsförderung mit Steuergeschenken, billigen Landangeboten etc. Aber diese Form der Wirtschaftspolitik greift zu kurz und ist zu wenig nachhaltig. Denn je mehr Kantone dieses Spiel mitmachen, desto stärker entwickelt sich ein Nullsummenspiel – Abwerbungen und Neuzuzüge heben sich gegenseitig auf. Einzelne der so angelockten Firmen verschwanden auch wieder, das kantonale Geld aber war ausgegeben … Interessanterweise werden aus ganz anderen Gründen Steuererleichterungen für Neuzuzüger plötzlich in Frage gestellt: Nach der Annahme der Einwanderungsinitiative am 9. Februar 2014 sieht man, dass neue Firmen die meisten Arbeitskräfte dank Personenfreizügigkeit bequemerweise aus dem Ausland holen, ganz abgesehen von der zusätzlichen Beanspruchung der Infrastrukturen mit Folgekosten für das staatliche Gemeinwesen.

Firmenförderung bringt Verzerrungen zu Lasten einheimischer Firmen
Auch entstehen bei solcher betriebsspezifischer Förderung ungerechte volkswirtschaftliche Verzerrungen zu Lasten der einheimischen Unternehmen, die sich plötzlich neu gegründeten, mit Privilegien ausgestatteten Firmen gegenübersehen. Gerade in Branchen mit knappen Margen können Ungleichgewichte im Konkurrenzkampf resultieren, die systemwidrig und demotivierend sind. Der Staat hat – so meine Überzeugung – für gute Rahmenbedingungen zu sorgen, die allen Unternehmen gleichermassen dienen müssen. Das gilt für die zur Verfügung stehende Infrastruktur im Verkehr, für Ver- und Entsorgung, für Bauland und dessen Erschliessung, für Steuern und Abgaben, für das Bildungsangebot und Forschungseinrichtungen, die für alle zugänglich sind. Schon in den 80er und 90er Jahren stellte das Technikum Brugg-Windisch unter der Leitung von Walter Winkler pionierhaft der Aargauer Wirtschaft sowohl Wissenstransfer wie auch gute Kaderleute zur Verfügung. Auch jetzt wieder profitieren zahlreiche Aargauer Firmen vom guten Hightech-Angebot und einem Technopark. Dagegen hat der Aargau eine Standortmarketing-Anbindung an die «Greater Zurich Area» 2011 wieder aufgekündigt, da die eingesetzten Mittel zu wenig greifbaren Resultaten führten.

Solide schweizweit bekannte Aargauer Firmen

Auch ohne gezielte Wirtschaftsförderung entstanden im Aargau im Laufe der Jahrzehnte zahlreiche innovative, starke und solide Firmen, die weit über den Kanton hinausragen, ja gesamtschweizerische und europäische Spitzenpositionen einnehmen. Ich denke da an das 1952 gegründete Rivella-Unternehmen mit dem gleichnamigen Schweizer Nationalgetränk, das sich von Rothrist aus zum zweitgrössten Erfrischungsgetränkehersteller entwickelte. Oder die beiden grössten Autounternehmen: die von Walter Haefner pionierhaft gegründete AMAG (Schinznach) und die von Safenwil aus tätige Emil Frey AG, die sich als eine der ersten Firmen im Autohandel mit dem asiatischen Raum organisieren konnte. Die weltweit tätige Franke Holding AG in Aarburg gibt es seit 1911 – sie ist mit Edelstahlprodukten rund um die Küche und sanitären Einrichtungen in drei von fünf Bereichen Weltmarktführer. Sodann bauten die Lagerhäuser Aarau ein hochmodernes Logistikunternehmen im Aargau auf, das bereits auf eine 140-jährige Tradition zurückblicken kann. Die Bertschi AG Dürrenäsch ist mit 15 eigenen Bahnterminals im In- und Ausland Marktführer im internationalen Transport von flüssigen Chemieprodukten. Im Handelsbereich entwickelte sich die 1882 gegründete Möbel-Pfister-Unternehmensgruppe mit Sitz in Suhr zum führenden Einrichtungshaus der Schweiz, Pneu Egger, Aarau, zur Marktführerin im Schweizer Reifenfachhandel und Zehnder, Gränichen, zum international tätigen Hersteller von Raumklima-Installationen.

Von Familienexponenten geleitet

Zum grössten Reiseunternehmen weit und breit neben der Knecht Reisegruppe entwickelte sich die 1885 gegründete Twerenbold Reisen AG mit Carzentrum bei Baden, wobei der preisgekrönte Firmenchef Werner Twerenbold verschiedene Marken wie Imbach, Mittelthurgau oder Vögele Reisen unter seine Fittiche brachte. Gemeinsam ist diesen Firmen eine stetig wachsende Entwicklung und solide besitzmässige Verankerung. Sei es wie bei Möbel Pfister, wo Fritz G. Pfister 1916 von seinem Vater einen Möbelladen übernahm und mit einem Filialnetz ausbaute, um dann 1966 das Unternehmen der firmeneigenen Vorsorgestiftung zu verkaufen. Oder sei es, dass die Firmen erfolgreich von Familienexponenten geleitet werden: Bei Rivella ist es nach Gründer Robert Barth dessen Sohn Alexander Barth; bei der Emil Frey AG brachte Sohn Walter Frey, späterer SVP-Fraktionschef im Nationalrat, schon als 24-Jähriger an der Seite seines Vaters Emil Frey das erste japanische Auto in die Schweiz; die Firma Franke ging von der Gründerfamilie Walter Franke zur Eigentümerfamilie Pieper, wo nach Vater Willi jetzt Michael Pieper den Konzern steuert. Hans-Jörg Bertschi leitet in zweiter Generation das nunmehr in 24 Staaten verankerte Aargauer Transportunternehmen, nachdem Vater Hans Bertschi 1956 mit einer Einzelfirma den ersten Lastwagen kaufte; bereits in vierter Generation dirigiert Stéphane Meyer die Lagerhäuser, die neben ihrem Speditions- und Logistikgeschäft eine kluge Diversifikation aufbauten. Den Durchbruch zur europäischen Spitze schuf beim Wynentaler Radiatorenunternehmen in vierter Generation Hans-Peter Zehnder, der seit 1993 die ganze Firmengruppe leitet.

Eine der innovativen Aargauer Firmen: Rivella im Produktionsgebäude in Rothrist.

Mit langfristiger Nachhaltigkeit

Wenn auch häufig bei der Nennung des Aargaus als drittstärkster Wirtschaftskanton Namen von börsenkotierten Firmen wie ABB, der Basler Chemie im Raum Fricktal oder den Grossbanken in den Agglomerationen der Mittellandachse im Vordergrund stehen, so kann die grosse unternehmerische Leistung solcher Traditionsunternehmen, die sich in Familienbesitz befinden, nicht hoch genug eingestuft werden. Bei allen Konjunkturschwankungen und Nachfolgeproblemen, die jedem Unternehmen zusetzen können, zeichnet diese Firmen zudem Beharrlichkeit und Ausdauer aus, gepaart mit steter Innovation und Risikobereitschaft sowie einer für die Stabilität der Wirtschaft enorm wertvollen langfristigen Nachhaltigkeit.

Trotz Rekordzahlen blieb Arbeitslosenquote unter dem nationalen Wert

In meinem auf Wunsch des EVD-Chefs 1997 verfassten, obenstehenden Beitrag, der die Arbeitsmarktprobleme in den 90er-Jahren schildert, kommen auch die RAVs zur Darstellung. Damals erreichten die Arbeitslosenzahlen Rekordmarken. Einfach die Zahl der Taggelder dauernd zu verlängern machte wenig Sinn. Aber mit diesem neuen Beratungssystem und Beschäftigungsprogrammen konnte in den kantonalen Wirtschaftsämtern die Wiedereingliederung Stellenloser in den Arbeitsprozess besser als je zuvor organisiert werden. In meinen Beobachtungen des Arbeitsmarktes in jenen Jahren sah ich auch, wie fast alle der fest verankerten Traditionsbetriebe diese Zeit besser überstanden als manche neu gegründete, zunächst stark boomende Firma. Sie konnten auf Reserven greifen und pflegten mit ihren Mitarbeitern eine Sozialpartnerschaft, die auch in schwierigeren Zeiten Bestand haben sollte. Gleiches gilt es für die vielen Tausend kleinen und mittleren Betriebe (KMU) im Aargau festzuhalten, die der Aargauer Wirtschaft seit je zu besonderer Stabilität verhalfen. Dank ihnen ist auch die Arbeitslosenquote im Aargau stets unter dem schweizerischen Mittel geblieben.

Wachsender Dienstleistungssektor half Industrierückgang kompensieren
Die strukturellen Schwierigkeiten im Industriesektor – so verschwanden infolge der billigen ausländischen Konkurrenz zahlreiche Textilfabriken – halfen eine wachsende Dienstleistungsbranche auszugleichen. Banken, Versicherungen, Detailhandelsgeschäfte wie Coop und Migros, Garagen, Gesundheits-, Medizinal- und Handelsfirmen zogen im bevölkerungsreichen Aargau ein dichtes Geschäftsstellennetz auf, das erst in jüngster Zeit wegen Fusionen und Kostendruck teilweise wieder gestrafft wurde.

Im Bankensektor fehlt dem Aargau zwar der Hauptsitz einer Grossbank, aber die Aargauische Kantonalbank (AKB) und die Neue Aargauer Bank (NAB) zählen mit je über 20 Mrd. Franken Bilanzsumme zu den führenden Banken der Schweiz. Die AKB gehört zu 100 Prozent dem Kanton; ihr dynamischer und frischer Auftritt brachte ihr eine stetige Expansion. Ihr Hauptkonkurrent NAB entstand aus dem Zusammenschluss einiger mittelgrossen Banken und gehört der CS, der früheren Schweiz. Kreditanstalt. Neben den vor allem in ländlichen Gebieten gut verankerten Raiffeisenbanken konnte sich im Aargau nur noch die Hypothekarbank Lenzburg als grosse, selbständige Regionalbank behaupten. Sie liefert den Beweis, dass bei starker regionaler Verankerung und gutem Beratungsangebot durchaus noch Platz neben den Grossen ist und dass – ein Unikum im Bankensektor – mit CEO Marianne Wildi auch eine Frau ein Bankinstitut leiten kann.

30 Prozent des privaten Konsums entfallen in der Schweiz auf den Detailhandel, der unter starkem Preisdruck steht und unter dem Einkaufstourismus leidet (5 Mrd. Franken Einkäufe im grenznahen Ausland!). Die grossen Anstrengungen, welche der Detailhandel für die Versorgung der Bevölkerung erbringt, illustriert das Beispiel Coop: Joos Sutter, CEO der Coop-Gruppe, erläutert uns, dass schweizweit 828 Läden unterschiedlichster Grösse bis in die entlegensten Täler betrieben werden. 26 300 Mitarbeitende stehen in diesen Coop-Märkten im Einsatz. Neben diesem, das dichteste Verkaufsstellennetz der Schweiz betreibenden Grossverteiler dürfen auch die zahlreichen selbständigen, innovativen Detailhändler nicht unerwähnt bleiben. Sie tragen ebenso viel bei zum hohen Standard des Lebensmittel- und Warenangebots in der Schweiz.

Industrieflaggschiffe im Strudel der Globalisierung

Nur dank dem starken Zuwachs im Dienstleistungsbereich und dank den oben erwähnten starken Familien- und den vielen KMU-Betrieben hat der Aargau und hat die Schweiz auch die grosse Krise des Industrie-Flaggschiffs Brown Boveri und des Elektroriesen Alstom, beide mit Hauptsitz in Baden, einigermassen unbeschadet verkraftet, so wie sie Jahre später auch die Krise eines Giganten im Dienstleistungsbereich, der Grossbank UBS, überstanden hat. Ich erinnere mich gut, wie ich als 1979 relativ jung in den Nationalrat Gewählter eine Einladung an den Hauptsitz der BBC neben der heutigen Trafo-Kongresshalle in Baden erhielt, um mit andern eidgenössischen Parlamentariern zusammen Geschäftslage und Schweizer Politik zu besprechen. Damals war es Präsident Franz Luterbacher, später der ehemalige Nationalbankchef Fritz Leutwiler, welche von Seiten der BBC die Gesprächsrunde führten. BBC unterhielt am Martinsberg eine riesige Betriebskantine, wo jeweils Hunderte Beschäftigte verpflegt wurden. Ebenfalls in Baden gab ich als Milizpolitiker, der noch einem Beruf nachging, an der KV Handelsschule Kurse in Wirtschaftsfächern, abends für Erwachsene, an einzelnen Tagen für Lernende. Der Stolz des KV war, dass wir eine eigene, sog. «BBC-Klasse» bilden konnten, die bei mir im Quervergleich unzweifelhaft die beste Gesamtleistung bot. Kurz: BBC war der Stolz der Wirtschaftsregion im Osten des Kantons. Doch dann folgten die mageren Jahre. Die Firma geriet in den Strudel der Globalisierung und der Absatzprobleme im Elektrogeschäft.

Am Hauptsitz der beiden Industrie-Flaggschiffe ABB und Alstom in Baden: Die glitzernden Fassaden trügen – schwere Krisen mussten überwunden werden.

«Wenn die BBC hustet, haben wir die Grippe»

In den 1980er-Jahren gelang es immer weniger, die von BBC-Ingenieuren ausgeheckten Forschungen in erfolgreiche Produkte umzumünzen. Die BBC, von der es bei uns hiess, wenn sie hustet, erkrankt die umliegende Wirtschaftsregion an Grippe, schrieb zweistellige Millionendefizite. Ein in Mannheim und Baden entwickelter neuer Atomreaktortyp konnte nach den Unfällen von Tschernobyl und Harrisburg nicht mehr vermarktet werden. Die Region begann den Krebsgang zu spüren, Zulieferbetriebe hatten Einbussen. Dann folgte aus der Not heraus die Fusion der BBC mit der schwedischen Asea zur ABB. Fritz Leutwiler war auf BBC-Seite, Asea-Chef Percy Barnevik auf schwedischer Seite Verhandlungspartner. Im Hintergrund bestimmten die beiden Hauptaktionäre Stephan Schmidheiny und Peter Wallenberg von den beiden mächtigen Industriellenfamilien. Aber der Fusion folgten neue Rückschläge.

ABB baut um und erleidet Rückschläge

CEO Barnevik baute den Konzern gänzlich um, Betriebe wurden zusammengelegt oder geschlossen, neue hinzugekauft. Häufig gab es eigentliche Kündigungswellen, aber auch Neuanstellungen. Die ABB ging Allianzen mit den Konkurrenten Siemens und Westinghouse ein und erlitt nach Asbestklagen bei einer erworbenen US-Firma einen 2,3-Milliarden-Dollar-Verlust. Alles musste jetzt dezentral aufgebaut sein, was früher einer zentralen Leitung unterstand. Es gab auch Erfolge, so mit der Ländergruppe Schweiz unter Leitung des vorausschauenden Badeners Edwin Somm. An der Konzernspitze folgte auf Barnevik sein Landsmann Göran Lindahl. Man trennte sich von den traditionsreichen Sparten Kraftwerkbau und Bahntechnik und konzentrierte sich auf Energie- und Automatentechnik. Als Jürgen Dormann ABB-Chef wurde, kam die Schockmeldung, dass sich seine Vorgänger Barnevik und Lindahl über 230 Millionen Pensionskassengelder zugeschanzt hatten. ABB hat sich zwischenzeitlich wieder aufgefangen, erzielte 2013 einen Umsatz von 42 Mrd. US-Dollar, stiess unter der Leitung von CEO Ulrich Spiesshofer einige Problemsparten ab und beschäftigt nun weltweit über 140 000 Mitarbeiter in 100 Ländern, wovon ABB Schweiz mit rund 7000 Beschäftigten und dem Forschungszentrum Dättwil eine starke Stellung im Konzern einnimmt. Die Region Baden ist heute weit weniger ABB-lastig als einst zu BBC-Zeiten, was wirtschaftlich nur nützlich sein kann, auch wenn es manchem früheren BBC-Ingenieur oder Werkmeister eine traurige Erinnerung bedeutet.

Elektroriese Alstom im Clinch mit französischer Staatswirtschaft

In der ersten Hälfte 2014 tobte ein heftiger Kampf um die Vorherrschaft beim grössten privaten Arbeitgeber des Aargaus, dem in Baden domizilierten Kraftwerk- und Zughersteller Alstom. 6500 Angestellte an den Produktionsstandorten Baden, Birr und Oberentfelden bangten plötzlich um ihre Jobs. Der Hauptsitz des Alstom-Energiegeschäfts, die Alstom Thermal Power, befindet sich noch immer in der Limmatschneise, wo Charles Brown und Walter Boveri das Fundament der Schweizer Elektroindustrie errichtet hatten. Die französische Alstom-Gruppe engagierte sich Ende des letzten Jahrtausends mit einer Partnerschaft bei ABB und übernahm dann im Jahr 2000 ganz deren Turbinengeschäft. Einzige Sorge in Baden: Seit die Franzosen das alleinige Sagen haben, werden die Geschicke weit mehr von der Zentrale in Paris aus gesteuert, wie es bei französischen Multis üblich ist. Und meist redet da auch noch der Staat mit.

Der Einstieg von General Electric – Allianz statt Übernahme

Der Kampf ums «Überleben der Tüchtigsten» tobt auch in der Elektroindustrie. Alle grossen Player in diesem Geschäft – es sind der Grösse nach General Electric (GE), Siemens, Toshiba, ABB und Alstom – kämpfen mit Rentabilitäts- oder Überkapazitätsproblemen. GE begann nach der Alstom zu schielen, weil die Amerikaner in Europa bisher weder im Kraftwerk- noch im Bahngeschäft vertreten sind. Als Konkurrent trat die deutsche Siemens auf. Zwischen beide schaltete sich die Grande Nation. Ihr als militanter Staatsinterventionist geltende Wirtschaftsminister Arnaud Montebourg, der später in die Wüste geschickt wurde, stimmte einem Engagement von GE an Alstom Anfang 2014 nur teilweise zu: Kauf des Gasturbinengeschäfts, während die Technik für Stromnetze, Wind- und Wasserkraft sowie Atomkraftwerke von amerikanisch-französischen Gemeinschaftsunternehmen geführt werden muss. Die französische Regierung hat sich ein Vetorecht in allen Geschäften ausbedungen, die mit der Atomwirtschaft zu tun haben, übernimmt einen 20-Prozent-Anteil des Alstom-Kapitals und stellt Vertreter im Verwaltungsrat. Damit erhielten nicht wirtschaftliche, sondern politische Überlegungen die Priorität, die Übernahme war einer verschwommenen Allianz gewichen. Man wird Jobs in Frankreich auf Kosten anderer Standorte schützen, auch wenn sie vom Know-how her idealer in Baden platziert sein müssten als in Belfort.

Sündenfall der Regierung Hollande

Damit ist in Frankreich der Staat an insgesamt 71 Grossfirmen mit einem Wert von rund 110 Mrd. Euro beteiligt. Es ist ein Rückfall in die Zeit des Colbertismus, als in der Epoche von Sonnenkönig Louis XIV. («L'état c'est moi.») der Staat unter der geistigen Führung von Finanzminister Jean-Baptiste Colbert die Wirtschaft dirigierte, Manufakturen gründete und Handels-Protektionsmus betrieb. Frankreich verstösst aber auch mit der erneut erhöhten Verschuldung, wie sie der in höchster Not eingesetzte Premierminister Manuel Valls ebenfalls in Kauf nimmt, laufend gegen Prinzipien, wie sie in der EU eigentlich Geltung hätten. Als Alstom 2004 in eine Krise rutschte, wurde sie vom Staat mit 770 Mio. Euro an Steuergeldern gerettet. Nun folgte als logische Konsequenz die Entscheidungshoheit und die Beteiligung. Aber Frankreich wird mit dieser Politik scheitern. Strukturelle Reformen werden verunmöglicht, wirtschaftliche Notwendigkeiten ausgehebelt. So nahm die Produktion von Autos in Frankreich trotz milliardenschweren Subventionen von 2005 bis 2011 um 40 Prozent ab. Ein Drittel der Angestellten musste entlassen werden. Die Schweiz rettete in einer ausserordentlichen Situation für einmal die Swissair, aber ihr Niedergang war nicht aufzuhalten. Heute fliegt die neu entstandene Swiss im Lufthansa-Verbund kostendeckend. Das Schweizerkreuz als Logo ist geblieben.

Der Staat soll besser draussen bleiben ...

Weiter oben habe ich schon dargelegt, dass meiner Meinung nach der Staat nicht dazu da ist, einzelne Branchen oder einzelne Firmen zu fördern und zu stützen. Das war mein festes Mantra in meiner Zeit als Volkswirtschaftsdirektor des Kantons Aargau, und in der Schweiz haben alle bisherigen Wirtschaftsminister seit der Zeit von Friedrich Traugott Wahlen und Hans Schaffner über Fritz Honegger, Kurt Furgler, Jean-Pascal Delamuraz und bis in die Neuzeit von Doris Leuthard und Johann Schneider-Ammann diesen Vorsatz hochgehalten und danach gehandelt. Das Parlament folgte ihnen in deutlicher Mehrheit. Denn eine andere Politik führt zu Verzerrungen und Ungerechtigkeiten. Es kann Ausnahmen geben, so bei der Grossbank UBS (nach dem Prinzip des «too big to fail» trug 2008 der Staat die Kosten der ins Straucheln geratenen Grossbank, erhielt die Kredite aber wieder mit Gewinn zurück) oder bei der Landwirtschaft, wo aus ökologischen und Versorgungsgründen staatliche Unterstützung Sinn macht. Demgegenüber machten die von Prestigedenken und falschem Patriotismus geprägten Finanzspritzen bei der Fluggesellschaft Swissair wenig Sinn und waren zum Scheitern verurteilt. Man kann auch einräumen, dass der Betrieb einer landesweiten Eisenbahn oder Teilen der Stromerzeugung und -übertragung, von Telefon und Post, beim Staat gut aufgehoben sind, auch wenn Wettbewerbselemente nicht schaden, um einem ungesunden Monopoldenken vorzubeugen.

... und gute Rahmenbedingungen setzen

Staatsbesitz sollte also auf streng begrenzte Bereiche beschränkt bleiben, für die eine Begründung besteht. Sonst aber ist es im Sinne einer gesunden und funktionierenden Volkswirtschaft, wenn der Staat von einer gelenkten Industriepolitik oder spezifischen Förderungen die Finger lässt. Nötig und gerecht, da für alle Marktteilnehmer gleichermassen benutzbar, sind gute Rahmenbedingungen für die gesamte Wirtschaft, für Arbeitgebende wie für Arbeitnehmer. Dazu gehören ein gutes Bildungsangebot, sichere und moderne Infrastrukturen, der Schutz der Umwelt und der natürlichen Ressourcen, funktionierende Sicherheit und Rechtsordnung, gesunde öffentliche Finanzen und gerechte, tragbare Sozialwerke.

Wie funktioniert sinnvolles Wachstum?
Genauso sinnlos ist es, wenn der Staat mit geliehenem Geld das Wachstum künstlich ankurbeln oder vergrössern will. Sinnvolles Wachstum, Fortschritt und neue Arbeitsplätze entstehen, wenn bessere Technologien, umweltschonender Einsatz der teuren Ressourcen, neue und kreative Ideen vorangetrieben und entwickelt werden. Häufig folgt dann ein Strukturwandel, die Wettbewerbsfähigkeit steigt, der Arbeitsmarkt beginnt wieder zu funktionieren. Wenn Frankreich und andere südeuropäische Länder diesen Prozess meiden, werden ihre Volkswirtschaften nicht gesunden.

Geschrumpfte Industrie ist wieder am Wachsen
Die Schweiz (und erst recht der Aargau) gehörte zu den am frühesten und stärksten industrialisierten Ländern. Noch vor hundert Jahren zählte zum Beispiel die Textilbranche rund 400 000 Beschäftigte. Im Aargau und in der Nordostschweiz verschwanden viele einst florierende Firmen dieser Branche. Doch es gab auch Ausnahmen wie die 100-jährige, von Hans Kuny gegründete Kuny AG in Küttigen bei Aarau, eine heute führende Herstellerin von Textilbändern in Europa. Ihr Konzept: alle Produktionsstufen unter einem Dach.

Im Industriesektor arbeitete 1960 in der Schweiz noch jeder zweite Erwerbstätige. Seither ist der 2. Sektor zu Gunsten des Dienstleistungssektors stark gesunken. Der Anteil am Bruttoinlandprodukt (BIP) sank ebenfalls auf etwa einen Viertel. Trotz weiterem Rückgang der Industriebeschäftigten konnte aber seit der Jahrtausendwende dank Produktivitätsfortschritten der BIP-Anteil gehalten und ausgebaut werden. Ja die Industrieproduktion wächst dank innovativen Produkten und Geschäftsmodellen neuerdings wieder, ganz im Gegensatz zu den USA, zu Japan, Deutschland, Frankreich und Grossbritannien. Man ist versucht, von einer Reindustrialisierung in der Schweiz zu sprechen.

Sollen Unternehmer auch politisieren?

Politik durchdringt die Wirtschaft, und logischerweise will die Wirtschaft auch in der Politik mitreden. Besonders dann, wenn Gesetze und Regelungen des Staates Produktion, Handel und Dienstleistungen elementar betreffen. Da wäre häufig in einem Halb-Milizparlament (wo National- und Ständeräte zum Teil noch einen Beruf ausüben) Wissen, Praxis und Engagement aus der Wirtschaft gefragt. Wie sieht es in der Realität aus?

Rare Beispiele – aber die Doppelrolle wird immer schwieriger

Im Zusammenwirken von Wirtschaft und Politik lautet die meistgehörte und berechtigte Klage, dass immer weniger Spitzenkräfte Zeit fänden, sich parallel zu ihrer Firmenleitung in der eidgenössischen Politik zu engagieren. Von den erwähnten bekannten Unternehmer-Persönlichkeiten (Kapitel S. 91) ist der ehemalige Nationalrat Walter Frey eine Ausnahme. Er brachte das Kunststück fertig, während Jahren die SVP-Fraktion zu präsidieren und gleichzeitig einen grossen Autokonzern zu leiten. Der Industriekonzern BBC (heute ABB) verfolgte früher die Praxis, stets zwei bis drei Kaderleute fürs Parlament freizustellen, so Ständerat Robert Reimann. ABB-Schweiz-Chef Edwin Somm spielte mit dem Gedanken, für den Nationalrat zu kandidieren, und AZ-Verleger Peter Wanner war froh, diese Wahl ganz knapp verpasst zu haben. Aus dem Wirtschaftszentrum Zürich gehörten während Jahren etwa Winterthur-Versicherungschef Peter Spälti oder der Chef des Kaba-Sicherheitsunternehmens, Ulrich Bremi, aus der Ostschweiz der Forster-Arbonia-CEO Edgar Oehler oder Peter Spuhler von Stadler Rail dem Nationalrat an. Sie alle klagten uns über die Schwierigkeit, beide Pensen noch bewältigen zu können. Der erfolgreiche Bahnbauer Spuhler, als zuletzt amtierender der Genannten, warf Ende 2012 ebenfalls das Handtuch, um sich auf den Betrieb zu konzentrieren. Von Christoph Blocher ist an anderer Stelle im Buch die Rede: Er schaffte während vielen Jahren – bis zur Wahl in den Bundesrat – als Konzernchef der EMS und Nationalrat die Doppelrolle. Die Metallbranche war aus dem Bernbiet jahrelang durch Patron Ulrich Ammann und später seinen Schwiegersohn Johann Schneider-Ammann von der gleichnamigen Baumaschinenfirma im Nationalrat vertreten. Erfolgreicher Einzelkämpfer und Berater für die Wirtschaft war in der Volkskammer lange Zeit Jean-Pierre Bonny, dies nach seinem Rücktritt als BIGA-Chef des Bundes. Was auffällt: Ein Top-Banker sass noch nie in einem der Räte.

Verbandsvertreter und dann die Lobbyisten

Im Gespräch mit Unternehmern lautet der überwiegende Tenor heute, dass sich die zeitintensive Politik mit einem Spitzenjob in der Wirtschaft nicht mehr vertrage. Hingegen sind regelmässig Verbandsprofis unter den Parlamentariern auszumachen, während umgekehrt eidg. Parlamentarier gerne als (nebenamtliche) Präsidenten von wichtigen Verbänden amten.

Häufig war es so, dass der Direktor des Schweizerischen Gewerbeverbandes und des Bauernverbandes, seltener des Arbeitgeberverbands, im Parlament sassen. Gefürchteter Debattierer war Gewerbeboss Otto Fischer. Und beschlagen trat jeweils Bauerngeneral Melchior Ehrler auf. Lange Zeit staunte man auch über die Detailkenntnisse von Arbeitgeberverbandsdirektor Heinz Allenspach. Weil aber die Politik immer komplizierter und die Beratungen länger werden, kommen auch die Verbands-CEOs an ihre Grenzen. Dann übernehmen Sekretäre und PR-Leute ihre Arbeit, knüpfen mit den Parlamentarierinnen in der Wandelhalle des Bundeshauses Kontakte, verteilen Papiere und machen Lobby für die eine oder die andere Branche – und sind in der Materie eigentlich nie so sattelfest, wie es die Spitzenleute der Wirtschaft einst waren …

Aargauer in Verbands-Spitzenpositionen …

Wir ziehen den Schluss, dass heute der Einsatz eines Konzernchefs und Wirtschaftsführers im eidg. Parlament eine absolute Rarität bedeutet. Deshalb dominieren in National- und Ständerat die Vertreterinnen aus Verbänden, Wissenschaft, von Lehrämtern, freien Berufen wie Rechtsanwälte oder Berater (von was und für wen auch immer) und immer mehr die vollamtlich Politisierenden. Im Aargau kann beobachtet werden, dass in jüngster Zeit stark exponierte und engagierte Unternehmer und Holdingchefs – auch aus Belastungsgründen – meist das Parlament meiden, sich dafür aber für ebenso wichtige Verbands-Spitzenämter zur Verfügung stellen: Daniel Knecht, Präsident der Knecht Bauholding Brugg, und Otto Suhner, Präsident der Suhner-Holding und Kabelwerke Brugg, sowie früher schon der oben erwähnte Hans-Peter Zehnder vom gleichnamigen Heizungskonzern – sie alle in der Leitung der Industrie- und Handelskammer. Sodann der Gründer und Präsident der Dobi-Inter AG Suhr (das grösste Beauty-Fachkompetenzzentrum Europas), Samuel Wehrli, und Kurt Schmid, Lengnau, Leiter einer grossen Treuhandfirma, als Präsidenten des Gewerbeverbandes. Oder der in Lenzburg ansässige, langjährige Baloise-Holding-Chef Rolf Schäuble als Präsident des schweizerischen Versicherungsverbandes.

… und Aargauer Unternehmer im eidgenössischen Parlament

Trotz der aufgezeigten Schwierigkeiten, «Bern» und die Führung eines eigenen Unternehmens unter einen Hut zu bringen und damit wertvolle Synergien und Fachkompetenz in die Räte einzubringen, sind in der momentanen 17-köpfigen Aargauer Deputation gleich vier selbständige Unternehmer vertreten, ein im kantonalen Vergleich überdurchschnittlich hoher Anteil. Es sind dies der Bauunternehmer Philipp Müller, Präsident der FDP Schweiz, Transportfirmenchef Ulrich Giezendanner, als einzige Frau Sylvia Flückiger mit einem Holzindustriebetrieb sowie der Grossmühlen-Unternehmer Hansjörg Knecht, alle Mitglieder des Nationalrats. Letztmals vertraten mit Bruno Hunziker, Sprecher-&-Schuh-Präsident, und Hans Letsch, Präsident der Verzinkerei Zug, Spitzenleute der Wirtschaft den Aargau im Ständerat. Heute wirken als Ständevertreterinnen des Aargaus die beiden Frauen Christine Egerszegi und Pascale Bruderer, die sich beide vollamtlich der Politik widmen. In den kantonalen Parlamenten – dies im Unterschied zu Bern – sind Vertreterinnen aus KMU-Betrieben, Selbständigerwerbende und Firmenchefs keine Rarität – hier lässt sich die politische Arbeit auf einen Tag pro Woche konzentrieren.

Der Einsitz von Unternehmern und Firmenchefs grosser Schweizer Firmen im eidgenössischen Parlament (im Bild der Nationalratssaal) ist heute eine absolute Rarität. Früher war das anders, wie im Text zu lesen ist.

Gelingt der «historische» Atomausstieg?

Wenn in der Herbstsession der Ständerat seinen Entscheid zum Atomausstieg fällt – und nur mit seiner Zustimmung sind beim Zweikammersystem die Entscheide der Landesregierung (mit 4 zu 3 Stimmen) und des Nationalrats definitiv –, kann wohl von einem historischen Entscheid gesprochen werden. Doch noch sind Zweifel angebracht, ob es nicht zu einer Verwässerung des Beschlusses kommt. Zwar ist man in der Schweiz selten versucht, den Ausdruck «historisch» in den Mund zu nehmen. Schliesslich spielen bei uns «grosso modo» die Volksrechte. Die Politik hat das Sagen, übersehen wir einmal grosszügig einige wenige Sündenfälle, in denen die Wirtschaft oder andere «pressure groups» sich über Gebühr in den Entscheidungsprozess einmischen konnten. Bisher jedenfalls konnte sich in der Energiepolitik die Politik durchsetzen. Und so gesehen war es ein historischer Entscheid, als der Bundesrat am 25. Mai 2011 mit 4 zu 3 Stimmen den Ausstieg aus der Atomenergie beschloss. Vier Frauen – als Zünglein an der Waage wohl die Energieministerin Doris Leuthard – sprachen sich letztlich für eine «Zukunft ohne Kernenergie» aus. Die Mehrheit des Nationalrats folgte dem Bundesrat.

Vom AKW-Bau zum Moratorium

Es waren die beiden SP-Energieminister Willy Spühler und Willi Ritschard, welche die friedliche Nutzung der Kernenergie vor allem mit Hilfe von «Staatswerken» (die frühere NOK und heutige Axpo gehört gänzlich den Kantonen) vorbereiteten. Der populäre freisinnige Bundesrat Ernst Brugger weihte mit Beznau I am 11. Mai 1970 mit grossmehrheitlicher Zustimmung der Bevölkerung das erste AKW ein. Weitere folgten: Beznau II, Mühleberg, Gösgen und Leibstadt. Es kamen die ersten grossen Fragezeichen und Proteste: Demonstration beim Bau von Gösgen, die Verhinderung eines neuen AKWs in Kaiseraugust, der Unfall von Tschernobyl in der Sowjetunion. Das Schweizer Volk beschloss ein zehnjähriges Moratorium zum Bau neuer Atomkraftwerke, lehnte aber den gänzlichen Ausstieg ab.

Mit Fukushima kam die Wende

Dann die Atomkatastrophe in Japan. Ausgerechnet in diesem Hochtechnologieland geschah das Unfassbare. Und wir wissen: nach Fukushima war die Welt der Kernenergie eine andere geworden. Es zeugt von Mut und Weitblick, wenn sich politische und da und dort auch wirtschaftliche Führungskräfte für die Wende einsetzen. Auch in andern wichtigen Politikfeldern brauchte es oft diesen Mut Einzelner und ganzer Staaten, um eine Wende herbeizuführen. Wir erinnern uns:

Nach vielen grausamen Kriegen zwischen den Erzfeinden Deutschland und Frankreich glaubten nur wenige an eine Überwindung der Spaltung Westeuropas. Diese alte Feindschaft konnte auf den Trümmern des 2. Weltkriegs dank Staatsmännern wie Winston Churchill, später Helmut Kohl und François Mitterand, Wirklichkeit werden. Und kaum jemand sah die Wende von 1989 voraus. Der Mauerfall von Berlin, die befreiende «Perestroika» und «Glasnost» von Michail Gorbatschow. Der Abbruch des Eisernen Vorhangs, das Ende der Herrschaft der totalitären Kommunisten in Osteuropa, der Ruf «Zurück nach Europa». Und bereits 15 Jahre später der Einzug der ehemaligen Sowjet-Satelliten Polen, Tschechien, Slowakei und Ungarn in die Europäische Union (EU). Kohl in Deutschland, Ronald Reagan und George Bush senior, Gorbatschow und etwas zögerlich Mitterand boten Hand zur Einigung der Bundesrepublik und der DDR.

Zurück in die Schweiz. Fukushima am 11. März 2011, die immer gravierenderen Meldungen aus Japan, begann sich in die Seelen, aber auch in den Verstand der Menschen zu graben. Die Energieministerin Doris Leuthard reagierte mit der Sistierung des Bewilligungsverfahrens für neue Atomkraftwerke. Politiker und Parteien gerieten ins Wanken. Im Parlament sammelten sich 140 Vorstösse zur Energiepolitik. Erste besorgte Stimmen aus der Wirtschaft ertönten. Wer zum Beispiel im Juni die Worte von Axpo-Chef Heinz Karrer zu deuten wusste, sah, dass er an kein neues AKW mehr glaubt. Die «Planung eines Ausstiegs aus der Atomenergie» gewinnt immer mehr an Boden. Die Nordwestschweiz beginnt zu begreifen, dass es kein gutes Omen ist, in ihrem dichtbesiedelten Gebiet die Kernkraftwerke Beznau I und II, Gösgen und Leibstadt und gleich angrenzend dann noch Mühleberg bei Bern zu betreiben. Und die Aufbewahrung der radioaktiven Abfälle noch dazu. Die Hoffnung geht dahin, dass der Umstieg den Pioniergeist der Wirtschaft beflügeln wird und zu einem Innovationsschub verhilft.

Es wird gemeinsame Anstrengungen zum Ausstieg und zum Umbau brauchen, aber das Risiko und die Innovationsfreude werden sich lohnen. Es wäre schön, wenn sich auch die Mehrheit der Ständeräte einen Ruck gäbe und dem Bundesrat – sprich der Energieministerin – den Rücken stärken würden.

2011 AZ und Mittelland Zeitung

Der langsame Schwenker zu einer Energiewende

Seit dem in meiner vorherigen Kolumne als «historisch» bezeichneten Beschluss zum Atomausstieg – dem danach auch der Ständerat zustimmte – sind viele Monate vergangen. Hin und her wogte seither die Diskussion, man redete häufig aneinander vorbei, und die Energiewirtschaft war vor gewaltige Aufgaben gestellt. Aber wer die Reden am 100-Jahr-Jubiläum der Axpo, des von neun Kantonen getragenen Energieriesen der Schweiz, Ende August 2014 im Linthal zu Füssen eines von erneuerbarer Wasserkraft gespiesenen neuen Riesenkraftwerks analysierte, kam zum Schluss: Der langsame Schwenker zu einer Energiewende ist definitiv gesichert.

Bundesrats- und Axpo-Reden näherten sich einander an

Die Reden und Statements der Energieministerin Doris Leuthard und der beiden Axpo-Exponenten VR-Präsident Robert Lombardini und CEO Andrew Walo näherten sich einander an. Da die Bundesrätin, die an die einheimische Energieerzeugung glaubt, das neue Kraftwerk lobt und festhält: «Die Schweiz soll kein Strom-Importland werden. Wir glauben an eigene Investitionen. Der Weg ist mit der Energiestrategie 2050 des Bundesrates vorgezeichnet.» Da die Axpo-Protagonisten, welche auch an einer neuen Strategie arbeiten, sich dem freien Strommarkt stellen und neben der Wasserkraft auch in erneuerbare Energien wie Windkraft stark investieren. Ähnliche Strategien verkünden die beiden weiblichen CEOs der BKW- und Alpiq-Konzerne, Suzanne Thoma und Jasmin Staiblin. Mit der Politik zusammen müssen auch Rezepte gegen die wegen (zu) stark subventionierten neuen Energieträgern immer tiefer rutschenden Strompreise gefunden werden, welche bei der umweltfreundlichen Wasserkraft tiefer als die Gestehungskosten zu liegen kommen. Denn es kann ja nicht sein, dass wegen des Preiszerfalls Ausbauten und Investitionen in die Wasserkraft, aber auch Effizienzanstrengungen unterbleiben. Und es kann auch nicht sein, dass wie in Deutschland die eigenen Kernkraftwerke abgestellt werden, aber munter auf Kohlekraft und Gas-Importe zurückgegriffen wird. In der Schweiz jedoch haben National- und Ständerat – wenn auch vieles zum Zeitplan und zur Option Kernkraft für die Zukunft noch offen bleibt – den Ausstiegsentscheid des «alten» Parlaments (Legislatur 2007 bis 2011) im Dezember 2011 bekräftigt. Die Diskussion seither läuft Richtung einer Energiewende «light». Nun wälzt vorerst der Nationalrat die Energiestrategie des Bundesrates.

Fördergelder auch für die Wasserkraft – und weitere Knackpunkte

Hier zeichnet sich ab, dass neu nicht nur Kleinkraftwerke, sondern auch grosse neue Wasser-KW oder Ausbauten Fördergelder erhalten könnten. Diese flossen bisher nur an sonst nicht rentable Solar-, Wind- oder Kleinwasserkraftwerke. Heute zahlen die Stromkunden für diese Vergütungen 0,6 (ab 2015 1,1) Rappen pro Kilowattstunde. Der Wasserkraft könnte auch geholfen werden, wenn die Wasserzinsen an die Bergkantone nicht für 2015 um 10 Prozent erhöht würden, wofür sich auch zunehmend die Stromwirtschaft einsetzt.

Hart umstrittener Ausstiegsfahrplan

Umstritten bleibt der Ausstiegsfahrplan für die Atomenergie, ein gänzliches Verbot derselben und die Erhöhung der CO_2-Abgabe. Ein harter Kern von AKW-Befürwortern möchte die Beibehaltung der Atomenergie und eine Volksabstimmung über den Ausstieg. Demgegenüber möchte Links-Grün einen rascheren Ausstieg. An der Frage der Laufzeiten könnte auch die 2011 gezimmerte «Fukushima-Allianz» zerbrechen. Die Kompromisslösung müsste wohl lauten, die AKWs nur so lange laufen zu lassen, wie sie sicher sind. Die Bundesratsstrategie sieht auch die Erhöhung der Energieeffizienz vor. Zwar sind alle irgendwie dafür, aber der Streit entbrennt darob, wie viel diese Massnahmen kosten dürfen und wen sie treffen. Heute konsumiert eine Person im Durchschnitt immer noch 6000 Watt Energie – also weit weg von der da und dort politisch beschlossenen 2000-Watt-Gesellschaft! Und auch bei der Erhöhung der erneuerbaren Energien streiten sich die Lobbys von Geothermie-, Wasser-, Solar-, Wind-, Holz- und Biomassekraft um ein möglichst grosses Kuchenstück. Schliesslich drohen die Verbrauchsziele zum Zankapfel zu werden.

AEW-Kraftwerk Bremgarten an der Reuss: Gerät die Wasserkraft ins Abseits?

Kantone und Gemeinden müssen mitziehen – die Beispiele AEW und IBA
Es ist klar, dass zum Gelingen dieses Umbaus auch die Kantone und Kommunen mit ihren Werken mitziehen müssen. Im Aargau beispielsweise, der rund dreimal mehr Elektrizität erzeugt, als die eigenen Stromkunden nachfragen, forciert das Aargauische Elektrizitätswerk (AEW) den Bau erneuerbarer Anlagen, Netzinvestitionen und ein breites Beratungsangebot, dies auch in Zusammenarbeit mit den Gemeinden. Geradezu pionierhaft wollen auf der Ebene Gemeinden die Industriellen Betriebe der Stadt Aarau (IBA) das Energiepotenzial des Aaregrundwassers für die Wärme- und Kälteproduktion anstelle fossiler Brennstoffe nutzen. Zudem beteiligte sich die IBA an deutschen Windturbinen-Anlagen. Obwohl die Wirtschaftlichkeit bei den fallenden Strompreisen sinkt, wird zudem weiter auf die Wasserkraft gesetzt: Eine Neukonzessionierung mit Erneuerung des Aarekraftwerks und sechs Kleinwasser-KW stehen vor der Realisierung. Solche beispielhafte Beiträge wie von AEW und IBA helfen, die Umsetzung der neuen Energiestrategie voranzubringen.

Der Umbau sollte gelingen, wenn alle mitmachen
So wie der Axpo-Konzern auf gesamtschweizerischer und AEW sowie IBA auf Kantons- und Gemeindeebene dies vormachen, sollten sich alle Energieversorgungs-Unternehmen proaktiv verhalten und von Stromverkäufern zu Stromdienstleistern wandeln. Wenn auch die Verbraucher mitspielen und sich bewusst verhalten, Massnahmen einleiten wie die richtige Einstellung von Heizung und Boiler, Beachten der Energieetikette bei Geräten oder beim Kauf eines Autos und in Gebäuderenovationen investieren, kann der Gesamtenergieverbrauch noch gesenkt werden. 80 Prozent aller Häuser sind über 40 Jahre alt und entsprechend schlecht isoliert. Ihr Energieverbrauch ist viel zu hoch. Fast die Hälfte der Erdgas- und Heizöl-Importe werden fürs Heizen gebraucht.

Energieverbrauch wuchs weit mehr als die Bevölkerung
Unsere Bevölkerung wuchs innert 100 Jahren von 3,3 auf über 8 Millionen Menschen. Der Endenergieverbrauch aber stieg von rund 100 000 auf über 900 000 Terajoule. Wir konnten dieses Wachstum nur dank Import von Brennstoffen und Strom bewältigen. Rund 80 Prozent des Energieverbrauchs werden heute importiert. Es ist klar, dass sich die Schweiz – neben ihrer eigenen Energiestrategie – an internationalen Verbundlösungen beteiligen muss. Der jetzt eingeschlagene Weg muss konsequent weiterverfolgt werden. Oder wie es so schön heisst: «Wir müssen nur wollen, dann dürfen wir auch können!»

SBB im Clinch mit den Preisen

Einst waren die SBB das Lieblingskind der Nation. Bahnfahren machte Spass und war erschwinglich. Doch heute mehren sich zunehmend kritische Stimmen: zu teuer, zu kompliziert, zu viele Pannen, zu wenig Sitzplätze, Abbau des Personals. Die SBB sollten zu ihren Kosten stehen, Transparenz wäre angesagt.

Komplizierter statt einfacher reisen
Zugpannen häufen sich, teils auch tragische Unfälle. Zu Stosszeiten fehlt es an Sitzplätzen. Und Bahnfahren ist komplizierter statt einfacher geworden. Ein Marketing-Angebot jagt das andere, kaum jemand hat den Überblick, was wann Gültigkeit hat. Neue Billettautomaten und Tarifzonen zwingen zu wahren Kombinationskünsten. Sie führen zu Verzerrungen und überrissenen Preisen. Auch schweben Pläne im Raum, gemäss denen zu Stosszeiten die Billettpreise erhöht werden müssten – was in erster Linie die Pendler strafen würde. Bei der Tarifgestaltung sind die Kompetenzen verworren. Das Bundesparlament, so geschäftig es sich sonst gebärdet, schweigt zu diesen Fragen vielstimmig und ist weitgehend kaltgestellt. Persönlich glaube ich, dass die Billettpreise im öffentlichen Verkehr (ÖV) generell neu überdacht werden müssen. Aber auch, dass vermehrt Transparenz über die gesamten Kosten des ÖV geschaffen werden muss. Fazit: Die Politik muss wieder stärker in die Verantwortung einbezogen werden.

Das 100-Franken-Halbtaxabo
In den achtziger Jahren hatten die beiden Räte in Bern noch mehr zu sagen, ja es herrschte geradezu Aufbruchstimmung. Zum Beispiel 1985: Die mit dem Budget beantragte SBB-Tariferhöhung von 5,2 Prozent drang mit 87 zu 84 Stimmen im Nationalrat nur mit Zufallsmehr durch. Es folgten die grossen Umweltschutzdebatten im Zeichen des Waldsterbens und zur Verbesserung der Luftqualität. Eine parlamentarische Initiative des Schreibenden verlangte die Halbierung der schon damals viel zu hohen Billettpreise. Mit dem neuen,

Das beliebte Halbtaxabo wird immer teurer.

für alle erschwinglichen Halbtaxabo zu 100 Franken wurde der Vorstoss praktisch realisiert. Andere Tarifmassnahmen folgten. Die SBB zogen mit, die Bundeskasse bezahlte die Einnahmenausfälle, solange der Parlamentsbeschluss Gültigkeit hatte. Eine offizielle Studie von 1990 erklärte diese Beschlüsse als «beste Föderungsmittel für die Bahnen». Sie hätten zum Umsteigen von der Strasse angeregt, den Bahnanteil um 6 Prozent erhöht und «die Umwelt massiv entlastet». Auch finanziell sei ihr «gesamtwirtschaftlicher Nutzen grösser als die Kosten».

Benedikt Weibel gegen Hans Peter Faganini
Es folgten harte Jahre für das oberste Management der SBB. An Verwaltungsratssitzungen lieferten sich von der operativen Spitze die beiden Generaldirektoren Benedikt Weibel (SP) und Hans Peter Faganini (CVP) Wortgefechte und stritten um des Kaisers Bart, derweil der Güterverkehr bei den SBB in die Krise schlitterte und Abkommen mit Italien für den Nord-Süd-Verkehr in den Sand gesetzt wurden. Der aus dem Ausland herbeigeholte, völlig unbekannte und im Bahnmarkt unerfahrene neue Güterverkehrsleiter erwies sich als Flop und verschwand nach kurzer Zeit wieder in den Norden. Zurück blieb ein düpierter SBB-Verwaltungsrat, eine sprachlose SBB-Leitung und eine Autotransportbranche, die sich ins Fäustchen lachte. Weibel beerbte Hans Eisenring als vorzeitig demissionierenden CEO – und Hans Peter Faganini zog die Konsequenzen und verliess entnervt die Generaldirektion. Später wechselte er nach kurzer Beratertätigkeit als CEO zur grossen Schweiz-Deutschland-Transportfirma Hangartner. Weibel zog zwar gute Leute nach, der Personenverkehr wurde kräftig ausgebaut, aber mit der Einführung des Halbstunden- und Stundentakts auf den Hauptstrecken des Bahn-2000-Netzes ging man an die Grenzen der Verkraftbarkeit. Der Güterverkehr ist ein Sorgenkind geblieben.

Auch der Verweis auf die Abgeltungszahlungen für erbrachte Leistungen im Regionalverkehr kann nicht davon ablenken, dass den SBB grosse Mittel von der öffentlichen Hand zufliessen, ohne dass sie in der eng gefassten Betriebsrechnung zum Ausdruck kommen. Diese schliesst dann jeweils zum grossen Erstaunen mancher mit schwarzen Zahlen ab. Ob auf der andern Seite der private Verkehr seine Kosten voll deckt? Von den hohen Treibstoffzollgeldern her gesehen eigentlich schon, doch sind sich Experten uneinig, ob alle externen Kosten wie Schäden an der Umwelt etc. auch wirklich voll eingerechnet sind.

Die stets steigenden Billettpreise

Zurück zu den (zu) hohen Billettpreisen. Diese stiegen und stiegen: für Einzelbillette, Halbtaxabos und Generalabonnemente (GA). Bei den Billetten werden laufend strukturelle Änderungen vorgenommen, was direkte Vergleiche erschwert. Gesicherte Fakten sind: 2004 gänzliche Streichung des Retourbillettrabatts. Billettpreis 2. Klasse Zürich–Bern 1990 31 Franken, heute 49 Franken. Im Regionalverkehr muss der geplagte Kunde meist Billette für ganze Zonen lösen, ob er sie nutzen will oder nicht. An den Billettautomaten herrscht oft blankes Chaos.

Auch nach Benedikt Weibels Demission als Vorsitzender der Geschäftsleitung (CEO) setzte sein Nachfolger Andreas Meyer die Tariferhöhungen fort: +3,7 % 2002, +3,1 % 2007, +2,4 % 2010, +3 % 2012 (für Einzelbillette 2. Klasse). Klarer zu überblicken sind die Preissprünge beim Halbtax. Das beliebte, vom Parlament forcierte 100-Franken-HT-Abo von 1987 kostete 1990 neu 110 Franken. Heute bezahlt man den stolzen Preis von 175 Franken. Das GA galoppierte von 2050 Franken im Jahr 1985 auf 3550 Franken heute (für GA 2. Klasse). Nur dank einer Vereinbarung mit Preisüberwacher Stefan Meierhans konnte für Ende 2013 eine neue Tarifrunde vermieden werden. Die SBB planten ursprünglich eine erneute Erhöhung.

Die Politik ist gefordert

Der Bund schliesst alle vier Jahre eine Vereinbarung mit den SBB ab. Bessere Kostendeckung wird angestrebt. Der Bahnkunde solle stärker an den Netzausbau bezahlen. Aber von Eigenwirtschaftlichkeit ist die Bahn meilenweit entfernt. Die Tarifaufschläge mit ihren allfälligen Mehreinnahmen (sofern kein Umsteigen aufs Auto erfolgt) wirken aber wie Tropfen auf den teuren Bahnausbau und -betrieb. Dafür werden die Umwelt und das Strassennetz entlastet. Der Pendlerstrom in den grossen Agglomerationen würde sonst zusammenbrechen. Die ÖV-Reisenden mit immer neuen Tarifaufschlägen für fehlende Finanzen zu bestrafen, ist der falsche Weg.

Jetzt ist die Politik gefordert. Macht sie es richtig, könnte man die Bundesbahnen wieder ins Herz schliessen.

2013 Weltwoche

Bahn-Grossprojekte bereiten Mühe

Die SBB waren und sind für die Politik, Parteien, Medien und für die Öffentlichkeit seit je ein dankbares, aber auch umstrittenes Thema. Jedermann kennt die Eisenbahn, ergo kann jedefrau mitreden. Das vorgängige Essay, das ich für die Weltwoche schrieb, konnte des vorgeschriebenen Umfangs wegen lange nicht alle kritischen SBB-Themen auflisten. Mein Anliegen im Nationalrat war eine attraktive Preisgestaltung. Mit der geschilderten und erkämpften Einführung des Halbpreis-Abos zu 100 Franken wurde ich darauf als Politiker jahrelang identifiziert. Seltener Lohn unter vielen Engagements, von denen kaum je viel bekannt wird – ein Los, das aber allen Parlamentarierinnen beschieden ist.

Verwaltungsrat entschied oft gegen Generaldirektion
Acht Jahre lang gehörte ich als Vertreter der SP dem Verwaltungsrat (VR) der Bundesbahnen an. Jede Bundesratspartei sowie die wichtigsten Wirtschaftsverbände (Arbeitgeber und -nehmer) stellten in den achtziger und neunziger Jahren je einen Vertreter. Präsidiert wurde der VR zu meinen Zeiten von Migros-CEO Jules Kyburz, einem überlegten Kopf. Ich erlebte in diesem Gremium hochinteressante, auf hohem Niveau geführte Diskussionen mit Entscheiden, die oft auch gegen die Generaldirektionsanträge und quer durch Parteigrenzen gefällt wurden. Denn interessanterweise entstammten damals auch die drei Generaldirektoren aus den drei grossen Gesinnungsgruppen Freisinnige/Liberale, Christ- und Sozialdemokraten. So gehörten Werner Latscha und Nachfolger Benedikt Weibel der SP, Hans Eisenring und Hans Peter Faganini der CVP sowie Michel Crippa und Philippe Roux der FDP respektive den welschen Liberalen an.

Fehler und Pannen beim «neuen» Verwaltungsrat
Im Zentrum der SBB-VR-Entscheidfindungen stand das Gesamtinteresse des Landes. Mit der 1999 erfolgten Umwandlung der Rechtsform der SBB in eine spezialgesetzliche AG im Besitz des Bundes hiess es, man wolle keine Partei- und Interessenvertreter mehr im VR. Leute «aus der Wirtschaft» würden benötigt. Bei einem der ersten wichtigen Entscheide zur Vergabe von Bauaufträgen bemerkte man bald, dass der neue Verwaltungsratspräsident Thierry Lalive d'Epinay gleichzeitig VR-Mitglied der wichtigsten mitbietenden Baufirma Implenia war. Der Entscheid wurde angefochten, Lalive d'Epinay nahm den Rücktritt bei Implenia. Fuhr man besser?

Auch die Fehler im Ausbau und in der Zusammenarbeit mit Italien und Deutschland für die Güter-Nord-Süd-Route und den inländischen Güterverkehr wiederholten sich. Die dazu gegründete Tochterfirma SBB Cargo arbeitete defizitär und verlor andauernd Marktanteile. «Für Güter die Bahn» gilt immer weniger. Heute sind es noch 800 Mio. Franken Umsatz, während im Personenverkehr 2,8 Mrd. erzielt wurden. Alles in allem: Das neue VR-SBB-Gremium kocht offensichtlich auch nur mit Wasser. Und es wurden einzelne Leute hineingewählt, die nicht viel vom Bahnverkehr verstanden, aber mehr als das Doppelte an Entschädigungen als der Vorgänger-VR bezogen.

Die Dramen bei der Neat und der Bahn 2000

Praktisch alle Grossprojekte der SBB machten Mühe. Bahn 2000, als Konzept vom Volk mit 57 Prozent Ja gutgeheissen, umfasste vier Neubaustrecken zwischen Olten und Bern, Bern und Lausanne, Basel und Olten sowie Zürich und Winterthur (Brüttener-Tunnel). Gesprochen wurden 5,4 Mrd. Franken. Das sei genug, versicherte der damalige Verkehrsminister Leon Schlumpf, Vater der heutigen Bundesrätin Eveline Widmer-Schlumpf. Der Kredit wurde massiv überzogen, und das Projekt musste von Nachfolger Adolf Ogi zusammengestrichen werden, um die Kosten mindestens bei 7,4 Mrd. stabilisieren zu können. Statt im Jahr 2000 konnten einzelne der geplanten Neubauten erst 2004 in Betrieb genommen werden.

Dank Bahn 2000 hat die SBB auch im Regionalverkehr ein Mehrangebot bereitgestellt.

Dasselbe Finanzdrama bei der Neat, den zwei neuen Nord-Süd-Basistunnels für den Nord-Süd-Personen- und -Güterverkehr mit Anschlusswerken Richtung Ostschweiz. Verkehrsminister Adolf Ogi unterbreitete ein 14 Mrd. teures Projekt und versicherte, dass dieses dank Mehrverkehr selbsttragend sein werde. Expertenberichte von Prof. Franz Jaeger (ehemaliger LdU-Nationalrat) und dem Infras-Umweltbüro (mit den beiden SP-NationalrätInnen Ursula Mauch und Elmar Ledergerber in der Geschäftsleitung) stützten ihn bei dieser Prognose. Finanzminister Otto Stich widersprach, stellte die Eigenwirtschaftlichkeit in Frage, sagte ein Finanzdebakel voraus und wollte deshalb nur einen neuen Tunnel. Aber er unterlag im Bundesrat. In der nationalrätlichen Neat-Spezialkommission, der ich angehörte, wurden uns diese kritischen Einwände Stichs nicht unterbreitet. Und so sprachen wir uns grossmehrheitlich für das Y, für die Luxusvariante, also für zwei Tunnels aus. Und genauso fielen die Entscheide des Parlaments und in der Volksabstimmung aus.

Otto Stich gegen Adolf Ogi, der ins VBS musste

Bundesrat Stich bekämpfte nach dieser für ihn schmerzlichen Niederlage – er betrachtete die Bundesfinanzen wie sein eigenes Kind – den letztlich auch glücklosen Adolf Ogi bei jeder sich bietenden Gelegenheit. Eine Folge war wohl der Departementswechsel von Ogi ins Verteidigungsdepartement VBS, dem neu der Sport angehängt wurde, wo der Berner Oberländer zu seiner Höchstform auflaufen konnte. Seine Avancen auf das Aussendepartement machte ihm CVP-Bundesrat Flavio Cotti zunichte – dieser wollte die grosse Tradition des konservativen Tessiner Bundesrats Giuseppe Motta fortsetzen, welcher nach dem 1. Weltkrieg Schweizer Aussenpolitik schrieb. (siehe dazu auch EU-Kapitel S. 32).

Auch bei der Neat, was Neue Alpentransversalen heisst, liefen prompt – wie von Otto Stich vorausgesagt – die Kosten davon. Schliesslich reduzierte das Parlament die Neat durch den Lötschberg auf eine Röhre. Die 30 km messende Strecke zwischen Frutigen und Visp konnte Mitte 2007 in Betrieb genommen und die Fahrzeit zwischen Bern und dem Wallis auf knapp unter eine Stunde gedrückt werden. Die Arbeiten am Gotthard an zwei Röhren (57 km) sowie am Monte Ceneri (13 km) dauern noch an. Die Inbetriebnahme ist für 2019 vorgesehen. Und es wird mit Gesamtkosten von rund 24 Mrd. gerechnet ...

Der siegreiche Kampf von Doris Leuthard

Alles in allem waren in den vergangenen Jahrzehnten und auch in der Gegenwart der Souverän (wenn es zu Volksabstimmungen kam) und das eidgenössische Parlament den Vorlagen aus den Bereichen SBB und öffentlicher Verkehr erstaunlich positiv gestimmt. Kreise aus der Auto- und Transportbranche wie weiland Michael Dreher, Jürg Scherrer und Ulrich Giezendanner (Nationalräte der inzwischen verschwundenen Autopartei, der Aargauer Giezendanner wechselte später zur SVP) und neuerdings Walter Wobmann (Nationalrat SVP/SO) versuchten zwar mit ablehnenden Parolen und stark populistisch eingefärbter Rhetorik das Steuer herumzureissen, aber erfolglos. So auch bei der Volksabstimmung zur Bahnvorlage FABI (Finanzierung und Ausbau der Bahn-Infrastruktur) im Februar 2014. Es brauchte allerdings den vollen Einsatz von Verkehrsministerin Doris Leuthard, die quer durch die Schweiz für diese komplexe Bahnvorlage warb, welche im Kern einen unbefristeten Fonds für Unterhalt und Ausbau der Bahninfrastruktur von jährlich 5,3 Mrd. enthält. 60 Prozent davon sollen in den Unterhalt fliessen, 16 Prozent zum Abbau von Neat-Schulden (siehe oben) und 24 Prozent für den Ausbau Verwendung finden. Und ganz im Sinne einer vernünftigen Raumplanung, welche falsche Anreize korrigiert, wurde der steuerliche Fahrkostenabzug für Pendler bei 3000 Franken plafoniert.

Jetzt kommen die Strassenverkehr-Forderungen

Allerdings folgt nun die «Aufholjagd» der Strassenverkehrsverbände. Unter Führung des TCS mit Vizepräsident Thierry Burkart (FDP) als Ideengeber sind eine Neuverteilung der Benzinzollgelder zu Gunsten der Strasse, ein zweiter Gotthard-Strassentunnel und ganz allgemein ein Ausbau des Autobahnnetzes auf die Agenda gesetzt worden. Parallel möchte der Bundesrat die Benzinpreisabgabe erhöhen und einen Strassenverkehrsfonds bilden. Der Souverän wird auch in diesen Fragen – wie schon bei den beschriebenen Bahnprojekten – das letzte Wort haben.

Der Sport in allen seinen Facetten

Um die Jahrhundertwende wurde ich von der Sportredaktion der Aargauer Zeitung/Nordwestschweiz angefragt, ob ich bereit wäre, eine monatliche Kolumne zu verfassen. Sie könne durchaus auch etwas «politisch angehaucht» sein. Ich sagte zu, ist doch der Aktiv- wie Passivsport für mich wie für so viele Menschen so etwas wie die «wichtigste Nebensache der Welt». Ich hatte schon früh bei den Junioren Fussball gespielt, dann aber wegen der Ausbildung und fehlendem Talent in die Reihen der Fans gewechselt. Aktiv trieb ich Sport über die Jahre verteilt als Läufer, Radfahrer, Tennisspieler, Bergsteiger und Teilnehmer an Orientierungsläufen. Letzteres war am anspruchsvollsten, weil in kürzester Zeit die Tempi und das Terrain wechseln und blitzschnelle Routenentscheide ab Kartenblatt oder Topographie getroffen werden müssen. Da ich seit je kritisch gegenüber den Sportauswüchsen eingestellt war, kam mir die Aufforderung zu «politischen» Bezügen durchaus gelegen. Im Nationalrat von 1979 bis 1993 gehörte ich zwar der «Parlamentarischen Sportgruppe» an – eine der vielen «Lobbygruppen» im Bundeshaus –, doch legte ich in Voten und Vorstössen mehrmals den Finger auf die Auswüchse des Spitzensports. Auch in den hier ausgewählten Sportkolumnen der Jahre 1999 bis 2002 werden diese Bezüge sichtbar: die Dominanz des Kommerzes, der Sumpf und die Grauzonen der Korruption, so beim Olympischen Komitee IOC oder beim FIFA-Weltfussballverband. Oder die Dopingfrage. Darauf folgt eine Betrachtung aus heutiger Sicht – mit spezieller Akzentsetzung auf die FIFA und ihren Präsidenten. Dem Fussball- und Radsport mit einigen ihrer Protagonisten sind die abschliessenden Beiträge gewidmet. So ein etwas gewagter Vergleich zwischen dem Sturz von Kanzler Kohl in Deutschland und demjenigen von Rad-Idol und Kletterkönig Pantani aus Italien, eine Hommage an den FC Aarau und ein Hohelied aufs Velofahren.

Sportliches Verhalten in Politik und Sport

Wenn man dreissig Jahre aktiv Politik und parallel dazu Sport als Hobby betrieben hat, lockt es, diesen Vergleich zu ziehen, Erlebtes aufleben zu lassen. Wir stehen kurz vor den eidgenössischen Wahlen. Es wird Sieger und Verlierer geben, genau wie im Sport. Je mehr Anhänger, je mehr zahlende Mitglieder, desto besser ist der Rückhalt für eine Mannschaft oder eine Partei. Zwar gibt es sowohl im Sport wie in der Politik die Einzelgänger, jene, die ihren Weg gehen, ohne je nach links oder rechts zu schauen, denen es letztlich auch gleichgültig ist, ob sie auf der Sieger- oder Verliererseite stehen. Aber das sind doch eher die Ausnahmen. Und diese «Ausnahmen» sind dann auch meist nicht an Wettkämpfen und in der Politarena anzutreffen.

Siegen und verlieren können
Politik und Sport brauchen eben die Angefressenen, die Ehrgeizigen. Sie sind die «Leitfiguren», welche Hunderttausende zum eigenen Sporttreiben animieren, dafür sorgen, dass Politik erlebbar bleibt, die Leute noch an die Urne gehen, die sich selbst für ein politisches Amt zur Verfügung stellen.

Ich habe viele Leute aus der Politik und als sporttreibender Politiker auch immer wieder Spitzensportler kennengelernt. In beiden «Sparten» machten mir jene am meisten Eindruck, die siegen konnten, ohne überheblich zu werden. Und die auch verlieren können, ohne in Weltuntergangsstimmung zu machen. In der Politik zeigt sich das jeweils an einem Wahl- oder Abstimmungssonntag am besten. Im Sport sprechen die Reaktionen von Siegern und Besiegten Bände über den Charakter der Beteiligten.

Sportliche und unsportliche Politiker ...
Als ich einmal von einem Match mit dem FC Nationalrat noch schweisstriefend im Bundeshaus eintraf, sagte mir ein welscher Ratskollege, der dann wenig später Bundesrat wurde, er sei leider völlig unsportlich, gebe sich aber alle Mühe, in seinem Verhalten wenigstens sportlich zu sein. Das sei sein persönlicher Beitrag zum Sport. Und er hat das auch wirklich praktiziert.

Daneben gibt es unsportliche Politikerinnen und Politiker, denen es nur um die eigene Person geht. Denen das Wort Solidarität zwar in Wahlreden über die Lippen fliesst, aber im eigenen Verhalten Lügen straft. Sie zerstören, was andere mühsam aufgebaut haben, treiben die Leute weg von der Politik, von der sie sich angewidert fühlen.

… und ein unsportlicher Sportler
Mit Verstössen aller Art schaden auch Sportlerinnen und Sportler der «schönsten Nebensache der Welt», enttäuschen ihre Anhängerschaft, schaden dem Breitensport. Obwohl Sportler, ist ihr Verhalten höchst unsportlich. So erinnere ich mich an einen Volkssportanlass, wo in der Kategorie von uns Joggern ein bekannter ausserkantonaler Spitzenläufer sich eingeschlichen hatte, der dann auch prompt siegte. Von all den Siegerinnen und Siegern nur dank verbotenem Doping gar nicht zu reden.

Doch damit müssen wir leben und auf jene bauen, die in Sport und Politik andere, bessere Werte vertreten, eben sportlich sind.

1999 AZ / Mittelland-Zeitung

Die UNO und das IOK kommen sich näher

Die grosse Weltpolitik und die grosse Welt des Sports nähern sich einander immer mehr. Im Sport nennt sich die umfassende Völkerfamilie Internationales Olympisches Komitee (IOK), in der Politik Vereinte Nationen (UNO). Beide sind sie – nach einer weltweit einzigartigen Volksbefragung mit dem Beitrittsentscheid der Schweiz – nun allumfassend, beide haben in letzter Zeit an Statur und Qualität gewonnen. Das zeigt sich etwa personifiziert mit UNO-Generalsekretär Kofi Annan, der einen klugen und pragmatischen Kurs fährt, sowie am neuen IOK-Präsidenten Jacques Rogge. Dieser hat aufgeräumt mit vielen Unterlassungssünden seines Vorgängers Juan Antonio Samaranch, der sich viel zu lange an sein Amt klammerte und es zuguter Letzt noch fertigbrachte, dass sein Sohn Nachfolger im Olympischen Komitee wurde. Adolf Ogi hatte das Nachsehen. Eines der Antrittsversprechen des neuen IOK-Präsidenten lautete: «Mit den Dopingsünden wird jetzt aufgeräumt!»

Die neuen Chefs griffen durch

Rogges Worten folgten – wie das nun mehrmals auch beim UNO-Generalsekretär festzustellen war – die Taten. Die IOK-Schraube bei Dopingtests wurde angezogen, und prompt blieben grosse Fische hängen. Gleich zwei schon vergebene Olympia-Goldmedaillen in Langlaufwettbewerben wurden aberkannt, eine für die schöne Russin Larissa, eine für den deutschen

Der originelle Simon Ammann kehrte mit zwei Goldmedaillen von den Olympischen Spielen 2002 in Salt Lake City zurück – es war der Beginn einer erstaunlichen Karriere.

Spanier Johann, für den der spanische König schon den Teppich ausgerollt hatte. Und ironischerweise war es der frühere spanische IOK-Präsident Samaranch, der dem falschen Olympiasieger die Goldmedaille übergab ... Diesmal aber haben die Dopingfahnder und der neue IOK-Präsident eine Goldmedaille verdient, weil sie ganze Arbeit geleistet hatten und ein wichtiges Signal setzten. Denn mit Doping werden nicht nur die olympischen Regeln verletzt. Es ist eine Unsportlichkeit und Betrug den Mitstartenden gegenüber; man betrügt das Publikum und sich selbst, nämlich den eigenen Körper.

Die positive Kraft des jungen Simon Ammann

Auch für die Schweiz gab es Überraschungen, allerdings anderer Natur. Unsere grossen Stars, welche fast wöchentlich die Klatschspalten der Grosstadtmedien füllen, gingen fast samt und sonders unter. Es waren die Winterspiele des Simon Ammann aus Unterwasser, des Philipp Schoch von Steg im Tösstal, von bisher fast unbekannten Langlauf- und Curlingfrauen, vom Schreiner Christian Reich und Käser Martin Annen auf den Bobschlitten. Sie alle haben Favoriten ausgestochen, aus Niederlagen Siege gemacht und mit einem grossen Schuss Unbekümmertheit über die andern und sich selbst gesiegt. Symbol für die guten Ränge der Schweizerinnen und Schweizer bleibt aber der junge «Überflieger» aus dem Toggenburg, der uns allen gezeigt hat, welche positive und kecke Kraft in einem einfachen Bauernbub aus dem ländlichen Toggenburg stecken kann!

2002 AZ / Mittelland-Zeitung

Jeder selbst gelaufene Meter als bleibende Erinnerung

Schon bald werden aus allen Gebieten die grossen Jahrhundert- oder gar Milleniums-Rückblicke und -Übersichten erscheinen. Auch im Sport. Da werden nur die Grössten der Grossen Platz finden, etwa der schnelle Armin Hary, der als Erster die 100 m in zehn Sekunden lief, oder die tschechische «Lokomotive» Emil Zátopek, die Fussballer Pelé oder Franz Beckenbauer, die Skilegenden Vreni Schneider und Ingemar Stenmark, Muhammad Ali im Boxring und Eddy Merckx auf dem Velosattel. Für Jahreseindrücke wird dann leider kaum mehr Platz übrig bleiben. Zeit also, sich noch schnell an ein paar Sportfetzen dieses Jahres zu erinnern, die einem ganz persönlich haften bleiben.

Jahres- und Jahrtausendwünsche

Zunächst das spürbar Nächste, die kalten Zehen am letzten Sonntag beim spannenden Fussballmatch in Aarau. Warum also nicht umstellen auf die Sommermeisterschaft, wie sie in halb Europa gespielt wird, statt bis Mitte Dezember auszuharren? Spielern und Zuschauern wäre gedient damit. Mit steigendem Interesse verfolgen wir auch, wie in der Meisterschaft den «Millionarios» vom Limmat- und Rhoneufer trotz oder vielleicht gerade wegen üppigem Trainer- und Spielerwechsel die Felle davonschwimmen. Wir brauchen im Fussball keine exklusive Top-Profiliga, wie sie im Eishockey jetzt leider beschlossen wurde. Klubs auch ohne Grossstadtumfeld müssen noch mitmachen können.

Die unschönen Rausschmisse

Leider grassierte dieses Jahr der (zu) schnelle Trainer- und Funktionärswechsel auch im Ski- und Radsport. Marie-Therese Nadig, dann Josef Zenhäusern und Pitsch Müller mussten gehen, ja wurden geradezu hinausgemobbt, was anscheinend die sportlichste Form der Kündigung ist. Ob deshalb diesen Winter im Skirennsport die Resultate besser ausfallen, darf füglich bezweifelt werden. Im Radsport fand eine ähnlich unschöne Chropfleerete statt, und es wäre jammerschade, wenn die Tour de Suisse für die Zukunft Schaden nehmen müsste. Fürs nächste Jahr aber ist sie gerettet.

Schweizer Leichtathletik-Weltspitze

Vom Pech verfolgt war die Schweiz im Ringen um internationale Wettkämpfe. Da wäre der Entscheid gegen Sion als Winter-Olympiadeort, welcher die olympischen Entscheidgremien erneut in einem schiefen Licht zeigte. Wann endlich erneuert sich das IOK von Grund auf? Da wäre die verpasste Qualifikation für die Fussball-Europameisterschaft oder die doch eher magere Ausbeute an den Leichtathletik-Weltmeisterschaften in Sevilla. Auch auf diese Spiele fielen Schatten. Viele der Medaillen wurden von Athletinnen und Athleten für Länder gewonnen, die nicht ihre Heimat sind. Der Verband macht solche Staatenwechsel immer einfacher, die «Fremdgänger» nehmen entsprechend zu. Deshalb können wir eigentlich doch stolz sein, mit Anita Weyermann, André Bucher und Marcel Schelbert wieder in der absoluten Weltspitze vertreten zu sein, mit Läufern und einer Läuferin zudem, die noch im eigenen Land «seckle» gelernt haben. Der Medaillenschieber, die bekannten Dopingverstösse und der mangelnde Reformwille des Olympischen Komitees halten die Vorfreude auf die nächste Sommerolympiade in Sydney in Grenzen …

Immer mehr Menschen treiben Sport

Aber lassen wir uns durch diese sportpolitischen Betrachtungen nicht ablenken von der Tatsache, dass noch nie so viele Menschen aller Altersgruppen in unserem Lande aktiv Sport getrieben haben wie heute. Es ist die eigene Initiative, die zum Skifahren und Wandern, zum Ballspiel und Schwimmen und zu den vielen neuen Sportarten führt. Und es sind die vielen Tausend Leiterinnen und Leiter, die den Vereinssport und die Wettkämpfe ohne grosse Zuschauerzahlen ermöglichen.

Das Bleibende – was wirklich zählt

Auf dies alles können wir echt stolz sein. Das ist das Bleibende vom Sportjahr 1999, weil es sich wirklich und unverfälscht abspielte, keine grossen Löcher in die Kassen riss und das Leben ein bisschen abwechslungsreicher und vielleicht auch gesünder gestaltete. Und merken wir uns auch für das nächste (Sport-)Jahr: Jeder selbst zurückgelegte Meter, geworfene Ball und jede selbst geturnte Übung wiegt weit mehr als alle Weltmeisterschaftsmedaillen miteinander.

1999 AZ / Mittelland-Zeitung

Olympische Spiele im Schatten politischer Ereignisse

Sportliche Grossereignisse wie die Olympischen Spiele werfen meistens auch politische Schatten. Berlin am Vorabend des 2. Weltkriegs bot dem Naziregime eine ideale Schaubühne, die Münchner Sommerspiele 1972 wurden für ein feiges Attentat auf die israelische Olympiamannschaft missbraucht. Und Sydney 2000? Hier wurde die Welt auf das weitgehend unbekannte Schicksal der Aborigines, der australischen Ureinwohner, aufmerksam gemacht. Wer wusste schon von den Klagen auf Rückerstattung von rund der Hälfte des australischen Landes, von den in Heime gebrachten Kindern weisser Väter und schwarzer Mütter? Die Goldmedaillen-Läuferin Cathy Freeman wuchs über diese indigenen Bevölkerungskreise hinaus zur australischen Symbolfigur für mehr Gerechtigkeit, Wiedergutmachung und für bessere Verständigung im Fünften Kontinent.

Politische Boykotte in Melbourne

Sydney liess auch versteckt die historische Rivalität zu Melbourne aufleben. Canberra ist politische Kapitale, Sydney das wirtschaftliche Zentrum, doch Melbourne glänzte bisher als Hauptstadt des Sports. Jetzt machte ihm Sydney auch diesen Rang streitig. Und auch hier politische Erinnerungen: Melbournes Spiele von 1956 wurden beeinträchtigt von zahlreichen politischen Boykotten als Folge der UdSSR-Invasion in Ungarn und der Suez-Kanal-Krise im gleichen Jahr. Der zweite australische Olympiaaustragungsort blieb von solchen Störaktionen verschont, ja erlebte sogar, dass die politisch geteilten Nord- und Südkoreaner erstmals hinter einer Flagge in Sydney einmarschierten.

USA – Russland – China

An Olympischen Spielen messen sich nicht nur einzelne Sportlerinnen und Sportler. Es findet gleichzeitig ein Schaukampf der Nationen statt, und der errungene Medaillenrang wird oft zu innenpolitischen Zwecken eingesetzt. Diesmal gewannen 80 der 200 Länder Medaillen, 51 gar Gold. Im Konzert der Grossen rückte China erstmals hinter den USA und Russland auf Platz drei. Die Schweiz landete auf dem beachtenswerten 36. Rang. In Melbourne lag die frühere UdSSR noch an der Spitze – es war die Zeit, als im Osten die Förderung des Spitzensports noch absolute Priorität genoss. Seit der Wiedervereinigung gehört auch der unrühmliche Kampf der beiden Deutschland um den besseren Medaillenrang der Vergangenheit an.

Rigorosere Dopingkontrollen in Sydney

Politik und falsche Rücksichtnahme auf einzelne Staaten hat früher dem Dopingwesen Vorschub geleistet. Vielleicht bahnt sich hier eine Trendwende an. Die IOC-Organe gehen rigoroser vor. Rund 4000 Kontrollen wurden an diesen Spielen in Sydney vorgenommen, und einzelne Sünder verzichteten von sich aus auf den Start. Besinnt sich Olympia mit Blick auf die nächsten Spiele in Athen gar auf seine Ursprünge zurück? Schön wäre es ...

2000 AZ / Mittelland-Zeitung

Boykotte und Verrat der olympischen Idee

Eigentlich war der Boykott der Olympischen Spiele durch die Oststaaten schon lange vorprogrammiert: 1980, als die «völkerverbindenden Spiele der sogenannten «Jugend der Welt» im Machtzentrum des politischen Ostens, in Moskau, stattfanden, blieben 43 Staaten des Westens zu Hause und demonstrierten damit auf wirksame Weise gegen den Einmarsch der russischen Truppen im bislang selbständigen Bergland Afghanistan. Auch 1976 in Montreal waren es nur 88 Nationen – damals blieben die Afrikaner zu Hause –, während 1972 in München immerhin noch 122 Länder um die begehrten Siegespalmen stritten.

Politisch motivierte Retourkutsche

Sollen wir uns nun über die Absage Russlands und der übrigen Ostblockstaaten ärgern, weil sie doch einer Retourkutsche für die Absenzen in Moskau gleichkommt? Oder sollen wir uns gar freuen, weil damit vielleicht einige Athleten aus der Schweiz zu einer Reisekarte nach Los Angeles kommen? Die Reaktionen werden je nach Standort unterschiedlich ausfallen. Rein sportlich betrachtet verlieren die Olympischen Spiele einmal mehr den Glanz der Universalität sowie den friedfertig-völkerverbindenden Charakter. Doch wissen wir alle, dass der weltweite Sport heute nicht mehr von der Politik zu trennen ist. Zu viel an Prestige, an Nationalismus, an Grossmachtallüren und Kommerzdenken, auch diesen Sommer in Los Angeles, sind mit der Olympiade verknüpft. Adolf Hitler hatte die Olympischen Spiele in Berlin 1936 ein erstes Mal zu einem überwältigenden Propagandarausch zugunsten seines Deutschen Reiches missbraucht. Und wir alle schütteln den Kopf über die immer perfekteren Vorbereitungen, teureren Anlagen und monatelangen Werbefeldzüge, welche den Spielen in den letzten Jahren den Stempel aufdrückten.

Gegen olympische Vorschriften verstossen

Eigentlich ist es grotek, mit welchen Argumenten in diesen Tagen und Wochen nun noch um die Begründung zur Absage der Sowjetunion gestritten wird. Da heisst es, man habe auf russischer Seite «gewusst», dass ihre Sportler während der Spiele mit Hilfe von Psychodrogen dazu gebracht werden sollten, sich von ihrer Mannschaft in den Westen abzusetzen. War da nicht eher die Angst der Sowjetführung massgebend, einen im eigenen Land populären Sportler während der Spiele aus eigenem Entschluss zu «verlieren»? Dass die Olympiade aber neben den politischen Rankünen längst auch den sportlichen Persilschein verloren hat, wiegt mindestens ebenso nachdenklich. Der ursprüngliche Amateurstatus der Staatssportler ist in den meisten Ländern ausgehöhlt oder wird geschickt getarnt, und zusätzlich zum berufsumfassenden Sporttraining müssen die Sportler auch noch die vielfältigsten Dopingmethoden über sich ergehen lassen. Da wird mit Hormonpräparaten dem Muskelbau nachgeholfen, mit Spritzen am Körper Raubbau getrieben, nur um einen winzigen Sekundenbruchteil oder Längenzentimeter gegenüber dem Konkurrenten im Vorteil zu sein. Nehmen am Schluss alle Sportler aus Konkurrenzgründen ähnliche Mittel, bleibt ausser dem Betrug an der olympischen Idee und der Umgehung von Vorschriften kein greifbarer Vorteil übrig. So gesehen wird der Krebsgang der Olympischen Spiele kaum mehr aufzuhalten sein. Wir Schweizer werden gut daran tun, uns nicht für einen Glorienschein einzusetzen, der in Tat und Wahrheit schon längst verblichen ist.

1984 Coop-Zeitung

Die obige Kolumne von 1984, als die Oststaaten die Sommerolympiade von Los Angeles boykottierten, wurde in den Jahren des Kalten Krieges geschrieben. Ost und West waren seit dem 2. Weltkrieg in zwei Blöcke gespalten, getrennt durch den Eisernen Vorhang quer durch Mittel-/Osteuropa. Dies färbte stark auf die Olympischen Spiele und andere internationale Wettkämpfe ab. Die Politik beeinflusste den Sport in einem ungewohnten Masse. Die Leidtragenden der Boykotte waren regelmässig die Sportler, die nach langem Training den Wettkämpfen fernbleiben mussten. Schon an den ersten Spielen nach Kriegsende begannen die politischen Abrechnungen: Kriegsauslöser Deutschland und Japan durften 1948 in London nicht dabeisein.

Westöstliche Auseinandersetzungen auf olympischem Terrain
Schon vor den gegenseitigen Boykotten, welche – wie oben beschrieben – 1976 und 1984 Höhepunkte erreichten, begannen die damaligen beiden Grossmächte USA und UdSSR den Sport für ihre Machtstellung und ihr Prestige einzuspannen. Bis zu den Spielen von Helsinki 1952 dominierten die amerikanischen Pseudo-Universitätsstudenten die olympische Szene. Dann aber gewannen in Finnland die Sowjets als Ernte systematischer staatlicher Aufbauarbeit auf Anhieb 24 Goldmedaillen – nur noch 15 weniger als die USA. Der Amateurgeist und die Devise des Olympia-Begründers, Pierre de Coubertin, wonach das Mitmachen wichtiger sei als das Siegen, waren endgültig verflogen. 1956 boykottierte neben einigen andern Staaten auch die Schweiz die Sommerspiele von Melbourne, weil Russland den Satelliten Ungarn militärisch besetzte und eine Freiheitsbewegung niederschlug. Die Wasserballer Ungarns und der UdSSR lieferten sich in der Direktbegegnung eine blutige Abrechnung während des Spiels.

Das feige Palästinenser-Attentat mit elf ermordeten Israelis – aber «The Games go on!»

Kaum war Südafrika wegen seiner Apartheid-Politik ausgeschlossen worden und hatten die US-Sprinter Tommie Smith und John Carlos bei der Siegerehrung ihre schwarz behandschuhten Fäuste zum militanten «Black Power»-Kampfesgruss geballt, folgte an den Olympischen Spielen 1972 in München der feige Mord von acht palästinensischen Terroristen an elf israelischen Sportlern. Eigentlich hätten die Spiele abgebrochen werden müssen. Aber der senile, seit 20 Jahren im Amt stehende, 84-jährige Amerikaner Avery Brundage, Präsident des IOK, hatte nicht die Kraft dazu und sprach die von Geschäftsdenken gelenkten, berüchtigten vier Worte in die Mikrophone: «The Games go on!» Später folgte an der IOK-Spitze der keineswegs unumstrittene spanische Ex-Diplomat Juan Antonio Samaranch, dem nicht nur seine Stellung im Franco-Regime, sondern ganz allgemein sein Amt zu schaffen machte.

Korrupte Sportfunktionäre und zu grosse Spiele

Ist Besserung in Sicht? Kaum, denn der Fisch stinkt bekanntlich vom Kopf her. Solange in den Spitzengremien von Weltsportverbänden überforderte oder käufliche und korrupte Funktionäre schalten und walten, werden immer wieder zweifelhafte Entscheide schon bei den Vergaben der Austragungsorte gefällt. Sion musste bei den Olympischen Winterspielen von 2006 wohl Turin den Vortritt lassen, weil die Beziehungen der Agnelli-Industriellenfamilie einwandfrei funktionierten. Zahlreiche Mitglieder des Olympischen Komitees seien eben käuflich, hiess es. Hatte der Kanton Wallis einer Kandidatur für 2006 noch zugestimmt, gab es 2013 für eine spätere Bündner Kandidatur an der Urne keine Volksmehrheit mehr. Zu Recht, wie auch im Kapitel «Bedrohte Alpen und Landschaften» ab S. 63 aus Sicht des Landschaftsschutzes und der Grössenverhältnisse begründet wird. Denn die Winterspiele nach heute gültigen Massstäben sprengen die Verhältnisse eines Kleinstaates. Sie sind gigantisch geworden, wie der Durchführungsort Sotschi im Süden Russlands Anfang 2014 aufgezeigt hat. Anstelle von 25 Nationen, die an total 14 Disziplinen an der Winterolympiade 1928 in St. Moritz teilnahmen, sind es auf dem riesigen Austragungsgebiet zwischen dem Badeort am Schwarzen Meer und dem Kaukasus 88 Teilnehmernationen und 98 verschiedene Disziplinen geworden. Entsprechend riesig fallen die Aufwendungen für Bauten und Einrichtungen aus, die, nachdem die Wettkampfkarawane weitergezogen ist, sich längst nicht mehr alle sinnvoll weiterverwenden lassen. So geschehen in Norwegen, in Kanada und neuerdings in Sotschi, das Stadien und Spielcasinos umzufunktionieren versucht. Dasselbe Bild nach der Fussball-WM in Brasilien vom Juni 2014: Während das Land in Armut steckt, wurden mit viel zu hohen Kosten Stadien gebaut, die teils in abgelegenen Orten kaum mehr genutzt werden können. Alle solchen Spiele müssen dringend auf ein vernünftiges Mass zurückgefahren, die Bauten reduziert und wiederverwendbar gebaut werden!

Sepp Blatter überstand bisher vier Wahlen, und er thront beim Weltfussballverband wie ein König. Wie lange noch?

Auch FIFA kämpft gegen den Korruptionssumpf

Immer wieder für Schlagzeilen mit Korruptionsaffären sorgt auch der Weltfussballverband FIFA mit Sitz in Zürich, wo er Steuerfreiheit geniesst. Kein Wunder, kann doch die 203 Mitgliedverbände zählende FIFA über einen jährlichen Ertragstopf von rund 1 Mrd. Franken verfügen – mehrheitlich aus der Vermarktung von Fernseh- und Marketingrechten. Die stark auf ihren aus dem Wallis stammenden Schweizer Präsidenten Joseph Blatter ausgerichtete Organisation lässt daran auch ihre Landesverbände partizipieren, was ihr wiederum die nötige Anerkennung und Machtstellung verleiht. Denn auch hier gilt: «Wes Brot ich ess, des Lied ich sing.» Auch dem Exekutivkomitee fehlt die nötige Unabhängigkeit, ist es doch von Funktionären beschickt. Ein Drittel seiner Mitglieder mussten unfreiwillig ihren Stuhl räumen. Damit und mit zahlreichen Bestrebungen zu besseren Governance-Strukturen und ethischem Verhalten wollte man das Verbandsimage noch rechtzeitig vor der WM 2014 von Brasilien aufpolieren. Unverständlich dann aber, dass die Fussball-WM 2022 ins glühendheisse Katar vergeben wurde, ein Emirat, das flächenmässig nur etwas grösser als der Kanton Graubünden ist. Aber die absolute Monarchie verfügt über eines der weltweit grössten Erdgasvorkommen und damit über unermesslichen Reichtum, der – so halten sich Vorwürfe – bei der Vergabe matchentscheidend gewesen sein soll.

Sepp Blatters lange Präsidentenzeit

Der Schweizer FIFA-Präsident ist ein Phänomen: Seit 1998 überstand er vier Wahlen, und im Mai 2015 stellt er sich mit Jahrgang 1936 erneut der Wiederwahl. Einen möglichen Widersacher in der Person des früheren internationalen Fussballers und UEFA-Präsidenten Michel Platini hat er bereits ausgetrickst. Die WM in Brasilien ging glatt über die Bühne. Mit-Walliser und Nationalrat Oskar Freysinger bezeichnete Blatter in der «Weltwoche» als «Schlangenbeschwörer» und «Bollwerk gegen das sich anbahnende Chaos» in der Nach-Blatter-Zeit, um dann unverblümt die Dinge beim Namen zu nennen: «Solange er noch schaltet und waltet, wird sich der um ihn versammelte korrupte Haufen mehr oder weniger still verhalten. Sollte er sich zurückziehen, dann würden sich die gegensätzlichen Kräfte entfesseln und es wäre die Hölle los. Doch man kann beruhigt sein: Da keines der 209 FIFA-Kongressmitglieder selbstmörderische Absichten hegt und auf seinen Anteil aus dem Füllhorn verzichten möchte, wird die Unsterblichkeit des Sepp Blatter noch ein Weilchen dauern.»

Sollte Sepp Blatter dereinst nicht mehr FIFA-Präsident sein, kann er vermehrt im von ihm gestifteten «Sepp Blatter Stadion» in Ulrichen/VS heimischen Fussballspielen beiwohnen und den Ruhm vergangener Jahre geniessen.

Bei Mamma Teigwaren essen – Fussball und «wir»

Mit «wir» meine ich für einmal «nur» die Männer. Selbst auf die Gefahr hin, dass Frauen jetzt erzürnt nicht weiterlesen. Weil aber diese Kolumne nach einigen Ausflügen in durchaus geschlechtsneutrale Themenbereiche wieder einmal dem Umfeld des Fussballs gewidmet ist, muss ich nolens volens den Groll der Damenwelt in Kauf nehmen. Denn Fussball interessiert nun mal im Prinzip nur Männer, kaum aber Frauen. Ihnen ist diese Sportart schlicht zu simpel. Aber zumindest meine Mutter müsste weiterlesen, obzwar auch sie nie viel mit dem Fussballsport anfangen konnte. Vielmehr musste sie sich jeweils ärgern, wenn ich ihr in jungen Jahren mit einem zu hoch geratenen Schuss die schönen Geranien im Küchenfenster knickte. Und auch alle anderen Mütter und jene, die es noch werden wollen, müssten eigentlich weiterlesen, denn sie werden vielleicht an uns (Fussball-)Männern doch noch Freude haben. Doch schön der Reihe nach.

Überraschende neue Fussballnationen

In diesen Tagen war es wieder einmal so weit. König Fussball feierte Triumphe. Einstige Helden erhielten bedenkliche Kratzer (die Nationalteams von Deutschland und Brasilien zum Beispiel), fussballerische Winzlinge wuchsen über sich hinaus. So etwa die Ukraine, eine ehemalige Sowjetrepublik, die erst vor zehn Jahren zur selbständigen Nation wurde. Oder China, ein Land, wo noch vor kurzem kaum jemand wusste, dass die Fussballkugel rund ist – und jetzt sind sie Teilnehmer an der nächsten Fussball-Weltmeisterschaft. Genauso überraschend und zum ersten Mal zum Turnier der besten 32 Teams der Welt stiess Ecuador, jenes kleine Land an der Pazifikküste Südamerikas, wo das Nationalstadion in der Hauptstadt Quito auf sage und schreibe 2850 Metern über Meer liegt! Und es gehört zum Irrsinn dieses kleinen Landes, dass nach der Qualifikation sich trotz schwerer Krise alle Menschen in den Armen liegen und die zwanzig Spieler sich zwei Millionen Dollar Prämien teilen können, derweil viele Menschen mit 300 Dollar im Monat auskommen müssen. In diesen Tagen war es auch so weit, dass der FC Aarau wieder einmal zu Hause zu grosser Form auflief und gewann – worauf dem Schreibenden für das bald beginnende, 100-jährige Jubiläum und für die sportliche Zukunft dieses Aargauer Aushängeschilds ein Stein vom Herzen fiel.

Maradonas «Hand Gottes» wird uns fehelen

Ja und dieser Tage gaben zwei grosse Fussballer ihren Abschied vom Fussballsport, jeder auf seine Art. Diego Armando Maradona lief ein letztes Mal im Stadion von Buenos Aires ein, und Tausende weinten. Er, der grosse Ballkünstler, der sich durch alle Verteidiger durchschlängelte und es noch verstand, in aussichtsloser Position den Ball mit der Hand ein klein wenig zu berühren und damit ein entscheidendes Tor zu erzielen. «Es war die Hand Gottes», antwortete er nach dem Match auf die Gewissensfrage, ob es ein Handstor gewesen sei. Er wird uns trotz allem fehlen.

Was Kubi Türkyilmaz und ich bei Mamma essen

Und bei uns in der Schweiz war es Kubilay «Kubi» Türkyilmaz, der keine Tore mehr schiessen will und seinen Abschied gab. Mit 34 Toren im roten Trikot steht er auf der ewigen Schweizer Bestenliste an der Spitze aller Nationalmannschaftsspieler. Sein Antritt, sein Torriecher, aber auch seine Provokationen im gegnerischen Strafraum waren genial, wenn auch seine spielerischen Launen uns alle nervten. Und er (wie viele andere Fussballer und Männer jeden Alters auch antworten würden) sagte im Abschiedsinterview auf die Frage, wo er nach einem schicksalsschweren Match am liebsten was essen gegangen sei, kurz und bündig: «Bei Mamma.» In keinem Nobellokal, in keiner Cüpli-Bar, sondern einfach bei Mamma. So sind wir Männer alle. Am liebsten bei Mamma, um etwas Einfaches und Gutes zu essen. Für die einen ist es Züri-Geschnetzeltes, für andere Kartoffelstock mit Braten, für mich Fisch und Reis, und für «Kubi» sind es Teigwaren. Fussball und Mamma: Sie gehören einfach zusammen, und viele Männer danken ihren Müttern: für das Lieblingsmenü, und dass sie oft geduldig zuhören, auch wenn sie Fussball eigentlich gar nicht interessiert …

2001 AZ / Mittelland-Zeitung

Fussball-EM im eigenen Land: Wen wollen wir Schweizer siegen sehen?

Fussball-Länderturniere waren schon immer – neben dem sportlichen Kampf um das «runde Leder» – ein Ringen der Nationen um ihre Stellung in der Welt (WM) oder in Europa (EM). Zwar hat man seine helle Freude an Einzeltalenten, aber letztlich überwiegt das Interesse für das beste Team, das erfolgreichste Land, die grösste Fussballnation. Und niemand kann verbergen, dass da auch Sympathien und Antipathien für die eine oder andere Nation mit im Spiele sind.

Die Holländer als Ersatz-Nation

Natürlich ist jeder sich selbst am nächsten: Wir Schweizer wollten bei einer EM im eigenen Land unbedingt ganz obenaus schwingen, wenigstens wenn es nach den Fussball-Oberen gegangen wäre. Aber die Ernüchterung folgte auf dem Fusse. Die entscheidenden Gruppenspiele gegen Tschechien und die Türkei gingen leicht unglücklich verloren, und der Sieg über Portugal entstand gegen dessen B-Team, als die Klassifikation längst entschieden war. Die «Abschiedsvorstellungen» einzelner Spieler und die Grabgesänge von Trainer und Chargierten gerieten zur Peinlichkeit. Nur schnell weg von diesem Rausschmiss, dachte sich die Schweizer Fussball-Gemeinde und war bald einmal begeistert vom ansteckenden Enthusiasmus der Holländer. Sie feierten sich selbst und ihr Team während Stunden und Tagen immer wieder aufs Neue, und sie tauchten die Bundesstadt und ganz zuletzt Basel in ein riesiges Orange-Bad, wie wenn es Heimspiele gewesen wären. Die Ersatz-Nation war gefunden, ein Volk so gar nicht weit weg von der Schweiz, auch ein Kleinstaat mit einer funktionierenden Demokratie, mit einer Königsfamilie zwar, aber ohne grosse Bedeutung. Die Niederländer, ein Volk mit dem Ferienproviant im Reisegepäck, stets friedlich und ohne Krawalle, mit viel Bier und einer berauschenden Spielweise.

Der russische Bär war stärker

Wenigstens während den drei Spielen in der Bundesstadt lief alles gut. Und alles Wunschdenken der Schweizer am Samstagabend in Basel sah ein jubelndes Oranje und dessen Einzug in den Halbfinal. Ich stand in Menschengruppen entlang der Fanmeile im Aarauer Schachen, da schien es, wie wenn rund 90 Prozent den Holländern zujubelten und sich eine Niederlage der Russen wünschten. Es waren keine Hassgefühle gegen die Russen, aber eben doch der sehnlichste

Wunsch nach einem Sieg der uns näherstehenden Holländer, der Westeuropäer, des bescheidenen Völkleins, das ohne Autos unsere Städte überschwemmt und gleich noch den eigenen Sicherheitsdienst bei sich hat! Waren schon «die Türken unheimlich», so eine grosse Zeitung nach deren Gruppenqualifikation und dem Einzug in den Halbfinal, so begegnete man dem russischen Bär mit noch grösserer Skepsis. Man erinnerte sich der wieder aufkommenden autoritären Tendenzen im Nachfolgestaat der UdSSR, sah den gestrengen Putin, welcher das Tauwetter Gorbatschows wieder dem Gefrierpunkt annähert. Es ist zwar keine neue Eiszeit, aber eben doch die harte Hand des Regenten, der Russland wieder seiner alten geopolitischen Vormachtstellung näher bringen will. Gab es nicht einst den Ost-West-Konflikt, den «Eisernen Vorhang», und provozieren heute nicht Emporkömmlinge und Neureiche dieses einst kommunistischen Staates die Nobelorte und Hotelpaläste unserer schönsten Ferienregionen?

Der unselige Nationalismus und die grosse Party

Kein Nationalismus im Fussballsport? Ein kleines Grüppchen Albaner begegnet mir auf dem Weg vom Aarauer Schachen in die Stadt hinauf. «Du helfen Holland?», sprachen sie mich provozierend an. «Die Russen spielten besser», entgegnete ich, «ihr Sieg war verdient!» Doch die Albaner liessen nicht locker: «Russen sind gegen uns Albaner. Sie helfen Serbien, und Serbien will kein unabhängiges Kosovo!» Da wurden sie von einem Russen-Auto abgelenkt, das scharf an uns Fussgängern vorbeibrauste, vier weiss-blau-rote kleine Fähnchen flatterten im Fahrtwind, und ich zuckte unwillkürlich zusammen. Vor den Albanern oder dem viel zu schnell fahrenden Russen-Auto – ich wusste es nicht …

Nicht allen Matchbesuchern geht es um den Sport. Aber auch lange nicht alle denken an Politik, wie diese Albaner. Viele wollen einfach die grosse Party, trinken 500 000 Liter Bier, 1150 Liter Wodka, springen rund 500 Mal verbotenerweise von Basels Brücken in den kühlen Rhein und vergiessen nach drei russischen Treffern viele Tränen. Die Party war Samstagnacht vorbei, ehe sie richtig begonnen hatte.

Da wo die Zitronen blühn …

Und wir Schweizer? Werfen wir uns nun an die Brust der Deutschen oder der Türken (die sich heute Mittwochabend im ersten Halbfinal begegnen), oder jubeln wir eher für eines der beiden Teams im zweiten Halbfinal vom Donnerstagabend, Russland oder Spanien? Wir sind keine Nationalisten, aber wir helfen demjenigen Land, wo die schönen Ferienstrände locken und wo die Zitronen blühn, wo uns nach kühlen Wochen im Winter und vielen Nebeltagen im Herbst in unseren Sommerferien endlich die angenehme Wärme der Costa Brava in die Arme schliesst, wo viele tüchtige Landsleute bei uns arbeiten und helfen, die Löcher in einzelnen Branchen und Betrieben zu stopfen – ja, wir helfen Spanien, weil es einfach die besten Fussballer Europas sind und den EM-Titel 2008 mehr als verdient nach Hause nehmen werden. Eviva España!

2008 AZ und Mittelland-Zeitung

Beim FC Aarau ist immer alles anders ...

Bei einem so hohen und seltenen Jubiläum eines Traditionsvereins der populärsten Sportart Fussball ist man als OK-Präsident einer 100-Jahr-Feier versucht, die traditionellen Klaviertasten zu drücken: Rückblick auf die Gründungsjahre, Schildern des Auf und Ab im Zeitenwandel, Chargen und Funktionen aufzählen, Arbeit des OK schildern, Dank und Gruss und Gratulation. Ich will auf diese «traditionellen» Traditionen verzichten und stattdessen mein Grusswort in Reminiszenzen flechten:

Legendäre Siegesfeiern auf Regierungsgebäude-Balkon

Wo gibt es das schon als beim FC Aarau in der Kantonshauptstadt des viertgrössten Kantons der Schweiz? Auf demselben Balkon des Regierungsgebäudes aus der Zeit der Helvetik nämlich, wo ich jeweils als amtierender Regierungsrat und Landammann Truppenparaden abnahm, im eidgenössischen Jubeljahr Anfang 1998 den Bundesrat begrüsste und ausländische Gäste empfing, da schwangen 1985 und 1993 anlässlich der Siegesfeiern für den Cupsieg und den Schweizer-Meister-Titel Fans die FCA-Fahnen, jubelten und jauchzten. Hitzfeld (1985) und Fringer (1993) wurden auf die Schultern gehievt, Captain und Spieler tranken aus dem begehrten Pokal. Klein und Gross, Alt und Jung war herbeigeströmt und verstopfte den Regierungsplatz. Es war eine Euphorie wie nach dem Auszug der Berner in grauer Vorzeit. Hat eine andere Kantonshauptstadt, ein anderer Natiklub schon jemals so etwas erlebt?

Der kleine Grosse mit dem kleinen Budget

Wo gibt es das schon, dass ein kleiner Grosser fast alle Fussballgesetze aus den Angeln hebt, mit kleinem Budget mit den Grossen mithalten kann und nur mit ganz Wenigen jetzt über 20 Jahre der obersten Fussball-Spielklasse angehört? Der FCA ist in meinen Augen der kleine Grosse, der (fast) alle Grossen aus den Angeln hebt – dann aber auch wieder gegen einen ganz Kleinen oder Schwächeren verlieren kann. Wo gibt es das schon, dass ein kreativer Werber in heiklen Saisons zweimal echte FCA-Feste aus dem Boden stampfen und mit Gratiseintritten Stimmung, Zuschauer, Sponsoren und Klubleitung wieder unter einem gemeinsamen Hut vereinigen und dem Team zu zusätzlichem Schwung verhelfen kann?

Der FC Aarau ist gelebter Aargau

Wo gibt es schon diese breite Streuung der Fans, Supporter, Mitglieder und Sponsoren wie beim FCA aus allen Ecken und Enden des Kantons, aus den Solothurner Gemeinden im Westen und den Luzerner Stammlanden im Süden? Wo zwar ein grosser, alles dominierender Klubbesitzer und -zahler fehlt, dafür eine wirklich breite Verankerung und Abstützung besteht. Das ist auch die Stärke des Kantons Aargau, dem auch das alles domierende Zentrum fehlt, aber wo immer wieder staatspolitische, wirtschaftliche und kulturelle Klammern diesen Kanton zusammenhalten und ihm eine eigene, starke Identität geben. Dazu trägt auch der FCA wesentlich bei. Er widerspiegelt Kraft und Grösse und Tradition dieses Kantons auf der einen, fehlende Dominanz und Popanz auf der andern Seite. Der FCA ist gelebter Aargau!

Weiter um Auf- und Abstieg bangen

Das alles gibt uns Kraft und Zuversicht für die Zukunft, die zwar in vielem vage, unsicher und unbestimmt, aber von Optimismus und Schwung getragen sein wird. Wir dürfen uns weiterhin freuen und ärgern am kampfbetonten, immer wieder neuen und anderen Fussballspiel und an dem immer wieder neu überraschenden FCA. Wir dürfen weiter um den Auf- und Abstieg, um Sieg und Niederlage zittern und uns auf die ganz grossen Ereignisse freuen – auch wenn sie manchmal im ganz kleinen, einzigen Schuss eingebettet liegen: wie einst im Mai im Lattenkreuzschuss zum Cupsieg gegen Xamax, oder wie jüngst im weitgezogenen «Bomber», der zum selben knappen Sieg gegen die Millionarios vom Limmatufer führte. Dafür und für vieles mehr will ich ganz persönlich, aber auch namens des Organisationskomitees für das 100-Jahr-Jubiläum danken, gratulieren und dem FCA eine gute Zukunft wünschen!

2002 in der «Festschrift 100 Jahre FC Aarau»

Nirgends lernt man Menschen besser kennen als im Sport. Fairness, Fitness, Plausch ist die eine Seite, Rücksichtslosigkeit, Ehrgeiz, Geldgier und Betrug ist die andere, unschöne Seite der Medaille. Sport ist eben nicht nur Vorbild, sondern auch Abbild der (Leistungs-)Gesellschaft.

Der FC Nationalrat als Exerzierfeld für Menschenkenntnis

Selbst bei Matches mit dem FC Nationalrat ging es meist nur vordergründig um den Plausch. Denn wenn Politiker einem Ball hinterherrennen, ist Ehrgeiz im Spiel. Und häufig stellten wir fest, dass die ehrgeizigsten Politiker im Spielfeld des Bundeshauses ihren Charakter auch auf dem Fussballfeld nicht verstecken konnten. Und jedes Politikerteam wollte gewinnen, koste es, was es wolle. Wir spielten jedes Jahr ein Parlamentarierturnier gegen Deutschland, Österreich und Finnland. Jedes Jahr erschienen die Deutschen mit einer jüngeren und die Finnen mit einer stämmigeren Mannschaft: sie wollten gewinnen. Der FC Nationalrat schmuggelte dafür ab und zu einen (talentierten) Nicht-Parlamentarier in seine Reihen ... An Fussballspielen lernt man nicht nur die unendlich vielen Spielkombinationen und die Qualitäten der Spieler kennen, sondern im Kontakt mit Zuschauern auch den Besserwisser, den Parteiischen, den Fanatiker, den Geniesser, den Sportfreund und echten Kenner. Auch das kann faszinierend sein.

Fachsimpeln mit Kurt Furgler auf dem «Brügglifeld»
Man lernt die Menschen besser kennen, und es gibt auch Überraschungen. Es war Mitte der 1980er Jahre auf dem «Brügglifeld», Match Aarau gegen St. Gallen. Ich stand hinter dem Aarauer Tor, als plötzlich der St. Galler Bundesrat Kurt Furgler, allein und mit einer Bratwurst in der Hand, auftauchte. So ein Match sei für ihn Erholung und Anspannung zugleich. Wir lobten gegenseitig unsere beiden Teams, die beiden Stadien (St. Gallen spielte damals noch auf dem legendären «Espenmoos») und sprachen dann über die nächsten Geschäfte in der Aussenwirtschaftskommission des Nationalrats, die Furgler als Volkswirtschaftsminister bei uns zu vertreten hatte. Oder im Herbst 2013 nach dem Heimspiel gegen den FC Zürich, dessen Fans nicht gerade den besten Ruf geniessen. Hinter der Tribüne nach dem 5:1-Sieg im Gespräch mit dem FCA-Präsidenten Alfred Schmid. Plötzlich stehen zwei Züri-Fans mit blau-weisser Schärpe neben ihm. Wollen sie ihn nach der Kanterniederlage beschimpfen, ihrem Frust freien Lauf lassen?

Lob der «Brügglifeld»-Atmosphäre
Nein, im Gegenteil: Sie gratulieren ihm zum hohen Sieg und loben die einzigartige Atmosphäre des «Brügglifelds», wo solche Mensch-zu-Mensch-Begegnungen noch möglich seien. Wir zwei sind sprachlos und revidierten unsere Züri-Vorurteile. Überraschung auch im Jahr 2013, in der Vorrunde gegen Lausanne. Ich treffe Gilbert Facchinetti, den Fussballkenner und einstigen Präsidenten von Neuchâtel Xamax, diesem Club mit der grossen Tradition und dem bitteren Abgang in die Bedeutungslosigkeit. Warum er diesen Match in Aarau besuche, frage ich ihn. «Ganz einfach, weil ich in Neuenburg keine A-Spiele mehr sehen kann und mein Enkel als linker Flügel bei Lausanne spielt.» Facchinetti brachte ich im Mai 2002 als Redner an die 100-Jahr-Jubiläumsfeier des FC Aarau, und wie gewohnt begeisterte er mit seinem feu sacré für den Fussball das Publikum. Ich holte ihn und weitere Fussballprominenz an diesen Anlass, weil der FCA rein rechnerisch abgestiegen war. Erst Tage danach wurde bekannt, dass zwei Clubs relegiert wurden und so Aarau oben bleiben konnte. Das Jubiläum war so oder so ein grosser Erfolg.

Mit Ottmar Hitzfeld, Rolf Fringer und 2013 erneut bei den Besten

Bei ähnlicher Gelegenheit lernte ich in Begleitung des ehemaligen legendären FCA-Präsidenten Ernst Lämmli (des stumpenrauchenden Clubpräsidenten) Nationaltrainer Köbi Kuhn kennen, seine Bescheidenheit (obwohl damals «Schweizer des Jahres»), ja fast Schüchternheit, seine Spielübersicht während dem Match. Aber er äusserte auch seine Skepsis, welche er seit je den Medien gegenüber empfunden habe. Er klagte uns über seine beiden operierten Hüftgelenke und schwärmte von seinem Ferienhaus auf der Rigi, wo er sich von der Hektik der Fussballspiele entspannen könne. Köbi Kuhn war der wohl untypischste Natitrainer der Schweiz (von 2001 bis 2008), wurde von den Spielern wie ein guter Patron geachtet und hatte vielleicht gerade deshalb so viel Erfolg.

Die grössten Triumphe feierte der FC Aarau mit den beiden Trainern Ottmar Hitzfeld und Rolf Fringer. Beide kennen den Fussballbetrieb in all seinen Schattierungen, beide sind gute Psychologen, und beide sind Kommunikations-Profis. Aarau war für sie beide ein ideales Experimentierfeld, denn der Hauptstadtclub verfügte über ein weiträumiges Umfeld, viele Nachwuchsmannschaften und ein stimmungsvolles Stadion. Der als einer der ältesten Schweizer Clubs 1902 gegründete FCA begann ganz oben, kam dann 1944 in die Nationalliga B, musste 1954 in die 1. Liga runter und schaffte 1958 den Nati-B-Aufstieg erneut. Erst 1981 – wie einst schon 1906 – kamen die Aarauer wieder in die höchste Spielklasse (damals Nati A, heute Super League), der sie mit etwas Glück bis ins Jahr 2010 angehörten. 2013 erfolgte dann der Wiederaufstieg. Die

Cupsieger 1985 FC Aarau im Wankdorfstadion Bern: stehend Mitte in Trainerjacke Ottmar Hitzfeld, kniend 3. v. rechts im Xamax-Shirt Torschütze Walter Iselin, 4. v. links Präsident Peter Treyer.

heutige Clubleitung mit Präsident Alfred Schmid, Vize Roger Geissberger, Finanzchef Kurt Vogt und Sportchef Urs Bachmann schafft seither das «Wunder», den FCA mit dem kleinsten Budget unter den besten zehn Clubs zu halten.

Rolf Fringer kam von Schaffhausen nach Aarau, schaffte mit dem FCA nach 1912 und 1914 im Jahre 1993 den dritten Schweizer-Meister-Titel mit Spielern wie Hausi Hilfiker, Roberto Di Matteo, Petar Aleksandrov. Er war der Lieblingstrainer der Spieler und blieb auch privat über Jahre der Region Aarau verbunden, auch nachdem er 1996/97 Natitrainer wurde.

Der unvergessliche Cup-Sieg im Wankdorf

Mit Ottmar Hitzfeld gelang 1985 der bisher einzige Cupsieg des FC Aarau: Ich vergesse nie den Moment am Pfingstmontag, als ich mit meiner Frau Béatrice auf der Berner Wankdorf-Tribüne neben dem Aarauer Nationalratskollegen Bruno Hunziker sass und Walter Iselin vor 32 000 Zuschauern mit einem Sonntagsschuss den knappen Sieg sicherstellte. Er schildert mir nach dem Match sein Tor so: «Seiler lancierte mich mit einem Kurzpass. Ich sprintete Richtung Strafraum, wurde dabei nicht angegriffen und traf aus 25 Metern genau ins linke Lattenkreuz. Danach war ich der glücklichste Mensch.» Nostalgie auch bei mir: Noch heute baumelt in meinem Büro der rot-schwarz-weisse FCA-Wimpel, den meine kleine Tochter Felicitas bei der abendlichen Triumphfahrt durch Aarau tragen durfte und den ihr einige Spieler vom Pferdewagen herunter mit ihrem Autogramm signierten: Charly Herberth, Rolf Osterwalder, Ruedi Zahner, Walter Seiler, Hansruedi Schär, Roberto Böckli, Thomas Tschuppert (vgl. die Foto mit der Cup-Siegermannschaft auf Seite 137).

Das richtige Gespür des Erfolgstrainers

Ottmar Hitzfeld lernte ich während seiner Trainerzeit in Aarau (1984 bis 1988) näher kennen, so an einem Benefiz-Spiel in Unterentfelden, wo er auch wohnte. Der aus Zug hergezogene Süddeutsche stand im Dorfprominenz-Team, zusammen mit Ex-Katholikenpfarrer und seinem späteren Biografen Joseph Hochstrasser. Ich amtete als Schiedsrichter. Hitzfeld hatte auch hier wie als Trainer oftmals den entscheidenden Riecher, besass das Gespür für den Spurt im richtigen Moment, erzielte die meisten Tore. Seine spätere Zurückhaltung und meine Pfeife sorgten dann dafür, dass der «Plauschmatch» doch noch unentschieden ausging. Den FC Aarau formte Hitzfeld in kürzester Zeit zu einem Erfolgsteam, lancierte das offensive Pressing mit gewagter Offsidefalle, «erfand» das Rotationsprinzip unter den Spielern und erzielte Zuschauerrekorde. Mit Hitzfeld konnte man Gespräche weit über den Fussballhorizont hinaus führen, und als Natitrainer ist er in die Reihe der ganz Grossen mit Karl Rappan, Roy Hodgson und vielleicht Köbi Kuhn zu stellen. Leider zog er dann weiter zu den Grasshoppers, später zu Dortmund und zu Bayern München. 2008 wurde er Schweizer Nationalcoach. Ende Oktober

2013 gab er den Rücktritt bekannt: Er deutete einige gesundheitliche Alarmzeichen an und wollte mit der Juni-WM in Brasilien seine lange Karriere abschliessen. Er sagte zu uns dazu: «Die Entscheidung war nicht einfach, aber die Vernunft hat gesiegt.»

Der WM-Höhenflug in Brasilien

Emotionaler hätte der Abschied Hitzfelds an der WM in Brasilien nicht ausfallen können. Nach 31 Trainerjahren gabs mit einem jungen Schweizer Team nochmals alle Höhe- und Tiefpunkte, die den Fussballsport so faszinierend erscheinen lassen: in den Gruppenspielen die katastophale 2:5-Niederlage gegen Frankreich, dann die Trotzreaktion gegen Honduras mit einem 3:0 und dem Einzug in die Achtelfinals zu den 16 Besten der Welt. Klar, Hitzfeld setzte das Ziel noch höher. Aber der aufwühlende Match gegen Argentinien mit dem weltbesten Spieler Lionel Messi, der mit 0:1 verloren ging, hätte auch im Penaltyschiessen enden können, wäre da nicht bei einem Pfostenschuss der Schweizer kurz vor Schluss der argentinische Papst Franziskus einem Schatten gleich hilfreich zur Seite gestanden ... Das war ein Ausscheiden in Ehren, ganz anders als das Debakel von Brasilien, das 7:1 gegen Weltmeister Deutschland im Halbfinal unterging. Das von Ottmar Hitzfeld geformte Team der «Kosovo-Generation» rund um Xherdan Shaqiri wird zweifellos auch unter dem neuen Trainer Vladimir Petkovic weiter von sich reden machen, während der Erfolgstrainer aus Lörrach ab und zu einem Match seines einstigen FC Aarau beiwohnen dürfte.

Auch die Südamerikaner erreichten ihre Ziele nicht

Wie die Schweizer blieben auch das Gastgeberland und Argentinien unter ihren hochgesetzten Erwartungen. Brasilien musste sich im Halbfinal von Deutschland 7:1 deklassieren lassen, und Argentinien verlor erst in der Verlängerung mit 1:0 gegen Deutschland. Diese erreichten zum 4. Mal den WM-Titel: 1954 mit dem als «Wunder von Bern» (die WM fand in der Schweiz statt) titulierten Finalsieg gegen die Ungarn, 1974 gegen die Niederlande und 1990 bereits einmal gegen Argentinien. Mit dem WM-Titel in Brasilien erreichte Deutschlands Coach Joachim Löw mindestens den Gleichstand zu Ottmar Hitzfelds Renommee, der um das Bundestraineramt immer einen Bogen machte. Jetzt streben die Deutschen 2016 noch den EM-Titel an, den ihnen die Spanier nach einem 1:0-Finalsieg 2008 verwehrten (siehe dazu die Kolumne «Wen wollen wir Schweizer siegen sehen?» auf S. 131).

Hitzfeld, Zülle, die «grande boucle» und das Volk

Rückblick: Ein Benefiz-Fussballspiel zugunsten des Landenhofs in Unterentfelden im Jahre 1985, als der FC Aarau Cupsieger wurde. Vorne im Sturm, zusammen mit Pfarrherren, Lehrern, Sportlern und Politikern, Erfolgstrainer Ottmar Hitzfeld, der Schreibende mit der Schiedsrichterpfeife. Ottmar, der Stürmerstar von einst, ist kaum zu bremsen, erzielt Tor um Tor, hat aber auch ein Auge auf den Plauschcharakter des Spiels, auf den fairen Gegner. Und dank ihm sowie der gütigen Mithilfe des Schiedsrichters gelingt es, die Partie 7:7 ausklingen zu lassen. Die Welt ist in Ordnung.

In 2 Minuten 2 Tore

Hitzfeld Ende Mai 1999, als sein deutscher Meisterklub Bayern München kurz vor dem Gewinn der Champions League gegen Manchester United stand. Dann die lähmenden und gleichzeitig unnachahmlichen letzten zwei Spielminuten, als die Engländer zwei Tore schossen. Der Sieg war weg, die schon ausgestreckte Hand nach dem «Pott» fuhr Hunderttausenden in die Glieder. Aber Hitzfeld blieb Optimist, tröstete einen Spieler nach dem andern, haderte nicht mit dem Schicksal.

Wegen diesen grossartigen Charaktereigenschaften und weil er bescheiden geblieben ist, flogen ihm Anfang dieser Woche im Brügglifeld am Freundschaftsspiel der grossen Bayern-Mannschaft mit dem «FC Wunder» auch die Herzen der über 10 000 Fans zu.

Als Alex Zülle Zweiter wurde

Tour de France 1999, der Höhepunkt jeder Radsaison, die Tour auch, die unser Ferdy Kübler 1950 gewinnen konnte. Erstmals stand ich in Südfrankreich am Strassenrand und sah, wie die «grande boucle» Zehntausende in unserem Nachbarland begeisterten. Und auch in dieser Sportart sind es die grossen Vorbilder, welche das Volk auf die Strassen oder an die Fernsehgeräte treibt. Ich bewunderte an dieser Tour Alex Zülle, der noch vor einem Jahr von vielen geächtet wurde und mit einem schweren Handicap dieses härteste Radrennen in Angriff nahm. Dann der fast obligate Sturz mit einem harten Rückschlag in der Rangliste. Aber Zülle gab nicht auf, und als ich ihn in einer Spitzengruppe nach schon fast 100 km Fahrt zusammen mit dem Leader Lance Armstrong für eine lange Sekunde in rasendem Tempo vorbeiflitzen sah, spürte ich so etwas wie Stolz für diesen Schweizer, der dann verdient auf dem Ehrenpodest landete und Zweiter wurde.

Zülle wie Hitzfeld als Vorbilder
Zülle wie Hitzfeld, zwei durch zufällige «Begegnungen» ausgewählte Sportler, sind Vorbilder. Weil sie keine Blender und Blöffer sind, machen sie in weitesten Volkskreisen Eindruck. Auch wenn sie ihre Schwächen haben und Fehler begehen. Aber sie geben nie auf, sind Optimisten und Kämpfer. Damit begeistern sie auch viele Jugendliche, bringen sie zum Sport und lassen sie dort Kameradschaft erleben.

Und auch das Volk braucht diese grossen Sportler. Denn in ihnen spiegelt sich manches eigene Erlebnis. Deshalb fliegen ihnen die Herzen zu, stehen die Leute zu Zehntausenden an den Strassen der «grande boucle» oder strömen zu Tausenden auf die Fussballfelder.

1999 AZ / Mittelland-Zeitung

Kohl und Pantani: Wenn Idole vom Sockel stürzen ...

Die Politik erlebt den Sturz von Helmut Kohl. Im Zeitraffer stürzte dieses Idol vieler Nachkriegsdeutscher vom Sockel der Unantastbarkeit, wandten sich seine Getreuen von ihm ab, zuerst zögerlich nur, dann in Massen. Enttäuschte bleiben zurück, denen eine Illusion zerstört wurde.

Marco Pantani sass in Lenzburg am Boden
Kennen wir diesen Vorgang nicht auch im Sport? Ich vergesse nie die Szene, als ich vor einigen Jahren als für den Radsport zuständiger Polizeidirektor an den Etappenstart der Tour de Suisse in Lenzburg eingeladen war. Das VIP-Zelt war zum Bersten voll, also zog ich mit der Tochter zu den Mannschaftswagen, wo die letzten Vorbereitungen für die Fahrer liefen. Felicitas stoppte, als sie einen kahlköpfigen Fahrer mutterseelenallein am Boden sitzend erblickte. Von ihm wollte sie ein Autogramm. Nach einem kurzen Gespräch warfen wir einen Blick auf Foto und Namen: Marco Pantani, Italien. Von da weg verfolgten wir Karriere und Höhepunkte des Kletterspezialisten, der die Königsetappen der Tour de France gewann und als rosaroter Pirat dem Giro seinen Stempel aufdrückte – bis zu seinem Dopingfall kurz vor der Schlussetappe im Juni 1999. Für hunderttausend Tifosi stürzte ein Idol. Und auch wir schauten in jenen Tagen nochmals auf die Pinwand, wo eine verblichene Foto an den Pantani von Lenzburg erinnerte.

Viele andere Dopingfälle: Johnson, Gasser etc.
Leider ereignen sich solche Szenen und Enttäuschungen in fast allen Sportarten rund um den Erdenball. Früher glaubte man, das Staatssportland DDR betreibe als einzige Nation systematisch Doping. Doch dann kamen die jungen Turnerinnen, kamen Ben Johnson, später Sandra Gasser, die jamaikanische Sprinterin Merlene Ottey oder der deutsche Langstreckler Dieter Baumann. Selbst im Fussball, wo Doping bis vor kurzem kein Thema war, liess der tragische Fall des Diego Maradona aufhorchen. Bald danach wurde auch italienischen und französischen Spielern der Gebrauch von Anabolika nachgewiesen. Die bekanntesten Fälle sind leider nur die Spitze des Eisbergs. Und immer, wenn wieder ein neuer Fall bekannt wird, stürzen Idole und nimmt die Sportidee Schaden.

Sportverbände müssen Gegensteuer geben
Gegensteuer können nur die Sportverbände geben. Auf internationaler Ebene fehlen noch immer die wirkungsvollen Massnahmen. Demgegenüber hat der

Schweiz. Olympische Verband ein neues Konzept entwickelt. Die 36 Stunden im voraus (!) angekündigten Trainingskontrollen wurden abgeschafft. An ihre Stelle traten An-Ort-Kontrollen, bei denen die Fahnder überraschend auftauchen und Urinproben verlangen. Verbandseigene Kontrolleure sind dabei ausgeschlossen. Und schliesslich werden nun die rechtlichen Grundlagen für eine zentrale Strafbehörde innerhalb dieses Sportverbandes erarbeitet. Alles Vorkehren für den Verzicht auf Doping. Auf dass die Idole nicht vom Sockel stürzen …

2000 AZ / Mittelland-Zeitung

Es ist interessant: Helmut Kohl und Marco Pantani sind auch 14 Jahre nach der Niederschrift obiger Zeilen trotz schnelllebiger Zeit nicht aus dem Gedächtnis der Leute verschwunden. Und ihren beiden Lebenswegen, so schwer Politik und Sport miteinander vergleichbar sind, haftet etwas Schicksalhaftes an. Beide hatten enorm Mühe, ihren Sturz vom Sockel zu verkraften. Wie kam es dazu?

Der «Kanzler der Einheit» …
In Deutschland wird jede Regung des gesundheitlich schwer angeschlagenen Altkanzlers mit Argusaugen beobachtet. Ehrungen für ihn reissen nicht ab, und bereits erschien sein vierter, vielhundertseitiger Erinnerungsband, wohl mitverfasst von seinem treuen Begleiter- und Beraterteam. Nachdem seine Frau 2001 Suizid beging, heiratete er 2008 seine langjährige Freundin, ist aber an den Rollstuhl gebunden und kann nur noch mit Mühe sprechen. Kohls Verdienste sind die deutsch-französische Freundschaft, die Wiedervereinigung beider Deutschland 1989/90, die er den vier Siegermächten des 2. Weltkriegs abrang, und die Einführung des Euro. Letzteres sollte sich später allerdings als übereilt und zu wenig abgestützt auf die realen wirtschaftlichen Verhältnisse innerhalb der EU erweisen. Er verlor die Wiederwahl 1998 gegen Gerhard Schröder von der SPD, nachdem er erstmals 1982, als Helmut Schmidt mit einem Misstrauensvotum gestürzt wurde, Kanzler wurde. Seine letzte Kandidatur war bereits innerparteilich umstritten. Aber auch dies wie viele andere Probleme umschiffte Kohl mit seinem berühmt gewordenen «Aussitzen», was seine Gegner zur Weissglut trieb. Eine gewisse provinzielle Note und Tolpatschigkeit in seinen Auftritten wie auch seine mangelnden Sprachkenntnisse nützten seiner Volkstümlichkeit eher, als dass es ihm schadete. Sein Ruf litt aber stark nach der CDU-Spendenaffäre, in deren Folge er auf den Ehrenvorsitz seiner Partei verzichten musste. Sowohl zur heutigen Bundeskanzlerin Angela Merkel wie zum früheren CDU-Vorsitzenden Wolfgang Schäuble hat Kohl ein getrübtes Verhältnis.

... und der Pirat auf dem Velo

Auch der Sport hat seine Helden, die kaum aus der Erinnerung verschwinden. Im Unterschied zu Helmut Kohl verkraftete der italienische Radprofi und Volksliebling Marco Pantani damals seinen jähen Sturz vom Sockel nicht, denn er griff zu Drogen und haderte mit den italienischen Funktionären, denen er mit der Aufdeckung des ganzen Dopingsumpfes drohte. So bleibt unklar, unter welchen Umständen er im Alter von nur 34 Jahren in einem Hotelzimmer zu Tode kam. Mit seinen wirbelnden Beinen, seinem Piratentuch auf der Glatze und den abstehenden Ohren, was ihm den Beinamen «Elefantino» eintrug, eroberte er die Herzen von Millionen von Tifosi. Er siegte im Giro d'Italia und in der Tour de France von 1998 – wie es vor ihm schon dem früheren Radfahreridol Fausto Coppi gelang. Aber er verdankte die grossen Siege wie viele seiner Radsportkollegen (Tony Rominger, Jan Ullrich, Lance Armstrong) auch dem Doping. Dem Kult um seine Person war er nicht gewachsen. Der Held der Massen verstand seine Verurteilung nicht, «wo doch alle dasselbe machten», wie er sich beklagte. Er war stets auf der Flucht, wie damals in den schwersten Bergetappen, die er meistens gewann. Aber die Flucht im eigenen Leben verlor er. Die Verehrung für ihn in Italien ist trotz allem enorm. Noch heute werden am Giro d'Italia Bergankünfte zu Pantani-Arenen, und Tausende von Amateur-Radfahrern ehren ihren gefallenen Helden, indem sie Orte seiner Karriere abfahren.

Der unglückliche Pirat Marco Pantani auf einem seiner Ritts über die Alpen.

Das Hohelied aufs Velofahren

Lange Zeit und vielleicht auch noch heute standen die Anliegen der Fussgänger und Velofahrer in der Schweiz im Schatten des starken Strassenbaus. Obwohl die beiden Kategorien von Verkehrsteilnehmern zahlenmässig sicher ebenso stark wie die Autofahrer sind, fehlt es ihnen bis heute an Durchschlagskraft. Ihre Wünsche und Forderungen bleiben ungehört oder werden oft auch gar nicht laut genug vorgetragen, denn wer ist heute Fussgänger oder Velofahrer und nicht zu andern Tages- oder Wochenzeiten im Wechselspiel auch noch Motorfahrzeugbenutzer?

Es fehlt an Velowegen

Gerade diese «Umsteigemöglichkeit» auf das sichere Auto hat in jüngster Zeit bei vielen Verkehrsteilnehmern in der Schweiz zum Nachdenken geführt. Obwohl das Velo billig, energiesparend, umweltfreundlich und für den Benützer erst noch sehr gesund ist, benützen es nur ein verschwindend kleiner Prozentsatz für ihren Arbeitsweg, zum Einkaufen oder für Besuche. Es fehlt eben meistenorts an zusammenhängenden Radwegen oder getrennten Fahrspuren. Dadurch wird die Fahrt gefährlich. Auch Abgase und Lärm wirken alles andere als einladend. Vielfach bleibt es nach dem Kauf eines neuen Stahlrosses bei einer Fahrt über Land, während in der Stadt und für den Arbeitsweg wieder das Auto benützt wird.

Auch Fussgänger sind benachteiligt

Nun sind einzelne Gruppen und Politiker daran, diesen Teufelskreis zu brechen. Leicht ist dieses Unterfangen schon deshalb nicht, weil je nach Problemkreis der Bund (zum Beispiel mit dem Strassenverkehrsgesetz und der Kompetenz für neue Signale), die Kantone oder Gemeinden für Änderungen zuständig sind. Bei den da und dort zugunsten der Fussgänger und Bewohner eines Quartiers laufenden Versuchen zur Einführung von sogenannten «Wohnstrassen» musste zuerst die Genehmigung des Bundes für einen zweijährigen Versuchsbetrieb eingeholt werden, bevor in einzelnen Gemeinden ein konkretes Projekt gestartet wurde. Von Fussgängern geht auch die sicher vernünftige Forderung nach zusammenhängenden Wegstrecken oder – etwa in Städten – nach autofreien Zonen aus. Einzelne Beispiele, etwa in Bern, Baden oder St. Gallen, zeigen eine Belebung dieser Zonen auch für die Geschäfte. Befürchtete Umsatzrückgänge verwandelten sich ins Gegenteil: Statt Minus gab es Umsatzplus. Umfassender müsste die Verkehrsplanung auch für die Radfahrer in Angriff genommen werden. Dem Bau von 60 000 km Kantons- und Gemeindestrassen in unserem Lande stehen erst 800 km Radwege und 5000 km Radwanderwege gegenüber. Noch bei sehr vielen Strassenbauten und Verbreiterungen unterlassen es die Strassenplaner, für die Velos einen von der Strasse abgetrennten Radweg oder mindestens einen markierten Radstreifen zu errichten. Beiden, Auto- und Velofahrern, wäre damit gedient.

Der Sauerstoffverbrauch

Velofahrer sind schon heute davon überzeugt, dass ihrem Verkehrsmittel wie etwa in Holland die Zukunft gehört. Es kostet rund 40-mal weniger als ein Normalauto, braucht kein Benzin und praktisch keinen Unterhalt und produziert folglich weder Lärm noch Abgase. Ein Auto braucht auch für 500 km Fahrt gleich viel Sauerstoff wie ein Erwachsener in einem Jahr inklusive Velofahren. Und der Velofahrer kommt mit 500 Kilokalorien 37 km weit, der Wanderer noch 14, der Schnellläufer 7 km, während ein Mittelklasseauto gerade noch 700 Meter mit dieser Energiemenge schafft. Das Velo hat also unbestreitbare Vorteile. Ob sie uns allen einleuchten, hängt weitgehend von der Verbesserung der heutigen Umstände ab.

1980 Coop-Zeitung

Vieles, was ich damals vor weit mehr als 30 Jahren zur Velo- und Fussgängerpolitik geschrieben hatte, ist in der Zwischenzeit realisiert. Aber damals entsprachen diese Forderungen einer Notwendigkeit und waren Rarität.

Sogar Otto Wanner nahm Notiz davon

An den bis heute von Verleger Peter Wanner nahtlos nach seinem Vater Otto Wanner weitergeführten, traditionellen (und meist mit einem Bundesratsmitglied bestückten) AZ-Chlaustreffen im Badener Wald hinter der «Täferen» pflegt der Medienzar des Aargaus (und heute der Nordwestschweiz) zu einem politischen Rundumschlag auszuholen: Nichts bleibt ausgespart. Zu «Badener Tagblatt»-Zeiten weder die Lokalfürsten des Limmattals noch die Aargauer Bundesparlamentarier noch die Regierung zu Bern und in Aarau. Die Voten der beiden Herren Wanner hatten und haben Sprengkraft: alles aus Wirtschaft, Politik, Kultur und Sport sitzt im tiefen Wald, schlürft Suppe und isst Spatz, am Boden lodert wärmendes Feuer – und die Denkanstösse wirken nach. Und was ich und wohl niemand vermutet hätte: der verstorbene Verleger Otto Wanner kritisierte wie bei jedem Parlamentarier an meiner Nationalratstätigkeit irgendetwas, um dann zu einem Lob auszuholen betreffend das Engagement «des jungen Nationalrats aus Aarau in Bern für den vernachlässigten Velo- und Fussgängerverkehr». Da hätten die Behörden bisher geschlafen! Besonders in den Städten bestehe Handlungsbedarf. Dann folgte Lob und Schelte an das nächste Nationalratsmitglied. Es war Balsam für meine Politikerseele, denn mit Velo- und Fussgängerpolitik waren unter der Bundeshauskuppel damals keine Lorbeeren zu holen, ja eher versteckter Spott war hie und da einzustecken.

Die «Velogruppe der eidgenössischen Räte» veranstaltete in der Septembersession 1986 ein Radrennen quer durch Bern – hier beim Start vor dem Bundeshaus mit (von rechts) Nationalrat und späterem Bundesrat Kaspar Villiger, Radprofi Godi Schmutz, Nationalräte Silvio Bircher und Alfred Neukomm.

Wenn Velofahrer aufs Trottoir ausweichen und Vorbild sein sollten

Vorstösse von mir und aus der parlamentarischen Velogruppe, der auch der spätere Bundesrat Kaspar Villiger angehörte, waren zwar meist nicht mehrheitsfähig, aber ebneten das Terrain. Es folgten im Laufe der Jahre und Jahrzehnte gewaltige Verbesserungen für den Langsamverkehr, bei vielen Einbahn- und Fahrverbotstafeln, bei den Nummernschildern, verbesserte Signalisierung auf den Fahrbahnen und bald auch eigene Radwege, Veloparkplätze bei den Bahnhöfen, endlich die eigene Transportmöglichkeit beim Bahnfahren, dann der Ausbau des Wanderweg- und Fussgängernetzes und, und, und. Heute spielt ein einfacher Mechanismus: Fehlen genügend sichere Radspuren, hagelt es Leserbriefe und Beschwerden und viele Velofahrer weichen auf die Trottoirs aus – dann folgen bald die Reaktionen und Lösungen. Früher brauchte es Nationalratsvorstösse. So ändern die Zeiten.

Ja und dann die Vorbildfunktion: Nicht nur im Parlament reden, auch selbst das Velo benutzen. Als Regierungsrat machte ich das häufig. Dann plötzlich ein Leserbrief mit direkter Namensnennung: ich sei dann und dann ohne Licht und erst noch regelwidrig durch den Kreisel gefahren, eine Schande für jemanden, der noch das Polizeiressort in seinem Departement habe. Weil kein Polizist zur Stelle war, entging ich damals der gerechten Verkehrsbusse ...

Und heute bei Links-Grün in den Städten?

Einiges im kritisierten Bereich war der Nachlässigkeit und Autoverkehr-fokussierten Politik der meist bürgerlich beherrschten Städte anzulasten. Bekanntlich hat der politische Wind in den Grossstädten der Schweiz gedreht. Als Folge der Umschichtung der Wohnbevölkerung, der Landflucht früherer Stadtbewohner und/oder eines Umdenkens gab es rot-grüne Mehrheiten, die neuerdings sogar bis in die kleineren Städte des Mittellandes Ableger finden (teils in der Exekutive, teils im Stadtparlament). Zürich oder Bern oder Lausanne verfügen über Mehrheiten in beiden Behördeebenen. Ist damit das goldene Zeitalter für den Langsamverkehr angebrochen? Wohl hat der Wandel im Parteienspektrum zur Verbesserung der Verhältnisse beigetragen, aber ganz allgemein haben sich die Sensibilitäten verbessert. Öffentlicher, motorisierter Individual- sowie Rad- und Fussverkehr werden an immer mehr Orten gesamtheitlich geplant und entwickelt. Strassenparkplätze verschwinden und machen separaten Busspuren oder breiteren Trottoirs Platz. Die schnelle und hektische Bautätigkeit auf Kosten der Wohn- und Erholungsräume konnte gedrosselt werden. Ursula Koch, spätere SPS-Präsidentin, spielte als Bau-Chefin in Zürich gegen den erbitterten Widerstand der Baulobby eine Vorreiterrolle. Interessant wird das Experiment mit dem neugewählten freisinnigen Zürcher Stadtrat Filippo Leutenegger sein, den die rot-grüne Exekutive im April 2014 zum Leidwesen der eigenen Klientel, aber zur Freude von ACS und TCS zum Verkehrsminister ernannte. Ironisch hielt der frühere Fernseh-Arena-Dompteur und Nationalrat zur beabsichtigten Verkehrspolitik fest, er könne im hügligen Zürich «natürlich nicht auch noch Skilifte für die Velofahrer» bauen, aber er sei überzeugt, dass «mit Elektrovelos sehr viel passieren wird». Doch Zürich bleibe ein Verkehrsknotenpunkt für die ganze Schweiz. Alles klar?

Der Aargau – selbstbewusst, dynamisch

Es ist ein positives Bild, das mir insgesamt aus meinen vielen Jahren politischer Tätigkeit den Aargau reflektieren lässt. Ein Kanton als «eine Drehscheibe im bevölkerungsreichsten Viereck der Schweiz, zwischen den Zentren von Zürich, Basel, Bern und Luzern, nicht unähnlich der Lage der Schweiz in Mitteleuropa ... Der starke Bevölkerungszustrom und die weitere wirtschaftliche Entwicklung vermochten erstaunlicherweise – und bei längerem Zusehen glücklicherweise – die historisch gewachsenen, von starkem Eigenleben geprägten Regionen nicht aufzulösen und im kontrastlosen Sog einer Grossstadt zu verschmelzen; auch wieder Spiegelbild des ganzen Landes.» So charakterisierte ich vor vielen Jahren in meinem Buch «Politik und Volkswirtschaft des Aargaus» diesen Kanton. Der Aargau durchlief zwar in früheren Jahren eine Phase eines nagenden Selbstzweifels, genährt durch argwöhnische Blicke seiner Nachbarn. Aber heute präsentiert er sich selbstbewusst, eigenständig, dynamisch – immer der Zeit ein bisschen voraus. Das ist die Botschaft der Eingangsartikel und meiner Abschiedsrede im Grossen Rat, die auch die Bedeutung des regionalen Ausgleichs, der Wohnlichkeit und der wirtschaftlichen Stabilität hervorhebt (siehe auch das Kapitel «Grosse wirtschaftliche Herausforderungen», wo der Fokus auf Aargauer Firmen gerichtet ist, welche seit Jahrzehnten den wirtschaftlichen Erfolg des Aargaus prägen). Sodann die alle paar Jahre neu gestellte alte Frage: Braucht es die Kantone noch? Sollen die Kantone Sinn machen, sind sie und ihre Zusammenarbeit zu stärken. Kantonsfusionen mit neuen künstlichen Grenzen erteilen wir eine Absage. Fair und partnerschaftlich – so das Credo des folgenden Artikels – stellen wir uns die Zusammenarbeit Kanton–Gemeinden vor. Es darf kein Abschieben von immer mehr Aufgaben auf die unterste staatliche Ebene geben, ohne dass die Gemeinden über genügend Gestaltungsfreiheit verfügen. Unklar und mit Mehrkosten verbunden bleibt im Aargau auch die Abkehr von der Einheitspolizei (Kantonspolizei) und die Schaffung eines zweiteiligen Polizeisystems mit neuen Regionalpolizeien. Wir plädieren für Abbruch und wünschten uns schliesslich etwas zeitgemässere Bezeichnungen für die Ämter in Gemeinden und Kanton sowie eine Stärkung der Stellung des Grossen Rates.

Der Aargau im Ringen mit sich selbst – Vertrauen in die eigenen Stärken!

Fast könnte man meinen, der Aargau käme aus dem Selbstdarstellungsreigen nicht mehr heraus. 1991 stand im Zeichen des Bundesjubiläums und brachte eine Vielzahl kantonaler und regionaler Feste. 1998 folgten die Feiern zur 200-jähriger Helvetik mit einem landesweit beachteten Grossanlass in der Kantonshauptstadt, welcher die Landesregierung und alle Stände vereinigte (siehe dazu das separate Kapitel «Grosse Jubiläen und Landesausstellungen»). Bereits nächstes Jahr soll sich der Aargau an der Expo im besten Lichte präsentieren, und für 2003 ist die Feier zum 200-Jahr-Kantonsjubiläum angesagt.

Aufhören mit Jammern über Durchschnittskanton

Jubiläen sind immer auch Chance, doch sie können zur Peinlichkeit werden, wenn es nichts Neues mehr darzustellen gibt, keine verbindende Idee mehr sichtbar wird und keine echte Freude mehr aufkommen will. Ist es denn notwendig und richtig, stets immer wieder den «Durchschnittskanton» und die mangelnde gesamtschweizerische «Ausstrahlung», die fehlende gesamtkantonale Verbundenheit, ja gar die «Zerrissenheit» zu bejammern? Und neuerdings wird die Charakterisierung vom «konservativen Aargau» geprägt. Wir wissen zwar, dass es vorab Stimmen der umgebenden Grossstadtzentren sind, welche diese (Vor-)Urteile schüren. Aber sie nagen am Selbstbewusstsein unseres Kantons, werden oftmals unreflektiert nachgeplappert und prägen ein falsches, unzutreffendes Negativimage unseres Kantons in der übrigen Schweiz.

Der Aargau kann vielen etwas vormachen!

Der Aargau ein konservativer Kanton? Wer den Kanton so umschreibt, weiss nichts von seinen tiefen liberalen und sozialen Wurzeln, von seiner grossen wirtschaftlichen Dynamik, von seinen staatlichen Reformen und von seiner Bevölkerung, die es gewohnt ist, über den «Zaun» zu schauen und nicht im eigenen Gärtchen und in den engen Grenzen zu verharren. Nicht von ungefähr gehen von unserem Kanton seit Jahren überkantonale und Landesgrenzen überschreitende Impulse aus. In vielen Politikbereichen wird interkantonal geplant gearbeitet. Alle Formen der Gemeindezusammenarbeit bis zur Fusion sind seit Jahren im Gemeinderecht verankert und werden praktiziert. Die Wirtschaft weist im interkantonalen Vergleich seit vielen Jahren eine der tiefsten Arbeitslosenraten auf. Dies dank flexiblen und innovativen Strukturen und hohem Know-how der Bevölkerung. Der Kanton fusst auf einer der modernsten Verfassungen und hat eine der ersten umfassenden Verwaltungsreformen und neuzeitliche Regierungsprogramme entwickelt. Im Bereich der Infrastrukturpolitik (öffentlicher und privater Verkehr, Energie, Umwelt, Logistik etc.) ist nicht zuletzt zugunsten grösserer als «nur» kantonaler Lebensräume geplant worden. Die Aargauer Bevölkerung verfügt über eine der höchsten Mobilitätsraten der Schweiz, ist also nicht sehr sesshaft, wechselt relativ oft den Arbeitsplatz und ist keiner eng bestimmten Tradition verhaftet. Sind das alles Merkmale eines konservativen Kantons, vor allem im Vergleich mit den anderen Kantonen?

Fehlende Grossstadt bringt auch Vorteile
Und was macht denn die sogenannte «Ausstrahlung» eines Kantons aus? Soll es mangelnde Ausstrahlung sein, wenn uns eine Grossstadtagglomeration fehlt? Sind es nicht die Grossstädte, die gegen Landflucht und steigende Sozialkosten kämpfen, die umliegenden Regionen ihren Stempel aufdrücken, sie oftmals zerdrücken und ihnen jegliche eigene Indentität rauben? Wir spüren zwar Druck der umliegenden grossen Zentren, aber für unsere Regionen ist dies Ansporn zur Stärkung der eigenen Identität, für eigene Impulse und Aktivitäten. Hand aufs Herz: Ist es den rund ein Dutzend aargauischen Regionen und Städten nicht wohler unter Gleichberechtigten als in der Rolle eines Wurmfortsatzes von Zürich, Bern, Basel oder Luzern? Unsere Regionen können sich weit besser entfalten, als wenn sie dominiert würden.

Regionale Vielfalt prägt den Kanton
Den Aargau prägt die politische Klugheit, auf die Verschiedenartigkeiten der Regionen Rücksicht zu nehmen, keiner Stadt oder Region ein dominierendes Übergewicht zu geben und auf einen regionalen Interessenausgleich hinzuwirken. Ist das ein überholtes Denkschema? Entsteht dadurch nicht auch Solidarität? Wir achten alle unsere Regionen und elf Bezirke, die den Aargau bilden, ob sie grösser oder kleiner, wirtschaftlich stärker oder schwächer, landschaftlich so oder anders geformt sind. Die regionale Vielfalt prägt den Kanton, gibt ihm seine Wohnlichkeit, seine breite kulturelle Aktivität, seine wirtschaftliche Kraft und Stabilität. Eigentlich alles Grundsätze, die modernem regionalen Denken entsprechen.

Mit Stolz den Aargau präsentieren

Der Aargau hat es in der Vergangenheit immer wieder verstanden, grosse Jubiläen in den Dienst aargauischer und eidgenössischer Verbundenheit zu stellen. Die nagenden Zweifel am eigenen Stellenwert und mangelndes Selbstbewusstsein sind Blüten der jüngeren Vergangenheit. Kommende Jubiläen, sollen sie einen Sinn haben, müssen von Optimismus geprägt sein und dürfen mit Stolz und Freude unseren Kanton präsentieren. Defensives Verhalten, Schielen auf die anderen, Anbringen von deplatzierten Entschuldigungen für vermeintliche Nachteile und opportunistisches Anpassen sind fehl am Platz. Der Aargau muss auf seine eigenen Stärken und Qualitäten vertrauen. Der Aargau muss sich selbst treu bleiben. Der Aargau ist zu präsentieren, wie er ist. Das ist stark genug.

2000 Aargauer Zeitung und Zofinger Tagblatt

War ich Ende des letzten und Anfang des neuen Jahrtausends zu aggressiv, als ich mehr Selbstbewusstsein und weniger Jammern über den Aargau forderte? Wohl kaum, denn ich erhielt aus verschiedenen Ecken auf diese Kolumne zahlreiche Zuschriften, welche diese Einschätzung teilten und zum Aufruf gratulierten.

«Schnöden» über den eigenen Kanton

Meine Zeilen entstanden auch nicht ohne Grund: In meinen langjährigen Kontakten während der National- und Regierungsratszeit traf ich oft auf dieses müde Lächeln, auf pessimistische und negative Klischee-Vorstellungen, wenn vom Aargau die Rede war. Meist kamen diese Äusserungen von Leuten aus andern Kantonen, denen der Aargau nur wenig vertraut war, aber erstaunlicherweise auch von AargauerInnen. Es schien eine Zeitlang zum guten Ton zu gehören, im Kontakt mit Zürchern, Baslerinnen, Luzernern und Bernerinnen, über den eigenen Kanton zu «schnöden» oder in ein Spottlied einzustimmen. Der Bogen solcher Voten schlug sich von der bekannten Sorte der untersten Schublade (weisse Socken, Autofahrkünste, nichts als Atom-, Durchfahrts- und Betonkanton) bis zu den subtileren Anspielungen auf das sogenannte «Mittelmass», die übermässigen Entsorgungs- und Produktionsanlagen, einzelne politische Exponenten und Parteien. So erlebt auch an Sitzungen eidgenössischer Kommissionen! Oft schwangen Neid oder Unkenntnis mit. Doch die Zeiten haben sich geändert.

Gute Präsenz des Aargaus in Bern – aber auch einige Abwahlen

Betrachte ich die 17 BundesparlamentarierInnen, die in der Legislatur 2011 bis 2015 in Bern den Aargau vertreten, so sind sie zwar so unterschiedlich, wie wir Menschen nun mal sind, engagieren sich manchmal auch für etwas einseitige oder exotische Interessengruppen, aber sie finden Beachtung. Sie sind alle über die Schweizer Politik hinaus auch an Aargauer Themen interessiert und engagieren sich in ihrem Wohnkanton, was früher nicht immer der Fall war. Und es hat in allen Parteien Leadertypen, die gesamtschweizerisch auf Beachtung stossen. Welcher Kanton hat schon wie der Aargau mit Christine Egerszegi (FDP) und Pascale Bruderer (SP) zwei Standesvertreterinnen, die beide schon zu ihrer Zeit im Nationalrat diesen präsidiert haben? Ruth Humbel (CVP) ist eine anerkannte Gesundheitspolitikerin, Sylvia Flückiger (SVP) führend im Präsidium des Gewerbeverbands vertreten, Philipp Müller leitet souverän die FDP Schweiz, Maximilian Reimann überrascht immer wieder als Generalist und Corina Eichenberger ist eine der seltenen Frauen, welche in der Sicherheitspolitik zu den Leaderfiguren auf dem eidgenössischen Parkett gehören. Auch Cédric Wermuth, Yvonne Feri (SP) und Beat Flach (GLP) fanden schon in ihrer ersten Amtsperiode nationale Beachtung, und Hansjörg Knecht (SVP) gilt als dossierstarker Schaffer in Kommissionen und Verbänden. Allerdings erstaunt es, wie häufig im Aargau einst Gewählte nicht wiedergewählt wurden, nämlich Hans Zbinden und Agnes Weber bei der SP, Peter Bircher und Esther Egger (CVP), Ueli Fischer (FDP), Hansueli Mathys (SVP) und Kathrin Kuhn (Grüne). Die Leistungen des Aargaus für das ganze Land werden zunehmend geschätzt und richtig eingeordnet, die Wirtschaftskraft, das Arbeitsplatzangebot, Hightech- und Forschungsangebote und das Engagement im Umwelt- und Landschaftsbereich (Auenschutz, Ökologie, Gewässer) bei oft trägem Vollzug der notwendigen Umweltvorgaben (Raumplanung, Zweitwohnungsbeschlüsse) anerkannt und gewürdigt (Bewertung mit dem «Triple A»).

Selbstbewusster Kanton mit Sogwirkung fürs Wohnen

Die Zeiten haben sich auch geändert, was das Selbstbewusstsein des Aargaus anbelangt. Früher oft im Schatten von Zürich, Bern, Basel und der Léman-Region mit Lausanne und Genf, hat der «Kanton ohne Grossstadt» immer mehr Leaderfunktionen übernommen und sich als viertgrösster Kanton nach Bevölkerung und drittgrösster nach Wirtschaftsleistung auch wahrnehmungsmässig in die Spitzengruppe der Kantone geschoben. Das grösste Bevölkerungswachstum der letzten Jahre verzeichnete der Kanton Zug, gefolgt von Zürich und Aargau, in dem Ende 2013 636 000 Menschen lebten. Die Planung rechnet mit 816 000 Personen bis 2040. Doch das Wachstum wirft auch Fragen auf. Ein so kritischer liberaler Geist wie der Badener Autor Hans Fahrländer schreibt dazu in der «Schweiz am Sonntag»: «Ist doch schön, wie der Aargau lebt, wächst und blüht. Gesundes Wachstum zeugt von gesunder Konstitution. Staat und Wirtschaft rührten heftig die Werbetrommel für den Standort Aargau. Kippt das jetzt? Erstickt das Aargauer Mittelland an Überbevölkerung? Versagen bald unsere Strukturen? Müssen wir Wald roden, um Menschenmassen anzusiedeln?» Doch Fahrländer stellt auch die Gegenfrage: «Wie sieht eine Zukunft mit gebremstem Wachstum denn aus? Wir wagen es uns nicht recht auszudenken.» Die Sogwirkung besteht, weil genügend Wohnraum angeboten wird und man meist nach kurzer Distanz im Grünen ist. Ist es da ein Zufall, dass sich der Präsident der Migros-Generaldirektion, Herbert Bolliger, und der frühere CEO und heutige Präsident von Coop, Hansueli Loosli, – also die Chefs der beiden grössten Detailhandelsunternehmen der Schweiz – im Aargau als Wohnkanton wohl fühlen? Angesprochen auf die Stellung des Aargaus formulierte es Loosli in einem NZZ-Interview so: «Der wirtschaftliche Erfolg schafft im Kanton ohne ein richtiges Zentrum eine neue Identität.»

Wie kann die (zu) starke Mobilität gebremst werden?

Doch das starke Bevölkerungswachstum kann auch zum Problem werden, wenn die Arbeitsplätze für zu viele in den Nachbarkantonen liegen. Der Aargau hat es kontinuierlich fertiggebracht, seinen ursprünglichen Überschuss im Pendlerstrom gegen aussen fast auszugleichen. Aber die Pendlerströme bleiben hoch, Tag für Tag. Der Zuzug von Teilen der Basler Chemie ins Fricktal und Zürcher Zuzüge haben mehr Arbeitsplätze gebracht, sodass der attraktive Wohnort in die Nähe des Arbeitsorts zu liegen kommt. Und mit einer zielgerichteten Siedlungspolitik will der kantonale Bau- und Umweltdirektor Stephan Attiger sogar ein Gleichgewicht anstreben. «Unsere Regionen müssen aufgewertet werden, dann können sie möglichst alle Funktionen vom Arbeiten über das Wohnen, die Freizeit und den ökologischen Ausgleich erfüllen», sagt er im Gespräch.

Die Aargauer Regierung im Spiegellicht des Aargauer Kunsthauses. Von links Peter Grünenfelder (Staatsschreiber), Alex Hürzeler, Urs Hofmann, Roland Brogli, Susanne Hochuli, Stephan Attiger.

Und Wachstum sei vor allem dort richtig, wo eine gute verkehrstechnische Erschliessung bestehe. Damit liegt der Aargauer Regierungsrat auf der Linie der Ziele der schweizerischen Raumplanung, welche die zuständige Aargauer Bundesrätin Doris Leuthard in genau diese Richtung steuern will.

Der Bruch vom Bau- zum Bau- und Umweltdepartement

Mit dem Raumkonzept Schweiz wird eine neue Strategie für den haushälterischen Umgang mit der Ressource Boden verfolgt. Das betreffe das Bauen, den Arbeitsverkehr genauso wie den Freizeitverkehr, sagte dazu Doris Leuthard am 20-Jahr-Jubiläum des Fonds Landschaft Schweiz im Herbst 2011, denn «wer quasi vor der eigenen Haustüre in Fussgänger- oder Velodistanz Erholungsraum findet, verzichtet auf die Fahrt im Auto oder Zug. Der Freizeitverkehr auf Schiene und Strasse würde kleiner.» Sie beide, die christdemokratische Bundesrätin wie der freisinnige Regierungsrat, haben die starke Zunahme der Mobilität als ein Hauptproblem erkannt – wird ihr nicht wirkungsvoll begegnet, droht immer mehr der Verkehrskollaps! Im Aargau hat der grosse Bruch im staatlichen Baubereich allerdings schon vor Stephan Attiger stattgefunden: Noch in der Regierungszeit Jörg Ursprungs bis 1983 waren Hoch- und Tiefbauten die Schwerpunkte in diesem staatlichen Infrastrukturdepartement. Dann folgte sein SVP-Parteikollege Ulrich Siegrist als Nachfolger (der «grüne Ueli», wie er oft neckisch von den Bürgerlichen genannt wurde), der viele Strassenbauten stoppte und den ganzen Landschafts- und Umweltbereich stark zu forcieren begann. Seine Amtsnachfolger, die beiden Freisinnigen Thomas Pfisterer, späterer Ständerat, und Peter C. Beyeler, früherer NOK-Vizedirektor, setzten zum Erstaunen gerade auch anderer Amtskollegen in den übrigen Kantonen diesen Kurs mutig fort. Der Aargau hat mit diesen vier Regierungsräten Pionierarbeit im Bau- und Umweltbereich vordemonstriert, Parlament und Volk zogen mit! Umso weniger hatten die «Betonkanton»-Provokationen (siehe oben) ihre Berechtigung.

Erinnerungsreich in die Zukunft schreiten

Während die Wirtschaft und Aargauer Firmen durch ihre Produkte und Tätigkeiten landesweite Beachtung finden (siehe auch S. 91 «Unternehmen und Unternehmer mit Vorbildcharakter»), gelingt dem Staat Aargau mit geschichtsbezogenen Auftritten zunehmend eine schweizerische Breitenwirkung. Denn gemäss der Devise «Wer die Gegenwart verstehen will, muss die Vergangenheit kennen» kann kollektives Erinnern an bedeutende Ereignisse genutzt werden, um sie in die Gegenwart zu setzen und über ihren Sinn für die Zukunft nachzudenken. Den Auftakt machte die 200-Jahr-Helvetik- und 150-Jahr-Bundesstaat-Feier in Aarau, die niemand sonst in dieser Kombination in der Schweiz organisieren wollte. 1998 liessen sich in der Aargauer Kantonshauptstadt nicht nur alle 25 Kantone vertreten, sondern die gesamte Landesregierung und fast alle ehemaligen Bundesräte begingen diesen geistvollen Anlass in Aarau. Sohn Adrian säumte mit seiner Schulklasse fähnchenschwenkend die Bahnhofstrasse und erzählte danach mit Stolz, welche Bundesräte er erkannte. «Tout Aarau» war auf den Beinen. Mit diesem Gedenkakt wollte man etwas abrücken vom zu nebulösen, geschichtlich nie ganz geklärten offiziellen Geburtsjahr der Schweiz – einer Schweiz übrigens, die damals erst in Umrissen erkennbar war.

Erst 1848 ist die Schweiz geboren worden

Die Schweiz als Staat ist eben nicht 1291 geboren, sondern 1848. Die damaligen avantgardistischen Liberalen verpassten dem Land nach langen Jahrzehnten innerem Unfrieden, auseinanderdriftenden Kantonen und äusserem Druck das Verfassungskleid eines modernen Bundesstaats, der sich bis heute erfolgreich gehalten hat. Vorher war die Eidgenossenschaft ein loser Staatenbund und häufig dem Diktat ausländischer Mächte ausgesetzt gewesen. Der erste siebenköpfige Bundesrat von 1848 hatte ein erstaunlich tiefes Durchschnittsalter und bestand aus lauter Liberalen (Radikal-Freisinnigen). Ihm gehörte auch der Aarauer Fabrikant Friedrich Frey-Herosé an, der nach dem Rücktritt noch in den Nationalrat wechselte – eine seltene Praxis, die nach ihm noch Max Weber (SP) in den fünfziger Jahren und Christoph Blocher (SVP) Anfang dieses Jahrhunderts wiederholten. Die damaligen Staatsgründer setzten demokratische und freiheitliche Standards und entwickelten in forschem Tempo das neu gebildete Staatswesen. Die Wunden des Sonderbundskriegs von 1847, als eine liberal-radikale Mehrheit einer Minderheit von konservativen Kantonen gegenüberstand, konnten geheilt werden. Schon der siegreiche Genfer General Henri Dufour tat im kurzen Bürgerkriegs alles, um eine Ausweitung des Konflikts zu verhindern und die unterlegenen Konservativen nicht zu demütigen.

Neues Staatswesen begann schon mit der Helvetik 1798

Aber die moderne Schweiz begann schon 1798. Damals ging die alte Eidgenossenschaft unter, und auf deren Trümmern entwarf auf dem Reissbrett der 158 Zentimeter kleine, aber dennoch grosse Kaiser Napoleon Bonaparte den helvetischen Einheitsstaat, mit gütiger Mithilfe einiger Schweizer Berater wie Peter Ochs und den beiden helvetischen Ministern Philipp Albert Stapfer und Albrecht Rengger. Ziel dieser strategischen Grenzziehungen musste sein, auf jeden Fall dem Kanton Bern die Waadt und den Aargau zu entreissen. Zur ersten Hauptstadt der Helvetik wurde im April 1798 das revolutionäre und anti-Bern-gesinnte Aarau ernannt. Bereits Ende September, nach sechs Monaten, dislozierte aber der noch kleine Staatsapparat nach Luzern, erst später dann nach Bern. Bis 1798 war das Gebiet des heutigen Aargaus Untertanenland gewesen: Der westliche Kantonsteil gehörte Bern (deshalb auch Berner Aargau genannt), die Freien Ämter und die Grafschaft Baden einigen andern Kantonen und das Fricktal dem Kaiserreich Österreich (siehe das Kapitel «Ist Helvetik- oder Bundesstaat-Jubiläum wichtiger?», S. 206).

Die kurze Zeit der Helvetik-Kantone Fricktal, Baden und Aargau

Daraus wurde für die kurze Zeit bis 1803 der Kanton Fricktal, der Kanton Baden und der Kanton Aargau im Westen. Eine ungeheure Aufbruchstimmung, ein Erneuerungsprozess erfasste das Land, zum Teil mit neuen Freiheitsrechten, einem staatlichen Schulwesen, der Handels- und Gewerbefreiheit. Und 1803 erhielten durch die napoleonische Mediaktionsakte (Vermittlung zwischen Föderalisten und Zentralisten), als die Truppen Frankreichs bereits wieder aus der Schweiz abgezogen waren, St. Gallen, Graubünden, Thurgau, Tessin, Waadt und der Aargau den Status eines vollwertigen Kantons. Man kehrte vom Einheitsstaat zum Staatenbund mit nun 19 Kantonen zurück, erstmals mit einem selbständigen Kanton Aargau in seinen heutigen Grenzen. Den Schwung von damals nahm das Aargauer Gedenktreffen von 1998 für die Zukunft mit dem kämpferischen Slogan «Allons-y, Argovie!» auf und entfaltete dazu zahlreiche regionale Ideen und Aktivitäten.

Gestärkte Identitäten, aber auch Absturz beim 200-Jahr-Jubiläum 2003

An seinem 200. Geburtstag 2003 setzte der Aargau seinen Weg zu einem neuen politischen Selbstverständnis fort, nachdem schon sein Auftritt an der Expo.02, die nach Querelen mit einem Jahr Verspätung am Bieler- und Neuenburgersee stattfand, auf gesamtschweizerische Beachtung gestossen war. Der Kulturkanton entwickelte ein eigentliches Volks-Kulturjahr, der neu in der Verfassung verankerte Auenschutz gelangte zur Darstellung, und vor allem die regionalen Identitäten erfuhren eine gewaltige Stärkung. Das Jubiläum offenbarte aber auch die Schwächen solcher Jubiläen, wenn einzelne Grossanlässe zu unkontrollierten Selbstläufern und zu übertriebenen Selbstinszenierungen zu werden drohen: So setzte es auch einige peinliche Flops ab, und trotz sehr hohem, zweistelligem Millionenbudget resultierte nochmals ein hoher, zunächst intransparenter Fehlbetrag, was den Staatsschreiber als Projektleiter schliesslich den Kopf kostete.

Österreichisches Erbe und der letzte Habsburger Kaiser

Eine neue Dimension erschloss sich der Aargau einige Jahre später mit der Betrachtung seiner Geschichte aus habsburgisch-österreichischer Sicht. 1108 entstand das Stammschloss der Habsburger bei Brugg, 1308 wurde König Albrecht I., Sohn von Rudolf I. von Habsburg, in Königsfelden ermordet, worauf seine Gattin daselbst Kirche und Kloster stiftete. Zum Doppeljubiläum 2008 konnte Bundesratsvertreterin Doris Leuthard auch Rudolf von Habsburg, Bruder des damals kranken, 2011 verstorbenen Familienoberhaupts Otto von Habsburg, begrüssen, letzte Sprosse des einst mächtigen, halb Europa bestreichenden Kaiserreichs, von dem es einst hiess: «Ein Reich, in dem die Sonne nie untergeht!» Sie ging dann eben doch. Es war eine historische und gleichzeitig versöhnliche Szene (damals 2008 in Vindonissa), haben doch die Habsburger im 14. und 15. Jahrhundert die Schweiz zu erobern versucht, verloren die Schlachten von Morgarten, Sempach und Näfels und mussten 1415 auch ihre Stammlande im Aargau den

Bernern abtreten. Die Auflösung der noch zurückgebliebenen Doppelmonarchie Österreich-Ungarn wurde mit dem 1. Weltkrieg besiegelt, als im November 1918 der letzte amtierende Kaiser Karl I. von Österreich-Ungarn (er wurde 1916 Nachfolger des legendären Kaisers Franz Joseph von Österreich-Ungarn) in die Schweiz exilierte. Das Treffen im Aargau diente der Imagepflege, der Propagierung des historischen Habsburgererbes mit zahlreichen Schlössern und Altstädten im ganzen Kanton, und es gab Tourismus Aargau den gewünschten Auftrieb. Kulturdirektor Alex Hürzeler konnte stolz sein auf den gelungenen Auftritt.

Heutige und frühere Regierungskontakte

Die Aargauer Regierung, die sich in ihrer Gesamtheit wirkungsvoll präsentiert und vom initiativen Staatsschreiber Peter Grünenfelder flankiert wird, hat auch 2014 von neuem den Habsburgergeist beschworen. Mit Österreich zusammen wurde dem Jahr 1814 gedacht, als der Wiener Kongress den bestrittenen Fortbestand des noch jungen Aargaus beschloss. Dabei erinnerte Landammann Roland Brogli an die habsburgischen Wurzeln seiner Heimat Fricktal, weshalb noch immer der beliebten Kaiserin Maria-Theresia von Österreich-Ungarn im Gerichtssaal von Laufenburg mit einem Gemälde die Reverenz erwiesen werde. Zur Erinnerung an den Friedenskongress von Baden anno 1714 fand wenig später eine Gedenkwoche statt, beendete doch damals dank der «guten Dienste» der Schweiz der Friedensvertrag zwischen dem Franzosen-König Louis XIV. und Kaiser Karl VI. von Habsburg den lang andauernden Spanischen Erbfolgekrieg. Die früheren Regierungskontakte, vor allem zu den deutschen Nachbarn, waren vielleicht weniger geschichtsbewusst und stärker auf Gegenwartsprobleme fokussiert. Ich erinnere mich an unsere bilateralen Verhandlungen und Gespräche mit dem Ministerpräsidenten von Baden-Württemberg, Erwin Teufel, der das südwestlichste Bundesland mit einer 70 Kilometer langen Grenze zum Aargau von 1991 bis 2005 regierte, mit dem Regierungspräsidenten des Regierungsbezirks Freiburg im Breisgau, Conrad Schroeder, und mit den Landräten (d. h. den Regierungschefs) der Landkreise entlang der Rheingrenze.

Von Kanzler Kohl geprägte CDU-Gesprächspartner

Es waren Gespräche meist mit CDU-Politikern, die noch stark von Kanzler und CDU-Chef Helmut Kohl geprägt waren, eigentliche politische Urgesteine und jovial im Umgang. Verhandelt wurden zahlreiche grenzüberschreitende Probleme. Die wichtige Funktion des Aargaus als Bindeglied zwischen Oberrhein und Bodensee, aber auch in der deutsch-französisch-schweizerischen Oberrheinkonferenz kam voll zum Tragen. Jäh unterbrochen wurde die angetroffene CDU-Dominanz im wirtschaftlich führenden Bundesland erst durch die Wahl des grünen Ministerpräsidenten Winfried Kretschmann im Mai 2011, was einer politischen Eruption gleichkam. Aber auch er nahm den Dialog mit dem Aargau sofort wieder auf und traf sich schon im August mit dem damaligen Landammann Urs Hofmann. Ein Jahr darauf fand zum Vergleich der politischen Systeme mit Baden-Württemberg eine Demokratiekonferenz statt.

Abschiedsrede am gleichen Rednerpult wie vor 30 Jahren

Es erfüllt mich mit Wehmut, aber auch mit Genugtuung, dass ich hier von diesem Rednerpult aus mich vom Grossen Rat verabschieden darf. An diesem Ort habe ich vor rund 30 Jahren als damals jüngster Grossrat meine ersten Voten gehalten (...) Neben Wehmut und Genugtuung empfinde ich heute auch tiefe Dankbarkeit. Die Politik und besonders die letzten Jahre in der Aargauer Regierung haben mein Leben nicht nur ausgefüllt, sondern auch ungemein bereichert.

Man darf auch klüger werden
Zum einen sind es politische Ereignisse und Taten, die wie Wegmarken im Rückblick auftauchen. Aber weit dominierender in der Erinnerung haftet die Begegnung mit vielen Menschen, die mich und meine Anliegen mit viel Vertrauen und Zustimmung begleiteten, die mir aber auch Kritik entgegenstellten, wo sie es für nötig hielten. Kritik hat mich stets angespornt, und einige Vorlagen habe ich in diesem Rat oder beim Volk nur deshalb gut über die Runden gebracht, weil ich auf ihre Verbesserungsvorschläge eingetreten bin. Denn niemand kann einen daran hindern, klüger zu werden, wie es einmal Konrad Adenauer treffend formuliert hat. Ich möchte dem Grossen Rat für die konstruktive Zusammenarbeit danken. Ich weiss um die tiefe Bedeutung der Beziehung zwischen Parlament und Regierung, denn wir beide bewegen uns in den gleichen staatlichen Strukturen. Es braucht den ständigen Dialog zwischen uns beiden, um etwas zu bewegen.

Dank an Milizpolitik und ans Aargauer Volk
Ich danke ihnen auch deshalb, weil ich aus eigenem Erleben um ihren grossen Einsatz weiss, den sie im Milizsystem oft bis an die Grenze der Zumutbarkeit für unseren Kanton und die Res publica leisten. Dieser Einsatz ist notwendig, sonst funktioniert die Demokratie nicht mehr, aber er ist alles andere als selbstverständlich.

Zu Dank verpflichtet bin ich auch dem Aargauer Volk. Seit 1969 habe ich mich regelmässig Volkswahlen gestellt und dabei stets den Dialog mit der Bevölkerung geführt. Die vielen Begegnungen haben mich bereichert. Aber ich habe auch gespürt, wie viele Menschen sich von der Politik abgewendet haben und sich vernachlässigt fühlen. Daran müssen wir alle arbeiten: Es muss uns gelingen, wieder mehr Menschen zurückzuholen in die staatliche Gemeinschaft, sie für ein aktives Mitwirken zu gewinnen.

Den regionalen Ausgleich anstreben

Über die Kontakte zu den Menschen lernt man auch seinen Kanton besser kennen und als Ganzes zu sehen. Ich wollte mithelfen, dass unser Kanton weiter an seiner Identität arbeitet und bei unseren Regionen das verbindende Element im Vordergrund steht. Besonders als Innendirektor habe ich die aargauischen Regionen und Gemeinden schätzen gelernt, ob sie nun grösser oder kleiner, wirtschaftlich stärker oder schwächer, landschaftlich so oder anders geformt sind. Die regionale Vielfalt prägt unseren Kanton und gibt ihm seine Besonderheit, Wohnlichkeit, wirtschaftliche Stabilität. Diese Vielfalt unterscheidet ihn aber auch trotz seiner Grösse von benachbarten Grossstadtkantonen. Es bleibt eine staatspolitische Herausforderung, weiterhin den regionalen Ausgleich anzustreben und die unverwechselbare Vielfalt zu behalten.

Zahlreiche Reformen und Neuerungen

Volk und Parlament haben auch mitgeholfen, dass ich in der Politik meines Departementes einige Schwerpunkte setzen konnte:
- So entstand nach gescheiterten früheren Versuchen ein an Haupt und Gliedern neues Gastgewerbegesetz, welches dem Gewerbe wie der Konsumentenschaft den nötigen Freiraum gewährt.
- Mit einem Grundlagenbericht und einem Paket von Gesetzes- und Dekretsänderungen wurden strukturelle Erneuerungen bei der Justiz realisiert und das Fundament für eine weitere Justizreform gelegt.
- Durch die Revision des Finanzausgleichsgesetzes konnte die notwendige Unterstützung der finanzschwachen Gemeinden sichergestellt werden.
- Das Gefängniswesen im Kanton ist nach einer neuen regionalen Konzeption ausgerichtet worden.
- Das Ausländerrecht erhielt erstmals im Kanton ein Gesetz als Grundlage.
- Zur Wiedereingliederung der Arbeitslosen in den Arbeitsmarkt ist im Aargau ein Netz von regionalen Vermittlungsstellen und Beschäftigungsprogrammen neu aufgebaut worden.
- Die Revision der Strafprozessordnung ermöglichte den Beitritt zum Rechtshilfekonkordat, und der Aargau unternahm Schritte in Richtung eines einheitlichen schweizerischen Strafprozessrechts.

- Es gelang die Bildung eines Polizeikonkordats in der Nordwestschweiz mit dem Ziel einer besseren Zusammenarbeit über die Kantonsgrenzen hinaus.
- Bei den politischen Rechten sind erste Vereinfachungen und Erleichterungen für die Bürgerschaft herbeigeführt, andere vorbereitet worden.

Keine falschen Konzessionen – keine Zerrissenheit
Meinen Dank für das gute Gelingen dieser und anderer Vorhaben möchte ich auf das Regierungskollegium ausweiten. Ich blicke zurück auf eine Regierungsarbeit, die grundsätzlich, zielstrebig und realisierungsfreudig war. Gegen innen gab es keine falschen Konzessionen, aber gegen aussen auch keine Zerrissenheit und Sprunghaftigkeit. Diese stabile Regierung, hat ein Wirtschaftsführer einmal gesagt, sei für ihn der wichtigste Standortfaktor für den Aargau! (…) Ich konnte auch stets auf loyale Leute meines Departementes, in der Verwaltung und der Staatskanzlei zählen. Dabei habe ich – man glaubt es kaum – drei Staatsschreiber erlebt und als Landammann erst noch eine mehrmonatige staatsschreiberlose Zeit überlebt! Ganz besonderen Dank schulde ich meiner Frau Béatrice. Sie nahm selbst regen Anteil an der Politik, hat vieles mitgetragen und sowohl Erfolge wie Misserfolge mit mir geteilt. Es gelang ihr auch, die schwierige Kombination mit dem Familienleben zu meistern. Vielleicht wird ihr die Nähe zur aktiven Politik in der Zukunft ebenso fehlen wie mir.

Politik ist eine Grossbaustelle
Wer geht, blickt zurück und schaut auch in die Zukunft. Die Politik ist heute eine Grossbaustelle, und alles bewegt sich schneller als noch vor 10, 20, 30 Jahren. Immer komplexere Probleme sollten vom Staat gelöst werden. Wertvorstellungen geraten zusehends ins Wanken. Die öffentlichen Haushalte sind mehrheitlich defizitär, der Verteilungskampf wird dabei härter und es entstehen Engpässe. Im privaten Bereich macht den Menschen Angst, wenn ein schrankenloser Wettbewerb in der Wirtschaft und bei den Arbeitsplätzen zu immer grösseren Umwälzungen führt. Es darf nicht oberstes Ziel sein, nur nach der grösstmöglichen Rendite zu streben und einfach mit möglichst wenig Arbeitsplätzen auszukommen.

Wirtschaft ist für die Menschen da
Denn die Wirtschaft ist für die Menschen da und nicht umgekehrt. Wenn sich das Wohlstandsgefälle weiter verbreitert, führt das zu sozialen Spannungen, welche an den Grundfesten unseres Zusammenlebens rütteln. Herausfordern muss uns auch die fortschreitende Zerstörung der natürlichen Lebensgrundla-

gen. Nach dem Prinzip der Nachhaltigkeit sollte es uns gelingen, dass wir von den Zinsen und nicht vom Kapital der Umwelt leben. Genauso wie bei der Friedenssicherung können wir diese Wirtschafts- und Umweltprobleme nur in enger solidarischer Zusammenarbeit mit den Nachbarn lösen. Die starke grenzüberschreitende Tätigkeit und das interkantonale Engagement des Aargaus sind wichtige Bausteine in dieser Zusammenarbeit. Dieser Weg ist fortzusetzen.

Was alle angeht, können nur alle lösen
Wer die Zukunftsprobleme erkennt, darf nicht resignieren. Gleichgültigkeit, Teilnahmslosigkeit und Egoismus wirken gefährlich in einer Demokratie. «Was alle angeht, können nur alle lösen», hat Friedrich Dürrenmatt einmal geschrieben. Das ist es, war wir anstreben müssen: Wie in diesem Jubiläumsjahr wieder mehr aufeinander zugehen, das Gespräch führen, mehr Menschen wieder zurückholen in die staatliche Gemeinschaft.

Diese Anstrengung zugunsten der Zukunft unseres Landes lohnt sich. Ihnen, (…), den sie diesen Weg in die Zukunft mitgestalten, wünsche ich dabei viel Erfolg und Befriedigung, zum Wohle unseres schönen Kantons, zum Wohl der Aargauer Bevölkerung.

Ende 1998 im aargauischen Grossen Rat

Sind Kantonsfusionen etwas Sinnvolles?

Vor noch nicht allzu langer Zeit, im eidgenössischen Wahljahr 1999 nämlich, tauchte das Thema «Kantonsfusionen» plötzlich wieder einmal ins grelle Scheinwerferlicht der (oberflächlichen) Tagespolitik. Am meisten Schlagzeilen ergab die Initiative um den ehemaligen National- und Staatsrat Philippe Pidoux zur Vereinigung der beiden Kantone Waadt und Genf, zweier Kantone notabene, deren Zusammenschluss infolge ihrer so unterschiedlichen Temperamente wie Feuer und Wasser passen würde. Wohl im Soge dieser «Idee», die aus Gründen der unterschiedlichen Temperamente und Verhältnisse in den beiden Kantonen der Romandie längst anderen Themen weichen musste, kam es in der Nordwestschweiz zu einer eigentlichen «konzertierten Aktion» zur Schaffung eines neuen Kantons. In den vier Kantonen Aargau, Solothurn und den beiden Basel nämlich wurden in den jeweiligen Kantonsparlamenten Motionen eingereicht, welche als Ziel einen neuen Kanton Nordwestschweiz anstrebten.

Einzelne Strohfeuer sind bereits wieder verloschen
Die vier Kantone wären nach dem Wortlaut und der Zielsetzung der Motionäre in ihren heutigen Strukturen und Grenzen aufgelöst worden. Ich rücke die Forderung nach einem Kanton Nordwestschweiz deshalb in den Vordergrund der gesamtschweizerischen Bestrebungen, weil sie in verbindlicher Form in die Parlamente getragen worden war und danach auch eine parlamentarische Beratung erfuhr. Das Resultat war ernüchternd und umgekehrt proportional zur journalistischen Beachtung. In keinem der Kantonsparlamente kamen die Vorstösse auch nur annähernd an einen Achtungserfolg heran. Die Motionen sind erledigt und das Thema ist damit in diesen vier Kantonen abgeschrieben. Eine beschränkte Diskussion vermochte die Bildung eines möglichen Grosskantons Zentralschweiz auch in den Urkantonen zu entfachen; aber zu verbindlichen Vorstössen oder direktdemokratischen Initiativen reichte es nicht. Weiter nicht erstaunlich war dann, dass sich im eidgenössischen Wahljahr 1999 eine der im eidgenössischen Parlament vertretenen kleineren Parteien des Themas bemächtigte und dazu sogar eine eidgenössische Volksinitiative ankündigte. Aber selbst bei der Grünen Partei schieden sich die Geister über deren genaue Ausgestaltung, und – nach schlechtem Echo selbst in den eigenen Reihen – der Initiativentwurf verschwand in der Mottenkiste politischer Wahlkampfthemen.

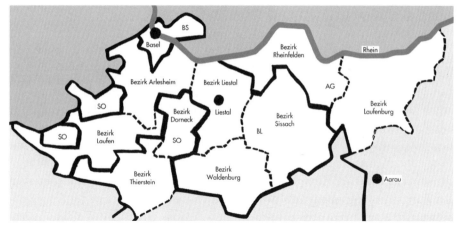

Modellskizze eines hypothetischen Kantons Nordwestschweiz, wie ihn sich Promotoren vorstellen: Die beiden Basel werden ergänzt um Teile (!) der Kantone Solothurn und Aargau.

Nichts Neues unter der Sonne

Der «Idee» des Zusammenschlusses von Kantonen bin ich in meinen rund dreissig Jahren aktiver Aargauer und Bundespolitik in regelmässigen Schüben begegnet, genauso wie etwa den Themen von Aufgabenteilungsprojekten Bund/Kantone/Gemeinden oder von raumplanerischen Neuordnungen. Immerhin werden bei diesen Gelegenheiten die Themenbereiche jeweils wieder neu aufgearbeitet, Pläne nachgeführt oder neu gezeichnet, was auch seinen Nutzen haben mag. Projekte zu Kantonsfusionen sind beispielsweise an der Urne für die beiden Basel 1969 vom Volk bachab geschickt worden. Im Kanton Bern ging man bekanntlich nach langen politischen Auseinandersetzungen genau den umgekehrten Weg: Nach eidgenössischer und kantonalen Abstimmungen wurde ein Teil des Kantons Bern abgetrennt und der neue Kanton Jura gebildet. Statt 25 Voll- und Halbkantonen zählt die Schweiz nach diesem wohl historischen Ereignis seit dem 1. Januar 1979 26 Kantone. Die Zahl der Ständeratssessel musste von 44 auf 46 erhöht, der Wappenkranz in der Bundeshauskuppel unter erheblichen technischen Schwierigkeiten um den roten Bischofsstab erweitert werden. Letzten Endes gaben die historische Verankerung und die starke eigene Identität den Ausschlag zur Bildung des Kantons Jura, also Werte, die nun bei einzelnen Kreisen nur wenige Jahre später wieder in Vergessenheit zu geraten scheinen.

Oberflächliche Vorschläge

Hauptmangel der bisher präsentierten Fusionsvorschläge, vielleicht mit Ausnahme desjenigen für einen «Kanton Zentralschweiz», ist ihre Oberflächlichkeit. Die neu umschriebenen Grosskantone umfassen unisono künstliche, seelenlose Gebilde, denen jede innere Kohärenz abgeht und die allerhöchstens – und nicht einmal das in umfassender Form – neuen sozioökonomischen Regionsbildungen entsprechen. Aber die Kriterien für die Grenzziehung eines neuen staatlichen Gebildes dürfen nie und nimmer auf diesen einzelnen Faktor reduziert werden. Politische Grenzen korrelieren nur selten hundertprozentig mit den wirtschaftlichen und sozialen Lebensräumen. Diese Feststellung gilt übrigens auch für die nationalen Grenzziehungen. Aber häufig werden wirtschaftliche Räume in ihrer politischen Bedeutung überschätzt. Sie können sich verändern und unterliegen einem steten StrukturwandeL Viel stärker und nachhaltiger wirken Kantone oder Nationen auf den Zusammenhalt eines Volkes. Sie wirken wie Konstanten in einer Zeit des (fast zu schnellen) steten Wandels, sie bieten Halt und Geborgenheit gegenüber den immer grösser werdenden wirtschaftlichen Räumen, dem Trend zur Globalisierung. Es ist in diesem Zusammenhang interessant, dass trotz grossen wirtschaftlichen und auch politischen Integrationsschritten in der früheren Europäischen Wirtschaftsgemeinschaft EWG und heutigen Europäischen Union EU an den staatlichen Grenzen der heute 15 Mitgliedsländer noch nie gerüttelt wurde. Dass die Kantons- und auch die nationalen Grenzen im Zuge der Kooperationen und überstaatlichen Unionen eine andere, weniger grosse Bedeutung erhielten, ist wohl unbestritten und logisch.

Künstlicher Kanton Nordwestschweiz zur Arrondierung Basels

Werfen wir noch kurz einen Blick auf das oben in seiner parlamentarischen Entstehung und Behandlung beschriebene Projekt eines neuen Kantons Nordwestschweiz. Der «neue» Kanton würde die heutigen beiden Halbkantone Basel-Stadt und Baselland sowie das solothurnische Schwarzbubenland und das aargauische Fricktal umfassen. Der Vorschlag riecht allzu stark nach einer Arrondierung des Stadtkantons am Rheinknie. Basel-Stadt verliert dauernd Steuerzahler, hat keine Wohn- und Industriegebiete mehr, und es ist ein Hochsteuergebiet geworden. Etwas weiter greift der Vorschlag in der Studie der Credit Suisse, wie er in der CS-Publikation «Echo» veröffentlicht wurde. Danach wäre die Nordwestschweiz eine von sieben Grossregionen mit den drei Kantonen Aargau, Basel-Stadt und Baselland. Aber auch dieser Vorschlag krankt – hier wiederum am Beispiel der Nordwestschweiz erläutert – an völlig unzulänglichen Kriterien. Wie kann eine «Wirtschaftsstudie» die heute wirtschaftlich eng verzahnten und zusammengehörigen Räume des aargauischen und zürcherischen Limmattales erneut zwei verschiedenen Grosskantonen zuordnen? Es gibt keine einleuchtende Begründung dafür. Aber auch das Projekt der eingangs erwähnten Fusionsidee zwischen den Kantonen Genf und Waadt vermag weder grossräumigen ökonomischen Kriterien zu genügen noch nimmt es Rücksicht auf die stark unterschiedlichen kantonalen Identitäten und Mentalitäten. Es ist zu sehr auf die Léman-Region konzentriert und vernachlässigt das Hinterland. Bezeichnenderweise scheiterte denn auch der erste direktdemokratische Gütetest, als der Genfer Souverän schon 1998 das Projekt zum Zusammenschluss der beiden Universitätsspitäler ablehnte. Die Initianten verstanden aber dieses Signal nicht.

Besser sind Kooperationsmodelle

Die Gründe, weshalb die meisten der neuen Vorschläge unzulänglich sind, wurzeln eben tiefer: mit jeder neuen Kantonsfusion werden neue Grenzen gezogen, neue Abgrenzungen und Überschneidungen entstehen. Gleichzeitig werden bisherige kantonale Identitäten zerstört, und das in einer Zeit, wo immer mehr Menschen nach einer Heimat und nach wohnlicher und sozialer Geborgenheit rufen. Es stellt sich doch die grundlegende staats- und gesellschaftspolitische Frage, ob wir denn gewachsene, bestehende, wenn auch längst nicht vollkommene staatliche Strukturen zerstören wollen, um sie nachher in neuen Gebilden für teures Geld in langen Identifikationsprozessen wieder aufbauen zu müssen. Die Fusionsideen vergessen auch völlig, dass die Schweiz eine Willensnation ist, zusammengesetzt aus Kantonen, die in ihrem Gehalt weit mehr sind als blosse Verwaltungsbezirke, wie sie in Zentralstaaten möglich wären. Die Probleme der heutigen Staatswesen, Kantone oder souveräner Länder lassen sich meiner Meinung nach weit besser denn mit neuen Grenzziehungen durch intensive supranationale, im Fall der Kantone durch überregionale und überkantonale, entlang den Grenzen übernationale Zusammenarbeit lösen. Es sind wechselnde Geometrien anzustreben. Je nach Problemstellung wechseln die Partnerschaften, sehen die Kooperationsmodelle anders aus. Für das Bildungswesen, die Spitäler und die Bekämpfung der modernen Kriminalität gelten je andere sinnvolle Zusammenarbeitsformen, die bis zu gesamtschweizerischen Lösungen reichen können.

Wir wissen allerdings, dass interkantonale, überregionale und grenzüberschreitende Zusammenarbeit einen zwar sehr wirkungsvollen, aber einen nicht

sehr spektakulären Lösungsweg bedeutet. Und ich habe ein gewisses Verständnis dafür, wenn ab und zu in der heute dominierenden Tagespolitik der effektvolle, wenn auch in seinem Lösungsansatz falsche Fusionsweg Urständ feiert ...
2001 im Buch «Föderalismus hat Zukunft», Verlag Sauerländer, Aarau.

Der Stand der Diskussion ist in etwa derselbe geblieben wie zur Zeit der Niederschrift dieses Beitrags für das stark beachtete NHG-Buch. Einzig in Basel-Stadt ist eine neue Initiative zur Vereinigung mit Baselland gestartet worden, die Ende September 2014 in beiden Halbkantonen zur Abstimmung kam. Basel-Landschaft verwarf überaus deutlich mit 68 Prozent Nein-Stimmen, während Basel-Stadt mit 54 Prozent erstaunlich knapp zustimmte. Damit ist die Vorlage abgelehnt. Bei einem doppelten Ja hätte zuerst ein Verfassungsrat eingesetzt werden müssen. Dessen Ergebnis wäre wiederum dem Volk vorgelegt worden, und auch die Zustimmung von Volk und Ständen der Schweiz wäre für die Begründung des neuen Kantons nötig gewesen.

Kein fester Röstigraben
Andere Aspekte des Föderalismus traten stärker in den Fokus der Diskussionen als die nicht zielführenden Fusionsfragen: Besteht ein Graben zwischen Welschland und Deutschschweiz, und ist das Tessin ein Sonderfall? Zwar gibt es Abstimmungsfragen wie die Europapolitik und Ausländerfragen, wo tatsächlich das Welschland insgesamt europa- und ausländerfreundlicher abstimmt als die Deutschschweiz, aber interessanterweise gerade wieder das ebenfalls zur lateinischen Schweiz zählende Tessin die Haltung der Deutschschweizer Kantone teilt. Bei genauem Hinsehen ist zudem festzuhalten, dass sich die Haltungen seit der EWR-Abstimmung vom Dezember 1992 wieder angenähert haben und auch in den beiden grossen Sprachgruppen selbst grosse Unterschiede zwischen Stadt- und Landkantonen bestehen. Zudem: Beim Nein zur neuen Flugzeugbeschaffung des Gripen im Mai 2014 hat die Deutschschweiz mehrheitlich zugestimmt, ohne dass jemand einen Röstigraben reklamiert hätte ...

Die Ständestimmen anders gewichten?
Jeder Kanton verfügt über zwei Ständeräte, die Halbkantone einen. Immer wieder, besonders nach knappen Abstimmungsresultaten beim für Verfassungsvorlagen nötigen Ständemehr, wird eine andere Gewichtung dieser Ständestimmen verlangt. Da steht das schillernde Zürich mit über 1,3 Millionen Einwohnern dem knorrigen Appenzell-Innerrhoden mit nur 15 000 Seelen gegenüber. Oder die Finanzkraft als Ausdruck der wirtschaftlichen Leistungsfähigkeit beträgt bei einem Durchschnittsmittel von 100 für den Kanton Zug 218, für das Wallis lediglich

30 Indexpunkte. Wo sollten die Abgrenzungen für eine andere Gewichtung gezogen werden, welches Kriterium wäre ausschlaggebend? Für das Volksmehr und im Nationalrat zählen die Stimmen des Kantons Zürich ein Vielfaches gegenüber jenen von Appenzell-Innerrhoden und von Uri, die beide nur über einen Nationalratssitz verfügen, während Zürich 34 Mandate zählt. So schlecht sind also die föderalen Gewichte in der Schweiz nicht verteilt.

Interkantonale Zusammenarbeit und die Kantone stärken

Grosse Fortschritte erzielten die Kantone auf verschiedenen Sachebenen mit der interkantonalen Kooperation. Die kantonalen Regierungen bilden je nach Sachbereich Regierungskonferenzen, die periodisch tagen. Übergreifend wirkt die 1993 ins Leben gerufene Konferenz der Kantonsregierungen, die schnell und wirkungsvoll gegenüber dem Bund auftreten kann, in der Aussenpolitik des Bundes mitwirkt und ein Meinungsforum unter den Kantonen bildet. In einem eigenen Haus der Kantone sind diese kantonalen Funktionen und Organe auch gegen aussen sichtbar in Bundesbern vertreten. Gefährlich und undemokratisch wird es allerdings, wenn Direktorenkonferenzen in exekutivem Machtrausch unter Umgehung von Volk und Kantonsparlamenten wichtige Entscheide fällen. Die Erziehungsdirektorenkonferenz liefert im Bildungswesen mehrere Beispiele dazu, zuletzt mit dem Projekt «Harmos». Dieses Konkordat, das inhaltlich von den Kantonsparlameten nicht beraten werden konnte, umfasst mehrere umstittene Änderungen für die Volksschulen und deren Lehrpläne.

Zentralisierung stoppen und Demokratie nicht aushebeln

Wichtig wäre auch eine echte Stärkung der Kantone, wenn der Föderalismus noch Sinn machen soll: Stopp der schleichenden Zentralisierung von Aufgaben beim Bund und Missbrauch der Kantone als reine Vollzugsorgane und Geldgeber. Nur Aufgaben von unten nach oben verlagern (vom Kanton zum Bund), die sich bei den Kantonen nicht lösen lassen (Grundsatz der Subsidiarität). Bei Verträgen und Konkordaten unter Kantonen kein Aushebeln der Demokratie. Von eher zweitrangiger Bedeutung scheint mir eine Revision des Mechanismus des Finanzausgleichs unter den Kantonen, wo 16 sogenannte «ressourcenschwache» Kantone vom Bund und von den restlichen 10 «ressourcenstarken» Kantonen Transferzahlungen erhalten. Das ist gelebter Föderalismus.

Der grosse Unmut der Aargauer Gemeinden

In finanziell härteren Zeiten wächst im Kräftespiel zwischen Bund, Kanton und Gemeinden leider die Tendenz, dass die übergeordnete Ebene Lösung und Kosten einer Aufgabe ganz oder teilweise der nächst tieferen Staatsebene zuschiebt. Diese hat die Finanzierung im schlechtesten Fall ohne Wahl- und Gestaltungsfreiheit zu übernehmen. Finanz- und Aufgabenreformprojekte in Bund und Kanton wollen dem entgegenwirken. «Wer zahlt, soll auch befehlen können!», lautet plakativ die Forderung. Doch diese Projekte kommen nur sehr zähflüssig voran, Jahre verstreichen von der Idee bis zu deren Realisierung.

Ziel: Entflechtung der Aufgaben

Zum Beispiel im Aargau: Das Projekt «Aufgabenteilung Kanton-Gemeinden» wurde 1996 gestartet mit dem Ziel, die seit Jahren zum Teil stark verflochtenen Aufgaben jener Ebene zuzuordnen, welche sie am besten lösen kann. Doppelspurigkeiten sollten beseitigt, die Eigenverantwortung erhöht und damit die Aufgabenerfüllung rationeller, d.h. kostengünstiger, möglich werden. Zwischen Regierung und Gemeindeorganen wurde eine paritätische Projektleitung eingesetzt, damit kein Partner den andern über den Tisch zieht. Doch bevor das eigentliche Hauptpaket von Aufgabenteilungsprojekten im Jahre 2003 in die Vernehmlassung geschickt wurde und dem Grossen Rat zur Beratung vorliegt, sollen die Aargauer Gemeinden im Zuge des sog. «Entlastungsprogramms» wiederum gewisse finanzielle Mehrlasten übernehmen. Die Ziele der Aufgabenteilung würden damit aufgeweicht, bevor sie realisiert sind.

Gemeinden als Prügelknaben

Der Unmut der Gemeinden ist verständlich. Seit Jahren haben sie zunehmend Aufgaben von Bund und Kanton zu übernehmen, ohne über Gestaltungsfreiraum zu verfügen. Ihre Behörden und Verwaltungen laufen am Anschlag. Eine Folge davon: Noch nie erfolgten nach so kurzer Zeit so viele Abgänge aus Gemeinderäten. Auch der Wechsel in den vollamtlichen Funktionen hat stark zugenommen. Sind deshalb die Gemeindestrukturen anzupassen, kleinere Kommunen untereinander zu vereinigen? Da, wo es die Verhältnisse erlauben, wo die Bürgerschaft dahintersteht, sind Fusionen unter Gemeinden ohne weiteres denkbar. Der Aargau hat als einer der ersten Kantone die nötigen Grundlagen in der neuen Verfassung von 1980 und im Gemeindegesetz geschaffen. Jüngstes erfolgreiches Beispiel: die Fusion von Mühlethal mit Zofingen.

Was bei Fusionen zu beachten ist
Aber ganz generell gilt es bei Fusionen zu bedenken:
- Sie sollten freiwillig erfolgen und nicht von oben mit Zwangsmitteln durchgesetzt werden.
- Meist führen die Gemeindezusammenschlüsse zu höheren, gar nicht gewollten Dienstleistungen und zu einer Nivellierung nach oben, was aber den Einsparungseffekt gewaltig mindert.
- Einer höheren Professionalität mit mehr fest angestelltem Personal – was kostenintensiv ist – steht eine Abnahme von Milizfunktionen und (je nach Grösse des neuen Gebildes) des politischen Interesses entgegen.
- Die finanzielle Lage einer Gemeinde sollte nach der Fusion keine Verschlechterung erfahren (Auswirkungen des Finanzausgleichs).

Andere Kooperationsformen nicht vergessen
Schliesslich gilt es nicht zu vergessen, dass im aargauischen Gemeinderecht schon lange der gesetzliche Förderungsrahmen für die Bildung von Gemeindeverbänden, den Abschluss von Gemeindeverträgen, die Übertragung von Aufgaben an Dritte besteht. Manchmal kann eben überkommunale Zusammenarbeit, je nach Aufgabengebiet mit wechselnden Partnerschaften, wirkungsvoller sein als eine Fusion. Aber darob das übergeordnete Ziel der klaren Entflechtung der Aufgaben zwischen Kanton und Gemeinden zu vernachlässigen oder zu verwässern, wäre ein Fehler. Auch grössere Gemeinden brauchen Freiraum, müssen über klare Verantwortungs-, Finanzierungs- und Vollzugskompetenzen verfügen. Und wenn Gemeinden eine Aufgabe übernehmen, mischt sich der Kanton nicht mehr ein – und umgekehrt. Dort, wo Verbundaufgaben verbleiben, sind Kompetenzen und Schnittstellen klar zu regeln. Die Finanzierung sollte hier logischerweise im Verhältnis zu den Entscheid- und Vollzugsbefugnissen erfolgen.

Bund bedrängt Kantone mit neuen Vollzugsaufgaben
Aber auch die Kantone spüren den Druck von oben. Der Bund bedrängt sie mit immer neuen Vollzugsaufgaben, mit finanziellen Beteiligungen und Verflechtungen. Die bilateralen Abkommen mit der EU müssen zu einem guten Teil in den Kantonen vollzogen werden. Und auch hier begegnet einer schon jahrelang in Beratung stehenden Aufgabenentflechtungsübung der Widerstand von Einzelinteressen, erschallt der Ruf nach Grosskantonen. Bloss: Welche neuen Grenzen sollen gezogen werden? Welche Gebilde sollen entstehen? Einmal wird der Aargau keck entzweigeschnitten, dann wieder ganz einem Kanton Nordwest-

oder Nordostschweiz zugeordnet und es wird dabei vergessen, dass neue politische Grenzen nur selten mit den wirtschaftlichen und sozialen Lebensräumen übereinstimmen. Bisherige kantonale Identität aber würde zerstört. Warum nicht auch hier nach dem Muster wechselnder Geometrien je nach Problemstellung Kooperationsmodelle für das Bildungswesen, die Spitäler, die Bekämpfung der Kriminalität usw. anstreben, die im Bedarfsfall bis zu gesamtschweizerischen Lösungen reichen können?

So bleibt als Schlussfolgerung die Forderung nach speditiver Umsetzung von klaren Aufgabenteilungen in fairer Partnerschaft zwischen Bund, Kanton und Gemeinden.

2005 Aargauer Zeitung

Wie der Aargau seine Finanzen retten will

Leider hat auch die in der vorgehenden Kolumne zitierte, jahrelange Aufgaben-Überprüfungsübung im Aargau keine vollständige und wirksame Entflechtung und schon gar keine finanzielle Entlastung gebracht, wie einst versprochen wurde. Woran fehlt es denn?

Zu wenig Resultate bei Aufgabenentflechtung und Finanzausgleich
Die Aufgabenteilung wurde jahrelang verzögert, eigentliche Entlastungsmassnahmen waren rar, und wo ein Wille oder ein Lösungsansatz da war, fehlten wieder die Rechtsgrundlagen oder es entstanden neue Verflechtungen. Man sprach in den Parlamentsdebatten von Alibiübung, war aber auch nicht fähig – eine Folge des Milizsystems, wo zu wenig Zeit zur Verfügung steht, um komplexe Themen zu lösen – den gordischen Knoten zu zerschneiden. Auch der Finanzausgleich unter den Gemeinden müsste dringlich überprüft und verändert werden. Ein Modell wäre, für alle Gemeinden den gleichen Steuerfuss einzuführen, um Gerechtigkeit für die Steuerzahlenden herzustellen, und erst danach je nach Steuer- und Finanzkraft für einen Ausgleich zu sorgen. Denn es gibt nun einmal Gemeinden mit steuerstärkerer und solche mit steuerschwächerer Bevölkerung. Im Aargau fehlt eine Trennung von Ressourcen- und Lastenausgleich, das System ist damit schwer transparent. Auch existiert neben dem direkten immer noch der indirekte Finanzausgleich. Bei diesem hängen Beiträge von den oder an die Gemeinden von deren Finanzkraft ab. Das führt zu einer zusätzlichen Überlagerung und weiterer Intransparenz. Viele andere Kantone haben ihn deshalb seit langem gänzlich abgeschafft.

Aargau ringt mit schwarzer Null
Mit aller Kraft hingegen kämpft der Aargau gegen ein Rechnungsdefizit, bis heute mit Erfolg. Das von Finanzdirektor Roland Brogli seit Jahren mit Sinn für das Machbare gemanagte, praktisch ausgeglichene Budget bewegt sich an der 5-Milliarden-Franken-Grenze (5000 Millionen). Zum Vergleich: Noch 1930 waren es 30 Millionen, 1970 rund 860 Millionen! Der jüngste Ausgleich aber gelang nur noch dank der Entnahme von 43 Millionen aus der Bilanzausgleichsreserve, einer vor einigen Jahren geschaffenen Reservekasse für schwierige Jahre. Jetzt aber droht ein strukturelles Defizit. Das Aufgabenwachstum liegt über dem Wirtschaftswachstum. Vor allem das Wachstum bei den Bildungsausgaben, etwas weniger ausgeprägt in andern Bereichen, hat sich laut Gesamtregierungsrat «besorgniserregend entwickelt», weshalb 2013 ein Sparpaket vorbereitet wurde. Was bei allen Sparvorschlägen im Auge zu behalten ist: Gesamthaft hat der Aargau keinen Abbau betrieben oder in Aussicht gestellt, sondern es handelt sich «um weniger mehr», wie sich der langjährige FDP-Fraktionspräsident Daniel Heller auszudrücken pflegt, während sein sozialdemokratischer Antipode Dieter Egli, auch aus einer Gesamtschau heraus, der Regierung ein «selbstverschuldetes Einnahmenproblem» vorwirft. Der

Chefredaktor der «Aargauer Zeitung», Christian Dorer, schrieb dazu in einem bemerkenswerten Grundsatzartikel, dass es von Mut und Weitsicht zeuge, wenn die Regierung ein Sparpaket vorlege: «Von Mut deshalb, weil es bequemer wäre, die Ausgaben munter steigen zu lassen. Und von Weitsicht, weil eine erträgliche Steuerlast für Wohlstand und Prosperität sorgt. Der Staat hat die Tendenz, auszuufern: Er schafft ständig neue Gesetze, neue Kontrollinstanzen, neue Aufgaben, neue Steuern – mit dem Effekt, dass der Bürger weniger Geld zu Verfügung hat. Man wünscht sich mehr Politiker, die dagegen ankämpfen.» Es irritiere aber, so Dorer, «wie mimosenhaft die Regierung teilweise auf Kritik reagiert. Es ist doch völlig normal, dass sich Betroffene wehren und mit harten Bandagen kämpfen. Und dass sich die Lehrerinnen und Lehrer besonders widerborstig gegen die Sparpläne wehren: gut so – hoffentlich bringen sie auch unseren Kindern etwas Aufmüpfigkeit bei.» Der Kommentator meint weiter, dass in vielen Bereichen Ballast abgeworfen werden könnte, aber zu stark nach der «Methode Rasenmäher» vorgegangen worden sei, also Parität vor Inhalt. In der Tat wurden im Bildungswesen einzelne fragwürdige Vorschläge unterbreitet, die 2014/15 von Parlament und Volk noch korrigiert werden dürften.

Der Grosse Rat tagt in Aarau, hier fast in Vollbesetzung (total 140 Mitglieder).

Bundes-Finanzausgleich funktioniert

Demgegenüber funktioniert der Finanzausgleich zwischen Bund und Kantonen, wie Bundesrätin Eveline Widmer-Schlumpf im März 2014 zu Recht mit Stolz für die jüngste Phase bilanzieren kann. Die Finanzautonomie der Kantone konnte gestärkt werden, da im Unterschied zu früher rund 40 Prozent der Transfers an die schwächeren Kantone zweckfrei sind. Die finanzschwächsten Kantone Uri und Jura verfügen heute über mehr Mittel, als es vom Bund als Minimalziel vorgesehen war. Das erlaubt nun auch, die Geberkantone wieder etwas zu entlasten. Noch nicht geschafft ist hingegen eine Verringerung der Steuerbelastungen zwischen den Kantonen, und bei der Aufgabenentflechtung mahnte die Finanzdirektorin, dass die Prinzipien der langjährigen Reform langsam wieder vergessen gingen und getrennte Aufgaben vermehrt miteinander verflochten würden. Ein altes Krebsübel der Politik: Die alten Sünden wiederholen sich, wenn nicht eisern die erzielten Erfolge im Auge behalten werden!

Wie lange noch Land- und Gemeindeammänner?

Der Aargau ist der Kanton der Ammänner. Es sind die Präsidentinnen und Präsidenten der Gemeinden und der kantonalen Regierung, welche offiziell diesen Titel tragen: Gemeindeammann und Landammann.

Ammänner stammen aus der Urschweiz

Ammänner gab es einst in den Urkantonen und so hiess der Präsident der eidg. Tagsatzung von 1803 bis 1848. Längst haben die meisten der andern Kantone und Gemeinden auf den besser verständlichen Präsidententitel umgestellt. Damit hat sich für sie auch gleich auf elegante Weise der Vorwurf der «Männerherrschaftssprache» erledigt. Auch bei uns ist die Zahl der Frauen im Gemeindeammannamt und damit die sprachliche Dissonanz angestiegen.

Immer wieder hiess es bei uns im Aargau, wir hätten Wichtigeres zu erledigen, als diese Titel ihrer eigentlichen Funktion anzupassen. Überwiesene Vorstösse landeten in der berühmten Schublade. Jetzt aber hat der Grosse Rat in einem Paket von Gesetzesänderungen zur Gemeindelandschaft auch diese Frage eingepackt – wenn auch mit Nebengeräuschen. Es wäre erfreulich, wenn diese Revision auch die zweite Lesung überstehen würde.

Verwirrung um veraltete Titel

Kürzlich ist an dieser Stelle angeregt worden, bei einem Wechsel des Begriffs in den Gemeinden auch den Titel «Landammann» und folglich auch dessen Stellvertreter «Landstatthalter» zu ändern. Der Landammann führt die Regierungssitzungen und repräsentiert während eines Jahres häufiger als seine vier gleichgestellten Mitstreiter. Selbst einmal in diesen beiden Rollen, könnte ich nun die schönsten Müsterchen erzählen, wie irritiert viele MitbürgerInnen auf diese zwei Titel hin und wieder reagierten. «Stammt der Landammann aus der Gründungszeit der Eidgenossenschaft?», oder: «Welches Land ist gemeint?», lauteten etwa Fragen. Und ich erinnere mich an die Briefanschrift eines Bürgers, der mir zur Wahl als Land**stadt**halter gratulierte. Ich wies ihn in meinem Dankesbrief auf diesen Fehler hin, und ein höchst amüsantes Telefon ergab den überraschenden Zusammenhang, dass der Gratulant glaubte, der Landstatthalter habe in seinem Amtsjahr insbesondere die aargauischen Städte zu betreuen …

Namenswechsel zum Regierungspräsidenten ist fällig

Mit Blick auf die vielen andern Kantone und nachdem nun bereits mit Susanne Hochuli die zweite Regierungsrätin im Amt ist, wäre somit auch auf Kantonsebene der Namenswechsel vom Landammann zum Regierungspräsidenten angebracht. Nicht abrücken sollte man hingegen vom einjährigen Turnus des Präsidentenamtes im Regierungsrat. Nur so bleibt die gewollte Gleichwertigkeit der Regierungsmitglieder. Alles andere wäre im System der fünfköpfigen Kollegialregierung mit den relativ grossen Departementen nicht vertretbar.

Kein ständiges Präsidentenamt

Auch die parteipolitische Ausgewogenheit der heutigen Regierung liesse ein ständiges Präsidentenamt kaum zu. In früheren Jahren war stets eine Partei mit zwei Regierungsmitgliedern vertreten, letztmals die CVP, früher die SVP (damals noch als BGB), gegen Ende des letzten Jahrhunderts die SP und die FDP. Jetzt sind erstmals fünf Parteien engagiert (die eben genannten und die Grünen), ohne dass deswegen gegen aussen sichtbare Risse im Gesamtauftritt festzustellen wären. Es wäre schön, wenn dieser Zustand bliebe, und wenn er auch auf den Bundesrat übertragen werden könnte!

2010 Aargauer Zeitung

Diese Kolumne hat nach ihrem Erscheinen einigen Staub aufgewirbelt und mir zahlreiche Rückmeldungen gebracht. Wie steht's mit dem Landammann? Bis heute bestehen im fünfköpfigen Aargauer Regierungskollegium keinerlei Sympathien für einen Namenswechsel des auf ein Jahr amtierenden «Regierungspräsidenten» – im Aargau eben Landammann genannt. Selbst die frühere Regierungsrätin Stéphanie Mörikofer und die amtierende Susanne Hochuli sympathisieren mit der alten Form.

Mörikofer und Hochuli lieben Landammann

Als ich öffentlich als Landammann meiner Nachfolgerin in diesem Amt, Stéphanie Mörikofer, den Namenswechsel vorschlug, blieb diese bei der bewährten aargauischen Tradition. Jahre später wurde eine zweite Frau im Aargau Regierungsrätin. Da dachte ich: Sie will bestimmt diesen alten Zopf abschneiden. Aber auch Susanne Hochuli war derart bezirzt vom Titel des Landammanns, dass sie bei jeder sich bietenden Gelegenheit 2012/13 sich als Frau Landammann vorstellte. Auch der Landstatthalter-Titel, der früher eher selten im Jahr vor dem Landammannjahr Erwähnung fand, wird neuerdings mit grosser Freude ebenfalls ein Jahr lang zelebriert. Sehr wahrscheinlich nach dem Motto: Wenn wir schon eine alte Tradition pflegen, dann machen wir es richtig! Einzelne Grossratsmitglieder signalisierten mir zwar, diese «dringlich notwendige Änderung» beförderlich zu beantragen, aber bis heute ist nichts geschehen. Der einjährige Präsidententurnus wird von allen Parteien begrüsst, denn in Basel-Stadt, wo neu ein festgewählter Regierungspräsident ohne festes Departement installiert wurde, ist man keineswegs glücklich damit. Ausser Personalvermehrung hat diese Neuerung dem Nachbarkanton, der ohnehin schon die höchste Beamtendichte der Deutschschweizer Kantone aufweist, nichts gebracht.

Die Regierung einst und heute – Parlament droht zu verlieren

Das Gremium der amtierenden und der ehemaligen Regierungsräte trifft sich dreimal jährlich zu einer Zusammenkunft mit Diskussion anstehender Themen und Probleme. Hauptthemen dieser Aussprachen: Wie war es einst – wie ist es heute, was könnte man anders machen, ist die Zeit heute wirklich schwieriger, als sie damals war, wo liegen die momentanen Aufgabenschwerpunkte in den fünf Departementen? Interessanterweise stellen wir jeweils fest, dass die gleichen Probleme immer wieder auftauchen, einfach mit anderen Vorzeichen und manchmal anderem Ausgang: So zum Beispiel die Sparpakete, entweder nach System Opfersymmetrie (sog. Rasenmähermethode, wo jeder Posten um den gleichen Prozentsatz gekürzt wird) oder mit gezielten Einzelaktionen; die Aufgabenabwälzung vom Bund auf den Kanton, und die Versuchung für den Kanton, die Lasten gleich weiter an die Gemeinden zu transferieren; die Kompetenzrangeleien zwischen Regierung und Parlament, das in der Tat in den letzten Jahren gegenüber der stets anwachsenden Verwaltung an Einfluss zu verlieren droht. Das Manko an Parlamentsgeschäften, die vielen ausgefallenen Ratssitzungen und langen Sitzungspausen in der Legislatur 2013/16 nähren diese These. Ein Parlament muss präsent und, auch gegen aussen, sicht- und hörbar sein, und nicht nur in den Kommissionen und Fraktionen wirken. Reine Effizienzüberlegungen in Ehren, aber die Legislative darf sich nicht nur davon leiten lassen. Das Jahr 2013 ging in dieser Beziehung als annus horribilis in die Parlamentsgeschichte ein. Hoffen wir, dass ein Wiederaufblühen des Parlamentarismus die Stellung der Legislative stärkt, denn nur sie kann Regierung und Verwaltung Paroli bieten.

Die Personalvermehrung gibt zu denken

Dann eine Erscheinung, die auch auf Bundesebene zu beobachten ist: Arbeitete früher ein Regierungsrat mit einem kleinen Stab und stützte sich in den politischen Geschäften fest auf die Arbeit und Sachkompetenz der Abteilungen (pro Departement sind es sechs bis acht), so ist heute in jedem Departement eine neue Zwischenebene von Stabsleuten entstanden, die praktisch parallel zu den Abteilungen die Sachgeschäfte vorbereiten, beeinflussen oder steuern. Zuerst begann mit dieser Praxis das Bildungs-, dann folgte das Baudepartement. Erst später zogen dann die andern drei Departemente nach. Heute, wo die Personalvermehrung immer mehr in der Kritik steht, ist es schwierig, die teils sehr grossen Stäbe wieder zu verkleinern. Es muss zu denken geben, wenn auch insgesamt in der aargauischen Verwaltung die Zahl der ordentlichen Stellen von 2009 bis Ende 2012, also in nur vier Jahren, um 500 gestiegen ist. Das drückt auf das Budget, das erfordert neue Büroinfrastrukturen, und häufig werden Abläufe damit nicht schlanker, sondern verkomplizieren sich.

Plötzlich las man vom Gemeindepräsidenten und von der Stadtpräsidentin
Zurück zum Präsidententitel. Bei den Aargauer Kommunen liegen die Dinge etwas anders. Zahlreiche Gemeindeoberhäupter erkundigten sich damals bei mir, ob eine Umbenennung einfach so machbar sei. In der Tat hätte das in der Kolumne erwähnte Gemeindereformprojekt, das aber an der Urne im September 2009 abgelehnt wurde, neben vielen anderen Änderungen hier die Rechtsgrundlage geboten. Nun aber fehlte sie. Einzelne Gemeinden aber behelfen sich seither selbst, durch einfachen Ratsbeschluss und Protokollauszug: So ging Brunegg als erste Gemeinde mit dem neuen Titel Gemeindepräsident voran, und bald folgte im Bezirk Aarau die Gemeinde Suhr. Beat Rüetschi ist zwar Präsident der «Gemeindeammänner»-Vereinigung des Bezirks Aarau, aber in Suhr heisst er Gemeindepräsident. Die Nachbargemeinde und Kantonshauptstadt Aarau folgte. Marcel Guignard, früher Präsident des aarg. «Gemeindeammänner»-Verbandes, wurde 2013, in seinem letzten und 26. Amtsjahr, durch eine Änderung der Gemeindeordnung offiziell zum Stadtpräsidenten, und seine Nachfolgerin Jolanda Urech ist damit automatisch die erste Stadtpräsidentin im Aargau. Denn die Nachbarstädte Baden, Brugg, Lenzburg und Zofingen zögern noch mit einem Namenswechsel, während im Osten und Westen die Nachbarstädte Dietikon und Zürich sowie Olten und Solothurn längst den Namen StadtpräsidentIn führen. Einzige Gemeinde des Bezirks Baden mit einem Gemeindepräsidenten ist Spreitenbach, welches sich am 28. September 2014 per Volksabstimmung für diese fortschrittliche Änderung aussprach. Nun kann Präsident Valentin Schmid von der Shopping-Meilen-Grossgemeinde erst recht auf die beiden Ammänner von Wettingen und Baden, Markus Dieth und Geri Müller, herunterblicken.

Der umstrittene Weg zur gesplitteten Aargauer Polizei – zurück zur Einheitspolizei?

Es wäre nicht erstaunlich, wenn bei der bevorstehenden Teilrevision des Polizeigesetzes die Frage der sinnvollen Organisation der Polizeidienste im Aargau erneut aufflackern würde. Entsprach es politischer Weisheit und Weitsicht, das bewährte Konzept der Einheitspolizei aufzugeben und ein zweiteiliges Polizeisystem zu schaffen? Bringt es nicht weit mehr Probleme und immer wieder neues Kompetenzgerangel, wenn neben der auch regional sehr gut verankerten Kantonspolizei die neue Ebene der Regionalpolizeien Platz greift? Es fehlte an der politischen Planung.

Fehlender Blick zu den Nachbarkantonen

Dem Grossen Rat blieb es verwehrt, im Sinne eines Grundsatzbeschlusses, in Abstimmung mit den Nachbarkantonen und in Kenntnis von Vor- und Nachteilen dieser neuen Polizeiebene einen Entscheid zu treffen. Eingepackt in ein schwer überblickbares neues Polizeigesetz fehlte es auch an der nötigen Transparenz. Vieles wurde präjudiziert und absehbare Probleme blieben unbeachtet. Zudem: Warum ist diese neue Strategie im Sinne der viel beschworenen kantonalen Zusammenarbeit nicht im interkantonalen Polizeikonkordat erortert worden?

Gibt es nicht zu denken, wenn jetzt andere Kantone genau den umgekehrten Weg beschreiten, den Weg zur Einheitspolizei einschlagen? Sicherheit ist nun einmal unteilbar. Die Bekämpfung der Kriminalität, die Aufrechterhaltung von Ruhe und Ordnung, die Gewährleistung der Verkehrssicherheit und der rasche Einsatz bei Notfällen sind in der Praxis nur schwer auf zwei Ebenen umzusetzen. Eine Konzentration auf ein sogenanntes «polizeiliches Kerngeschäft» für die Kantonspolizei liest sich in der Theorie zwar gut, ist aber mit grossen Umsetzungsproblemen verbunden.

Die Nachteile von zwei separaten Polizeiorganisationen

Immer wieder werden neue Schnittstellenprobleme auftauchen. Die gesamtkantonale Organisation, die Führung aus einer Hand ist oft entscheidend und bringt enorme Vorteile, bringt eine einheitliche Polizeiphilosophie und verhindert gegenseitige Rivalitäten. Sorgen bereiten mir auch mahnende Stimmen aus dem Polizeikorps, die mir als ehemaligem Polizeidirektor zugehen. Niemand ist so richtig glücklich mit der neuen Lösung. Über ein Dutzend Abgänge von der

Kantonspolizei zu den Regionalpolizeien schwächen das mühsam zur vorgesehenen Grösse aufgebaute kantonale Polizeikorps. Die im Polizeigesetz vorgesehene Möglichkeit des Einkaufs von paketweise bestimmten Leistungen bei der Kantonspolizei, falls auf den Aufbau einer eigenen Regionalpolizei verzichtet wird, zeigt das Dilemma: Plötzlich müsste die Kapo wieder Lücken schliessen in Bereichen, die ihr eigentlich nicht zugesprochen sind! Ein schwer praktikabler Weg.

Der Grosse Rat wird auch nach gewalteter Diskussion kaum sein letztes Wort gesprochen haben. Ein neuer Polizeidirektor wird kommen, der unbeschwert und im Dialog mit den Nachbarkantonen die ganze Strategie überprüfen kann. Und wie heisst es doch so schön: «Es ist nie verboten, gescheiter zu werden!»

2009 Aargauer Zeitung, Zofinger Tagblatt

Während meiner Amtszeit als Regierungsrat und Polizeidirektor gab es nichts zu rütteln am Prinzip der Einheitspolizei: gesamtkantonale Polizei, zuständig für Verkehr und Kriminalität, und das in allen elf Bezirken. Dieselbe Doktrin verfolgte mein Vorgänger, der Freisinnige Victor Rickenbach. Ich wusste von meinen nationalen Kontakten, dass andere Kantone daran waren, den umgekehrten Weg von der «gespaltenen» Polizei zur gesamtkantonalen Polizei zu gehen. Auch gehört es zu den Organisationsprinzipien, dass neue Gebilde und Kommandos mehr Personal und Kosten für die gleiche Aufgabenerfüllung erfordern (Parkinson-Prinzip).

Der Schwenker zur Regionalpolizei ist teuer

Leider begann man dann unter der politischen Leitung von Polizeidirektor Kurt Wernli (parteilos) ab 2003 den Aufbau von insgesamt 17 Regionalpolizeien. Dies parallel zur nach wie vor bestehenden Kantonspolizei (Kapo). Diese Kehrtwende geschah zu wenig transparent (Ich war in meiner Kolumne nicht die einzige warnende Stimme). Damit verbundene Probleme, Folgekosten und mögliche Rivalitäten wurden heruntergespielt. Die gut verankerten und funktionierenden elf Bezirks-Kantonspolizeiposten mit ihren Aussenstellen wurden aufgelöst, die Kapo in die drei Regionen Nord, Ost und West mit je sechs Posten sowie der weiterhin zentral bestehenden Mobilen Einsatzpolizei und der Kriminalpolizei umgebaut. Die 17 Regionalpolizeikorps brauchten Personal, Chefs, eigene Fahrzeuge und Ausrüstungsmaterial, neue Gebäude. Der ganze Prozess führte zu einem enormen, neben der Kapo zusätzlichen Investitionsbedarf und einer Personalzunahme sowohl bei den Polizeien wie bei den Zivilangestellten. Auch die kantonal budgetierten Kosten und das Personal für die Kantonspolizei stiegen weiter. Es existiert somit erstmals seit Bestehen des Aargaus neben der Kapo eine Parallelstruktur von ihrerseits 17 selbständigen Regionalpolizeikorps mit je einer eigenen operativen und politischen Führung.

Der Eklat am 10-Jahr-Jubiläum

Am 15. Oktober 2013 kam es zum Eklat. Der heutige kantonale Polizeidirektor Urs Hofmann (SP) und die regionalen Polizeichefs feierten festlich in Brugg das zehnjährige Jubiläum des Beginns der Regionalpolizeien, damit eben eines dualen (zweigleisigen) Polizeisystems im Aargau. Sein zur Feier als Gast eingeladener Vorgänger Kurt Wernli wurde vom Fernsehsender Tele M1 zu einer aktuellen Einschätzung befragt: «Eine Polizei, ein Kommandant – das wäre die beste Lösung», antwortete er darauf. Auch Ex-Polizeikommandant Léon Borer sagte zu Tele M1, die duale Organisation weise Doppelspurigkeiten auf und sei zu teuer. «Als Ziel wäre eine Einheitspolizei die beste Lösung», antwortete er weiter. Auch der befragte Abteilungschef der Kapo West, André Zumsteg, sagte: «Ein Raum, ein Chef – das wäre mein Wunsch. Jetzt gibt es noch zu viele Chefs.»

Ein Zusammenbau wäre das Beste

Der heutige Polizeidirektor, der die Arbeit seines Vorgängers zu Ende führte, äusserte sich sibyllinisch, «für ihn bringen beide Modelle gute Ergebnisse». (Zitat AZ) Eine längere Zeitungspolemik entstand, welche die «Aargauer Zeitung» so betitelte: «Erst gegen, nun für die Ein-

Warum müssen Kantons- und Regionalpolizei getrennt marschieren? Niemand weiss es genau.

heitspolizei – der frühere Regierungsrat (Wernli) löst Unverständnis aus.» Es bleibt festzuhalten, dass die Regionalpolizeien selbst keine Schuld trifft. Es waren politische Entscheide, die zu ihrer Entstehung führten. Mit der heutigen Lösung ist niemand so richtig glücklich. Von der Organisationslehre her ist sie falsch. Ein Rück- und Zusammenbau in eine einheitliche Organisation wäre das Richtige.

Eine nicht abgeschlossene Wette

Wollen wir wetten, sagte ich Ende 2013 zu einem bekannten kantonalen Politiker, dass die im Oktober 2013 so jäh aufgeflammte Debatte zur Aargauer Polizeiarchitektur nicht beendet und eine spätere Rückkehr zur Einheitspolizei vorprogrammiert ist. Der Besagte nahm die Wette nicht an. Er befürchte, dass er sie verliere ...

Zauber und Schwächen zweier Südkantone

Das Wallis wie der Kanton Tessin weisen beide spezielle Besonderheiten auf: ihre exponierte Lage im Süden der Schweiz, die vielen Täler und Berge, die klimatischen Verhältnisse, die französische und die italienische Sprache. Besonderheiten aber auch im Leben der Menschen, in der Politik und Gesellschaft. Dies alles hat mich an diesen beiden Kantonen seit je fasziniert. Ich kannte und kenne zahlreiche Einheimische und verbrachte weit mehr Zeit im Tessin und im Wallis als in allen anderen Kantonen der Schweiz, der Wohnkanton natürlich ausgenommen. Der erste Beitrag schildert, wie wir noch im letzten Jahrhundert mit den Naturgewalten des Wallis konfrontiert wurden – mit Lawinenniedergängen, Stromunterbruch, schliesslich der Heimreise über die ungewohnte Westroute statt durch die Furka. Und zwar durch den 1982 eingeweihten Basistunnel und nicht etwa über die Furka-Dampfbahn-Bergstrecke. Darüber berichte ich in einer umfassenden Darstellung: von der Stilllegung über die Rettung bis zu der Wiederinbetriebnahme und der triumphalen Einfahrt der berühmten Dampfbahn in Oberwald im deutschsprachigen Teil des Wallis. Die folgende Kolumne gilt dem politischen Wallis und seinen Polit-Cliquen. Sie umschreibt die Mühsal eines Parteipräsidenten auf dem Weg zum Staatsrat und erinnert an andere Präsidentenschicksale. Es folgt das gegenwartsbezogene Porträt dieses eigenwilligen und in vielem einmaligen Kantons. Meine heutige Darstellung und Einschätzung des einem starken Wandel unterworfenen Kantons Tessin fusst auf zahlreichen Erlebnissen und Begegnungen. Der Wandel wird noch spürbarer, so unsere Prognose, wenn Ende 2016 die Neat-Tunnelstrecke die Reisezeit ins Tessin und später in die Lombardei und nach Milano markant verkürzen wird. Jedenfalls zieht es mich immer wieder über den Gotthard, der weitverzweigten Vielfalt des einstigen Ferienkantons entgegen, der auch in seiner heutigen Entwicklung eine grosse Bereicherung für unser Land darstellt.

Das böse Erwachen – mein Lawinenerlebnis im Wallis

Langlaufferien im Obergoms mit der Familie sind meine Winter-Passion. Dazu gehört auch die Hinfahrt durch den Furkatunnel, ein Werk des grossen Wallisers Roger Bonvin, der als Verkehrs- und Energieminister unseres Landes seinem Kanton dieses Geschenk hinterliess. Wie immer der eigentlich unnötige Wettkampf mit der Zeit: Erreichen wir den nächsten Zug zum Verlad, oder geht Papa noch den Espresso am Bahnhofkiosk trinken, liest dazu Zeitung und verpasst fast den Einstieg ins fahrbare Auto? Es reicht gut dieses Jahr. Fast zu früh sind wir an unserem Ferienort. Gedankenlos schlendere ich in Reckingen über den Dorfplatz, an einem Denkmal vorbei, zur Post. Zwei Zeitungen für mich liegen in Griffweite des Posthalters. Und weil es für den Kaffee in Realp nicht gereicht hat, geht's jetzt ins Restaurant beim Bahnhof unten. Ein Druck auf den Knopf der Maschine – der Espresso schmeckt vorzüglich, es lässt sich gemütlich plaudern über das, was sich seit dem letzten Winter so verändert hat.

Das Reckinger Unglück 1970 – und die Lawinen 1999

Reckingen 1970, Schweizer Winter 1970. 56 Menschen starben damals in unserem Land den weissen Tod. 30 allein hier, mitten im Obergoms, als eine Lawine zu Tal donnerte. Der grosse Stein auf dem Reckinger Dorfplatz erinnert daran.

Plötzlich, wenige Tage nach unserer Ankunft, als in weiten Teilen der Berggebiete Lawinenwarnungen durchgegeben werden und Reckingen abgeschnitten ist vom übrigen Obergoms, damit vom Wallis, damit von der Schweiz, da wird dieser Gedenkstein und mit ihm die Erinnerung an das Unfassbare wieder lebendig. Nach dem Unterbruch der Strasse und der Loipe steht plötzlich auch die Bahn still, weil Schneebretter Masten niedergerissen haben.

Das ganze Stromnetz fällt aus

Der Druck auf den Knopf der Kaffeemaschine bleibt wirkungslos, Öfen steigen aus, der Betrieb in den Backstuben steht still, auf Post und Zeitung warte ich vergeblich. Der Stromausfall dauert nur wenige Stunden. Aber es reicht, um eine lähmende Stille im Dorf herbeizuführen.

Wir alle schnaufen tief auf, als nach Tagen des Unterbruchs der Spuk vorbei ist, zuerst die Strasse, dann die Bahnstrecke wieder geöffnet wird. Weil der Furkatunnel noch geschlossen ist, bleibt mir der Blick auf das Bonvin-Loch vorenthalten. Dafür kraxle ich die Lötschbergrampe hinauf, wo noch immer geborstene Tannen und viel Schutt an den Lawinenwinter 1999 erinnern.

1999 Zeitschrift «Strom»

Reckingen im Obergoms, wo 1970 30 Menschen den Lawinentod fanden.

Die wundersame Rettung der Furka-Bergstrecke

Wir leben in einer schnelllebigen Zeit. Wichtig ist das «Hier und Heute», und kaum noch erinnern wir uns jüngst Vergangenem. Gerade jetzt wieder ist es wichtig, dass bei der Furka-Bergbahn der Schwung der Sommersaison ausgenutzt wird, die Initiativen aus den Sektionen voll zum Tragen kommen. Dank ihnen und den beiden tragenden Säulen, dem Verein Furka-Bergstrecke und der Dampfbahn Furka-Bergstrecke AG (DFB), ist das Zwischenziel der Führung der Bergstrecke bis Gletsch erreicht worden. Und in Gletsch hat 1983 eigentlich alles begonnen. Was war der Anlass, und welche politischen Entscheide ermöglichten den Start der Bauarbeiten und Bahnfahrten?

Protestversammlung von 1983 brachte Stein ins Rollen

Man soll sich selbst nie zu wichtig nehmen. Aber es waren wohl meine beiden parlamentarischen Vorstösse von Ende 1981 und Frühling 1982, welche den nötigen emotionalen und politischen Druck erzeugten, um eine kleine Schar von Bahnfreunden am 6. August 1983 in Gletsch eine Protestversammlung zur Rettung der Bergstrecke abhalten zu lassen. «Bahn-Nostalgiker wollen Furka-Bergstrecke retten», titelte etwas zweideutig der «Tages-Anzeiger» danach zuoberst auf der Inlandseite. Und andere Zeitungen schrieben: «Komitee will Furka-Geleiseabbruch bekämpfen.» Denn darum ging es fürs Erste. Es dauerte dann noch bis zum 8. Oktober 1983 bis zur ersten Vorstandssitzung des neuen Vereins, dessen Gründung am 3. Dezember vollzogen werden konnte. Aus taktischen Gründen wählten wir den Walliser Bähnler Bernhard Vouillamoz aus Visp zum ersten Vereinspräsidenten. Mit einem bescheidenen ersten A4-Beitrittstalon, alles auf einer Seite, wurden erste Mitglieder geworben. Und erst Ende 1989 und Anfang 1990 sollten die beiden Parlamentskammern in Bern die entscheidenden Weichen stellen helfen. An diesen wohl wichtigsten Schritt, der erst die Betriebseröffnung der DFB vom 11. 7. 1992 ermöglichte, soll hier erinnert werden.

Die entscheidende Konzessionserteilung

Manchmal hat auch das eidgenössische Parlament inmitten hektischer Geschäfte, überladener Traktandenlisten und sich überstürzender Ereignisse noch Zeit, sich einem Stück Romantik und Nostalgie zuzuwenden – so geschehen bei der Konzessionserteilung für die Furka-Dampfbahn! Der Nationalrat beschloss sie am zweitletzten Tag seiner Märzsession, am 22. März 1990, der Ständerat bereits am 29. November 1989. Auch ich gehöre zu den Befürwortern einer

Modernisierung unseres Schienennetzes, für günstigere, bessere und konkurrenzfähige Bahnverbindungen – und umso vehementer bedauerte ich mit einer Handvoll Bahnfreunden, dass im Sommer 1981, ein Jahr vor Eröffnung der Furka-Oberalp-Basislinie, die Bergstrecke zum letzten Mal befahren werden sollte. Unterhalb des Rohnegletschers bei Gletsch, wo ein Hotel der Seilerdynastie Sommer für Sommer Bergtouristen eine romantische und einfache Abstiege bot, befürchteten wir die Erstellung eines Staubeckens. Das spornte noch mehr dazu an,

Der Initiant der Protestversammlung vom 6. August 1983, der damalige Nationalrat Silvio Bircher, stellt in Gletsch die Weiche zur Rettung der Furka-Bergstrecke. Im Hintergrund die Remise des Hotels «Glacier du Rhône».

mit der Rettung der Bahnstrecke auch zusätzlich diese Landschaft bei Gletsch nicht zu verlieren. Allerdings bedurfte es darauf mehr als unserer damaligen Anstrengungen, die kaum je zum Ziel geführt hätten: Erst der professionelle Aufbau einer AG und das Engagement von vielen Hundert Bahnfreunden aus nah und fern konnte dieses Werk bis vor die eidgenössischen Räte und zur Konzessionserteilung bringen. Als ich mich 1982 im Nationalrat in einem Vorstoss um finanzielle Mittel des Bundes bemühte, erhielt ich vom Bundesrat die Antwort, der Abbruch der Bahngeleise sei unwiderruflich, denn die ungefähr benötigten 30 bis 40 Millionen Franken zur nötigen Renovation sei niemand in der Lage aufzubringen, natürlich auch der Bund nicht …

Bundesrat liess sich umstimmen und FO verzichtet auf Abbruch

Wenn der Bundesrat 1989 in einem Bericht an das Parlament die bisherige Geschichte aufrollt, so hat er zumindest seine damalige pessimistische Haltung vergessen. Er schreibt dazu u. a.:
Als Ersatz für die sanierungsbedürftige, nur im Sommer betriebsbereite Furka-Bergstrecke plante die Furka-Oberalp-Bahn (FO) Ende der sechziger Jahre

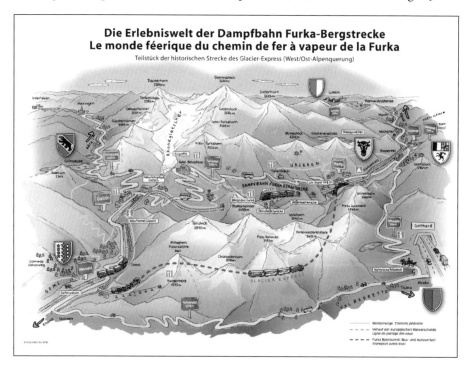

eine wintersichere Bahnverbindung zwischen Oberwald und Realp in Form einer Tunnellösung. An den Bau des Furka-Basistunnels bewilligten die Räte am 24. Juni 1971 einen Kredit von 70 Millionen Franken. Probleme beim Bau sowie die Teuerung haben schliesslich dazu geführt, dass die Basislinie nicht 74, sondern 311 Millionen Franken kostete. Die Betriebsbewilligung für die Basislinie war an sich mit der Auflage verbunden, die Bergstrecke innert zwei Jahren abzubrechen. Das Bedauern über die Betriebseinstellung auf der eisenbahnhistorisch und eisenbahntechnisch bedeutsamen Furka-Bergstrecke war nach dem überwältigenden Publikumserfolg während der Sommersaison 1981 allgemein gross. Politiker und Eisenbahnfreunde setzten sich in der Folge für die Erhaltung der Furka-Bergstrecke ein. 1983 wurde in Bern der «Verein Furka-Bergstrecke» gegründet, welcher die integrale Erhaltung der ehemaligen Furka-Bergstrecke bezweckt. Auf Grund des vom Verein ausgearbeiteten Konzepts beschloss der Verwaltungsrat der FO im Juli 1984 auf den Abbruch der Bergstrecke zu verzichten.

Von der Geldbeschaffung zur Streckenführung

Der Bundesrat schildert darauf in seinem Konzessionsantrag an den National- und Ständerat minuziös den weiteren Werdegang zur Furka-Dampfbahn-Wiederherstellung, was wohl mit dazu beitrug, dass beide Räte einstimmig die Konzession erteilten. Es heisst weiter im Bericht:
Weil der Verein allein nicht in der Lage gewesen wäre, die erforderlichen Mittel zur Finanzierung der Wiederinstandstellung des Rollmaterials und der Infrastruktur aufzubringen, bereitete er die Gründung einer Betriebsgesellschaft vor. Am 27. Mai 1985 wurde in Lausanne die DFB Dampfbahn Furka-Bergstrecke AG gegründet. Das ursprünglich auf 300 000 Franken festgesetzte Aktienkapital wurde seither auf 3,3 Millionen Franken aufgestockt. Aufgrund der Ende 1987 mit der FO abgeschlossenen Kauf- und Baurechtsverträge ist die DFB nun im Besitz der gesamten Bergstrecke mit ihren festen Anlagen. Die Linienführung der Furka-Bergstrecke bleibt für die vorgesehene Wiederinbetriebnahme praktisch unverändert, ebenso die Spurweite und die Zahnstangenabschnitte. Im Moment noch ungewiss ist die Einführung in den Bahnhof Oberwald. Die Bergstrecke hat eine Betriebslänge von 17,2 km. Davon sind 12,1 km Zahnstangenabschnitte System Abt mit Neigungen bis zu 110 Promille und Adhäsionsabschnitte mit Neigungen bis zu 50 Promille. Die Strecke weist neben dem Scheiteltunnel von 1874 m vier weitere Tunnel sowie elf Brücken und Viadukte auf, darunter als Besonderheit die demontierbare Steffenbachbrücke oberhalb von Realp.

Und im Jahr 2000 endlich in Gletsch!

Am Schluss seiner Ausführungen ans Parlament hat der Bundesrat festgehalten, dass der Oberbau nur für den Weiterbetrieb als Touristenbahn freigegeben werde, «sofern die nötigen Instandstellungsarbeiten ausgeführt und ein regelmässiger Unterhalt gewährleistet sind», und dass die Konzession vorerst einmal für 50 Jahre erteilt sei. Ein harter, steiniger, schneebelasteter Weg liegt seither hinter uns. Aber niemand bei den Bahnenthusiasten und Bahnfreunden zweifelte je daran, dass die Realisierung gelingen würde. Und dank den grossen Anstrengungen Vieler konnte am 11. Juli 1992 die erste Dampffahrt von Realp nach Tiefenbach, 1993 bis zur Furka-Station hinauf und dann im Sommer 2000 bis nach Gletsch geführt werden. Jetzt bleibt noch die letzte Etappe nach Oberwald.

2000/2002 in Eisenbahnzeitschriften

Eisenbahnen, ihre Geschichte und Technik bewegen die Menschen. Die Eröffnung der Spanischbrötlibahn von Zürich bis Baden als erster Eisenbahnlinie der Schweiz im Jahr 1847 oder der revolutionären Gotthardstrecke 1882 mit dem 15 km langen Scheiteltunnel Göschenen–Airolo waren historische Momente. Auch die Geschichte der Furka-Bergstrecke ist ein faszinierendes Kapitel schweizerischer Eisenbahn- und Tourismusgeschichte.

Die Sehnsucht nach Entschleunigung und hochalpiner Landschaft

Vieles kommt hier zusammen und gab die Kraft, Phantasie und das gespendete Geld für dieses Abenteuer: die Begeisterung für eine wunderschöne hochalpine Landschaft, die Sehnsucht nach Entschleunigung und die Faszination für Dampfzüge, für den Kampf mit den Naturgewalten, dem schneereichen Winter und den Wassermassen. Manche freiwillige Helfer (hier liebevoll «Fronis» genannt), die unten im oft nebligen Mittelland und in anonymen Städten hausen, suchen und finden im Furkagebiet ein neues Gemeinschaftserlebnis. Schweizweit herrschte grosse Freude, als die Dampfbahn am 12. August 2010 nach 29 Jahren erstmals wieder von Uri über die 2160 m hoch gelegene Furkastation durch den kurzen Scheiteltunnel ins Wallis fuhr.

Schon 1914 erstmals eine Bahn bis zum Rhonegletscher

Als Zentrum der Bergstrecke gilt die Talebene von Gletsch, wo sich seit je die Säumer-Kolonnen zwischen Furka- und Grimselpass und heute die Töff- und Auto-Schönwetterfahrer kreuzen. Immer wieder trifft man im Hotel «Glacier du Rhône» Leute an, die von einem kleinen Wunder sprechen, dass man hier die Nacht noch im 1859 erbauten alten Grand-Hotel «Glacier du Rhône» – einst ein Abbruchkandidat und zeitweise geschlossen – verbringen und tags darauf die 2014 bereits 100-jährige Furkabahn bestaunen oder benutzen könne. Allerdings folgte 1923 die Zwangsliquidation und erst 1925 nach einer Rettungsaktion der Wiederbetrieb – Rettungsaktionen scheinen also hier oben Tradition zu haben! Damals fuhr die Dampfbahn noch von Brig über Oberwald bis Gletsch, 1926 wurde sie bis Disentis verlängert und so mit der Rhätischen Bahn verknüpft, 1942 elektrifiziert. In Gletsch ist fast alles noch wie damals. Nur schade, dass die Zunge des Rhonegletschers sich immer weiter nach oben schiebt und auch die Distanz zum vom ebenfalls durch die Seiler-Dynastie 1893 erbauten Hotel Belvédère zur Eisgrotte und zum jungen Rotten immer länger wird. Hier verbrachten meine Frau und ich vor einigen Jahren im Oktober als einzige Gäste die letzte kalte Nacht vor der langen Winterpause.

Furkapass zwischen Mittelmeer und Nordsee

Am Cheminéefeuer erzählte uns der Koch, wie früher, meterhoch eingeschneit, jeweils zwei Knechte hier völlig isoliert und mit Proviant eingedeckt den Winter verbringen und das Hotel vor den Launen der Natur schützen mussten. Wir zogen dann tags darauf weiter über die Furka, den 2431 m hohen und noch befahrbaren Alpenpass, passierten die kontinentale Wasserscheide zwischen Rhone und Reuss und landeten in Realp im Urner Ursenertal. Die Dampfbahn hatte saisonbedingt den Betrieb längst eingestellt, aber aus dem 1982 eröffneten Furka-Basistunnel zog mit verwundert dreinguckenden Japanern der weltweit bekannte, modern herausgeputzte Glacier-Express (Matterhorn-Gotthard-Bahn) an uns vorbei, dem Oberalppass und

Der Endpunkt der Furka-Dampfbahn in Oberwald. Rechts unten in der weiten Talebene der moderne Bahnhof von der obersten Ortschaft im Obergoms und die neue Furka-Bahnlinie mit moderner Zugkomposition.

St. Moritz entgegen. Dass der Betrieb der aufwändigen Dampfbahn nur gerade von Ende Juni bis Ende September dauert, ist eines der betriebswirtschaftlichen und finanziellen Probleme, mit denen sich die Bahnorgane Jahr für Jahr konfrontiert sehen.

Harte Knochenarbeit, Finanzen und die spezielle Sektion Aargau

Denn Idealismus allein genügt nicht zum Unterhalt und Betrieb der Furka-Bergbahn. Es braucht professionelle Kenntnisse, jeden Sommer den Wiederaufbau von beschädigten Abschnitten durch Fachkräfte und Freiwillige, die Mitfinanzierung des Betriebs, der nicht selbsttragend sein kann. Der Verein, eine Betriebsgesellschaft als AG und eine Stiftung helfen hier mit. 12 000 Aktionäre besitzen immer wieder neu aufgestockte Wertpapiere, die noch nie eine Dividende abwarfen. Der frühere Besitzer der Synthes-Medizinalfirma, Natur- und Eisenbahnfreund Hansjörg Wyss, stiftete 3,7 Mio. Franken für den Bau des letzten teuren Streckenabschnitts nach Oberwald ins Wallis hinunter. Das Obergoms hilft mit eigenen Anstrengungen den Tourismus ankurbeln, denn Gletsch sollte wieder vermehrt auch von Westen her angefahren und zum Zentrum, zur attraktiven Drehscheibe werden. 23 selbständige Sektionen in der Schweiz und im Ausland stellen die rund 8000 Vereinsmitglieder und die Freiwilligen zum Betriebseinsatz.

Über ein Dutzend Furka-Bahnwagen restauriert

Eine Sonderstellung schuf sich die zweitgrösste Sektion Aargau, die unter engagierten Präsidenten (Walter Benz, Walter Lüthi, Heinz Unterweger, seit 2014 Kurt Baumann) als einzige eine Wagenwerkstätte in Aarau betreibt. Hier haben Helfer um den unermüdlichen Werkstattleiter Werner Beer bisher mehr als ein Dutzend Bahnwagen restauriert, die sie dann in gewagten Manövern via Schöllenenschlucht zum neuen Einsatz nach Realp liefern. Und regelmässige «Tage der offenen Werkstätte» stärken die Verbundenheit und Bewunderung in der Bevölkerung, weit weg zwar von den Bahngeleisen zwischen Realp und Oberwald, aber stets die heimliche Sehnsucht nach den stiebenden Dampfzügen vor Augen.

Wenn Schweizer Parteipräsidenten zu Hause scheitern

Schweizer Parteipräsidenten prägen neben den sieben Mitgliedern des Bundesrates ganz wesentlich die politische Diskussion in der Schweiz. So gesehen ist die Nichtnomination des CVP-Präsidenten für den Walliser Staatsrat (für die Regierung dieses Kantons) mehr als ein Walliser Clan- und Parteiflügelspiel.

Christophe Darbellays Schicksal schien vorbestimmt
Was sind die Ursachen dieser schmerzlichen Niederlage von Christophe Darbellay, dem «Sonnyboy» unter den Schweizer Parteipräsidenten? Es gab bis weit zu Beginn der Zauberformel-Konkordanz (1959) schon immer die Tendenz, dass Präsidenten von Landesparteien ihr Präsidium in erster Linie als Sprungbrett für einen nächsten Karriereschritt benutzten. Das ist übrigens auf allen drei Stufen, im Bund, in den Kantonen und Gemeinden zu beobachten, und ist eine logische Folge des starken Engagements für die eigene Partei. Wird es allzu offensichtlich, erfolgt das schroffe «Njet» des Souveräns, des Parteitags oder der Bundesversammlung. So geschehen im Fall von Bundesratswahlen. Wir erinnern uns an die von Kennern vorausgesagte Nichtwahl der drei

Christophe Darbellay: Jetzt noch CVP-Parteipräsident, bald Walliser Staatsrat?

Parteipräsidenten Enrico Franzoni (CVP), Henri Schmidt (FDP) und Arthur Schmid (SP) im Dezember 1973, als an ihrer Stelle die Schwergewichte Hans Hürlimann (CVP), Georges-André Chevallaz (FDP) und Willi Ritschard (SP) gewählt wurden. Oder im jüngsten Fall eben am (CVP-)Parteitag im Wallis. Bis vor kurzem, als Toni Brunner (SVP) und Christian Levrat (SP) in den Kreis der Parteipräsidenten nachrückten, war Darbellay mit Jahrgang 1971 der mit Abstand Jüngste der Dirigenten unserer grossen Landesparteien. Ueli Maurer (SVP) hatte Jahrgang 1950, der Freisinnige Fulvio Pelli wurde 1951 und SP-Präsident Hans-Jürg Fehr 1948 geboren. Der CVP-Nationalrat aus einem typischen Walliser Politclan schien nach seiner Wahl im Sommer 2006 – als sich Doris Leuthard in die Landesregierung verabschiedet hatte – eine steile nationale Karriere anzustreben.

König ist, wer Staatsrat ist!

Doch im Wallis herrschen andere Sitten. König ist, wer zu Hause regiert, und deshalb gab das Haupt dieses Clans dem Drängen seiner «Familie» und wohl auch seinem eigenen Ehrgeiz nach und wollte in den Staatsrat wechseln. Vor ihm hatte schon ein anderer Walliser CVP Schweiz-Präsident, Hans Wyer, denselben Weg beschritten. Allerdings gelang es ihm trotz Anstrengungen nicht (mehr), nach seiner Amtszeit als Staatsrat der «Republik» Wallis nochmals eine Rolle auf schweizerischer Ebene zu spielen.

Wenn die «Üsserschwiiz» den Walliser nicht mehr interessiert

«Üsserschwiiz» blieb in seinem Falle die andere, für Walliser nicht mehr interessante Schweiz. In vielen Winterferien merkte ich aus Stammtischengesprächen entlang des «Rottu», dass die eigentlichen politischen Feinde im Wallis oft mehr in den eigenen Reihen als beim politischen Gegner zu orten sind. Wehe, wenn bei der CVP das gelbe statt das schwarze Lager und erst recht die falsche Talschaft oder der falsche Clan obenaufschwingt – dann folgen Gegenreaktionen. So und nicht anders wurde der junge, leicht schlacksige und zweifellos begabte CVP-Präsident Darbellay das Opfer eigener Machtpolitik, wie sie im Wallis (und übrigens auch anderswo) noch immer dominant ist. Der noch immer kinderlose und von einer Familie träumende Christophe war seinen beiden CVP-Rivalen überlegen. Aber auch das Wallis frisst nur zu gerne seine eigenen Kinder oder lässt sie im Regen stehen.

2008 Walliser Bote

Im Wallis ist eben alles anders

Vielleicht ist es Zufall, wenn ich den Kanton Wallis mit einigen typischen Eigenheiten aus dem Kreis der Bergkantone – oder der Alpen-OPEC, wie sie im Bundeshaus mit einem gewissen Respekt genannt werden – heraushebe. Aber ich kenne von vielen Ferienaufenthalten und Begegnungen diesen Südwestkanton besser als andere. Beobachte auch, wie im Wallis ab und zu gegen Autoritäten und Staat aufbegehrt wird, wie es schon meisterhaft Charles Ferdinand Ramuz in seinem berühmten Roman «Farinet ou la fausse monnaie» mit der Schilderung eines wilden Geldfälscherlebens einzufangen verstand. Das Wallis heisst auch Kampf mit der Natur. Oben schrieb ich über den Gommer Winter 1998/99, als meine Familie während den Langlaufferien in Reckingen eingeschlossen war. Wir erlebten durch Lawinenniedergänge und totalen Stromausfall hautnah die Risiken, mit denen sich der Gebirgs- und Tourismuskanton arrangieren muss. Und ich blendete zurück auf den Winter 1970/71, als am selben Ort 30 Menschen unter einer Lawine begraben wurden.

Wenn die Natur dem Wallis zusetzt

Auch Unterbrüche der Bahn oder gesperrte Strassen zwangen uns in andern Winterferien zu Umdispositionen. Wir hörten oder lasen von tödlichen Bergunfällen, oder vom Flüsschen Saltina, das nach sintflutartigen Regenfällen 1993 in Brig zum reissenden Fluss wurde und weite Teile des Stadtzentrums zerstörte. Die Schlammlawine von Gondo in der Simplon-Klus gegen Italien, wo 13 Menschen den Tod fanden und das halbe Dorf in die tosende Doveria gerissen wurde, oder das weiter zurückliegende Unglück beim Bau des Mattmark-Staudamms blinken in meiner Erinnerung auf. So wird das Wallis immer wieder von Unglücksfällen und Katastrophen heimgesucht. Die hohen Berge fordern ihren Tribut. Das alles mag mit ein Grund sein, dass in diesem Kanton die Leute zusammenhalten und sich nicht zu viel von der übrigen Schweiz, von der «Üsserschwiiz», sagen lassen wollen. Das führt dann oft zu Verstimmungen und gelegentlich zum Vorwurf, wenn das Wallis schon Finanzhilfe erhalte, wäre gesetzeskonformes Verhalten angesagt. Gemeint sind in jüngster Zeit die vom Volk angenommene Zweitwohnungsinitiative und das Raumplanungsgesetz, das bei zu grossen Bauzonen von den Kantonen Rückzonungen verlangt. Beide Erlasse drücken auf den Immobilienmarkt und die Bauwirtschaft. Bei beiden sind Widerstände im Wallis spürbar.

Vor der dritten, wieder naturnäheren Rhonekorrektion

Doch das Wallis plagen noch andere Sorgen. Im Rhonetal wird seit Jahrzehnten gegen Hochwasser gerungen, und zwei Korrektionen haben den Fluss gerade gebogen, bei den überbauten und versiegelten Talböden die Gefahr aber nicht gebannt. Jetzt soll eine dritte Korrektion der Rhone das ursprüngliche Bett wieder zurückgeben und für die Bevölkerung

Erholungsraum schaffen. Auch hier hilft finanziell der Bund kräftig mit. Das Wallis nimmt aber nicht alle «Geschenke» von Bern unbesehen entgegen, wie es das folgende Beispiel illustriert: Die Bundesversammlung tagte bisher dreimal ausserhalb der Bundesstadt, was relativ teuer ist: 1993 in Genf als Geste für die Romandie, 2001 für die italienischsprachige Schweiz in Lugano und 2006 in besonderer Grosszügigkeit in Flims GR für die rätoromanische Minderheit. Ob das Wallis 2015 zum hohen 200-jährigen Kantonsjubiläum den National- und Ständerat beherbergen könnte, fragten Volksvertreter in Bern. Vom Staatsrat kam eine höfliche Absage – die Zeit sei zu knapp. In Tat und Wahrheit hätte diese moderne «Tagsatzung» dem Wallis nicht unerhebliche Kosten verursacht ...

Furrer und Bodenmann, Freysinger, Cina und Waeber

Aber die Walliser sind ein zugängliches Volk. Deshalb kann man ihnen (fast) nichts übel nehmen. Wenn der Konservative Art Furrer auf der Riederalp seine doch recht voluminösen Hotelbauten aufstellt, aber dazu muntere Wanderungen mit aufgesetztem Yankee-Hut anbietet, so kommt das an bei den Leuten. Und er erzählt uns, wie der ehemalige SP-Präsident und Nationalrat Peter Bodenmann, Sohn eines früheren CVP-Ständerats, mit seinem rationell betriebenen Hotelneubau in Brig unten mit ihm gemeinsame Sache mache, wenn es um Tourismusprojekte wie den umstrittenen Ausbau von Bergbahnen gehe. So funktioniert das Wallis. Im Staatsrat, dem immer noch drei CVP-Mitglieder und eine SP-Frau angehören, zog mit einem Glanzresultat als Fünfter anstelle des früheren Freisinn-Sitzes SVP-Nationalrat Oskar Freysinger ein. Seite an Seite mit CVP-Präsident Christophe Darbellay streiten die beiden in Bern, wer am meisten für die Walliser Interessen herausholt. Dieser verlangt Treibstoff-Steuerreduktionen für den Reisebusverkehr, jener gar, dass einheimische Hotelkosten von den Steuern abgezogen werden können. «Schnaps- resp. Fendant-Ideen», titelte die NZZ dazu, aber die Walliser freut's und der Rest der Schweiz quittiert's mit Schmunzeln. Doch man schaut nicht nur für den eigenen Kanton, sondern auch innerhalb des Kantons für die verschiedenen Regionen und Bezirke. Jean-Michel Cina (CVP) und Esther Waeber-Kalbermatten (SP) erklären mir, wie die Verfassung je einen Sitz im Staatsrat für das Unter-, Mittel- und Oberwallis, das sie beide vertreten, garantiere. Genauso, wie ausgeschlossen sei, dass ein Bezirk mehr als ein Regierungsmitglied stellen könne. Kann keiner der fünf Staatsräte im grossflächigen und gebirgigen Kanton an einem Anlass in einem der Bezirke teilnehmen, schickt er den nebenamtlich tätigen, dort wohnenden Präfekten.

Wann wird Christophe Darbellay endlich Staatsrat?

Freysinger wie Darbellay sind politische Naturtalente. Ich beschrieb in der obigen Kolumne im «Walliser Boten» – der einzigen, auch in der übrigen Schweiz beachteten Deutschschweizer Tageszeitung des Wallis –, wie dem talentierten Welschwalliser CVP-Präsidenten in der eigenen Partei und im Interessenkampf von Familienclans vor Jahren der Einzug in die Walliser Regierung verwehrt wurde. Nun ist er stolzer Vater geworden, wartet aber noch immer darauf. Seine Zeit im Nationalrat läuft infolge Amtszeitbeschränkung ab. An seinem Beispiel zeigt sich auch, wie stark eine politische Laufbahn von Zufälligkeiten oder Widerständen beeinflusst wird. Dem Freiburger SP-Ständerat Alain Berset gelang mit 39 Jahren planmässig der Sprung in den Bundesrat. Der Walliser CVP-Nationalrat Darbellay hingegen wartet seit Jahren auf den Einzug in die Regierung seiner Republik auf der Alpensüdseite, die 2015 auf 200 Jahre Beitritt zur Eidgenossenschaft zurückblicken kann. Zuvor war das Wallis von Napoleon I. noch als Teil Frankreichs (Département du Simplon) erklärt worden. An der alten Napoleonstrasse über den Simplon erinnern noch heute napoleonische Kasernenbauten an diese Zeit, genauso wie die straffe Bezirkseinteilung, symbolisiert mit den 13 Sternen im weiss-roten Kantonswappen, den Farben des Bischofs von Sitten.

Die staatstragende CVP verlor absolute Mehrheit

Unter den politischen Parteien dominiert, wenn auch leicht geschwächt, die CVP, die ehemaligen Katholisch-Konservativen. Die «staatstragende» CVP, die ihrerseits aber wieder in Schwarze und Gelbe sowie eine deutsch- und französischsprachige Partei aufgeteilt ist, verlor 2013 ganz knapp die absolute Mehrheit im Grossen Rat. Von den 130 Sitzen belegt sie mit der CSP zusammen 64, gefolgt von der FDP mit 28, der SVP mit 21, der SP mit 15 und den Grünen mit 2 Mandaten. Aber die CVP dominiert nach wie vor das politische und gesellschaftliche Leben des 22. Kantons (nach Beitrittsjahr) der Schweiz, ähnlich wie in der Innerschweiz. Dies vor allem auch in den 135 Gemeinden und den einflussreichen, meist wohlhabenden Burgergemeinden, in den Beziehungen zur katholischen Kirche und zur Wirtschaft. Das wird ihr auch ab und zu zum Verhängnis, wie jüngst in der «Affäre Giroud», die sich bis in den Staatsrat auszuweiten begann. 2014 liefen Untersuchungen wegen Steuerbetrugs und illegalen Verschnitts von Weinen gegen den mächtigen Weinunternehmer Dominique Giroud. Treuhänder des Angeschuldigten war der heutige Finanzdirektor, CVP-Staatsrat Maurice Tornay. Da Giroud auch mit Hackern und Detektiven gegen Journalisten vorging, weitete sich die ganze Sache zur veritablen Politaffäre aus.

Gewitterwolken am Wirtschaftshimmel

Das Ganze schadet auch der Walliser Weinwirtschaft, denn den Panschereivorwurf münzte der Angeschuldigte postwendend auf seine Branche um, die Ähnliches mache. Und erst noch arbeitete das Wallis lange Jahre daran, seinen vinologischen Ruf aufzupolieren. Anfällig für Unregelmässigkeiten sei auch die Bauwirtschaft, wird da und dort kolportiert, so etwa im Dauerkampf um das letzte noch fehlende Teilstück der A 9 zwischen Sierre und Gamsen. In der übrigen Wirtschaft kämpft die Elektroindustrie mit dem Heimfall und der Neukonzessionierung von Wasserkraftwerken, wo durch die fallenden Strompreise schmerzliche Einbussen drohen. Zu allem Überdruss will der Bund im Zuge der Sparanstrengungen einige militärische Einrichtungen schliessen, was Arbeitsplätze kosten würde. Und schliesslich ist das Wallis, wie andere Berggebiete auch, stets in einem Dauerclinch zwischen der Föderung von Tourismusprojekten und dem Landschaftsschutz, wobei diesem tendenziell eher im Oberwallis mehr Bedeutung beigemessen wird als im welschen Unterwallis. Eine intakte Landschaft sei ihm für die Tourismusförderung ebensoviel wert wie eine defizitäre Bergbahn, sagte mir der Gemeindepräsident der neuen Gemeinde Obergoms.

Im Wallis locken nicht nur die Berggipfel sowie Wanderwege entlang von Suonen. In diesem Kanton ist auch die ganze Spannbreite zwischen Traditionsbewusstsein und konservativem Eigenleben einerseits sowie wild entschlossenem Vorwärtsstürmen und Öffnung gegen aussen andererseits erlebbar. Hier unten – oder ist es oben? – stosse ich jedenfalls nie auf Langeweile. Das Wallis ist immer für eine Überraschung gut.

Das Tessin zwischen Ferienstimmung und problembeladener Realität

Immer wieder habe ich während vielen Aufenthalten, Reisen und Ferien im Tessin Eindrücke gesammelt, Notizen gemacht und Gespräche mit Einheimischen geführt. So wie im Wallis. So will ich auch diesen Kanton aus persönlicher Sicht und gegenwartsbezogen nachzeichnen. Denn unter den 26 Kantonen der Schweiz nimmt das Tessin eine besondere Stellung ein. Es bildet mit den vier Bündner Südtälern Bergell, Puschlav, Misox und dem Calancatal zusammen die italienischsprachige Schweiz, deren Bewohner nur 5 Prozent unserer Bevölkerung ausmachen. Speziell sind neben der Sprache seine Lage auf der Alpensüdseite, die lange gemeinsame Grenze mit Italien sowie seine beiden berühmten und beliebten Seen Lago Maggiore und Lago di Lugano.

Stimmt das verklärte Ferienimage des Südkantons noch?
Zum Reiz der Seen kommen eine reichhaltige Flora, weite Edelkastanienwäldern, viele Palmen, Zypressen und andere Mittelmeerpflanzen. Das Tessin zog jahrzehntelang viele Deutschschweizer (und auch Deutsche) als Ferienkanton magisch an – erst der Billigflug-Tourismus nach Mallorca und in entferntere südliche Destinationen hat diesen Trend gebrochen. Doch die Zweitwohnungen sind geblieben. Der Bauboom und die dichten Verkehrsströme lassen auch zweifeln, ob das Image, wie es in vielen Publikationen über das Tessin verbreitet wurde, noch stimmt und so bei den Leuten ankommt. Der Publizist Dino Sassi schrieb beispielsweise in einer Tessin-Darstellung um 1980: «Alles scheint uns im Tessin freundlich entgegenzukommen. Man fühlt sich sofort zu Hause. In rascher Folge gelangt man aus der majestätischen alpinen Region zur lieblichen Landschaft an den Seen, von den grünen, üppig bewachsenen Hügelketten zu den rauschenden Wasserläufen der Wildbäche in Tälern und Schluchten ... Wir gelangen in die Täler, wo die Zeit noch langsam dahinfliesst ... und wo selbst die Häuser in ihrer typischen Bauweise eine Seele zu besitzen scheinen ...»

Grössere Probleme als die Gesamtschweiz
Zu diesem fast verklärten Image und zur heutigen Situation des Tessins hält der Chefredaktor der AZ-Sonntagszeitung «Schweiz am Sonntag», Patrik Müller, in einer vielbeachteten Schwerpunkt-Ausgabe zum Kanton Tessin im Juli 2014 zusammenfassend fest: «Das Tessin ringt mit denselben Zukunftsaufgaben wie die Schweiz als Ganzes. Nur stellen sie sich im Südkanton dringender, zugespitzter. Hier gibt es, im Verhältnis zur Bevölkerung, am meisten Grenzgänger. Hier kämpft der Tourismus mit dem stärksten Rückgang, der Finanzplatz mit den

grössten Geldabflüssen. Und die Umwelt- und Verkehrsprobleme sind so drückend, dass sogar die populistische Lega jetzt ein bisschen grün wird ...». Die Änderungen, weg vom Klischee, sind in der Tat frappant. Während vor 50 Jahren noch ein Drittel der Bevölkerung in den Bergtälern wohnte, sind es heute noch knapp 7 Prozent – eine Entvölkerung findet statt.

60 000 Grenzgänger und starke Überfremdung

Die Leute ziehen in die ohnehin schon stark bevölkerten Agglomerationen, von denen das Mendrisiotto von der Grenze bis hinauf zum Finanzplatz Lugano und das Locarnese von der Grenze am Westufer des Langensees bis hinauf in die Magadinoebene und nach Bellinzona zusätzlich im Sog der Grenzgänger stehen. Diese rund 60 000 Italiener pendeln Tag für Tag in diese Regionen, verstopfen die Strassen und drücken die Löhne. Hinzu kommt der hohe Ausländeranteil von 28 Prozent auf die Bevölkerungszahl von rund 350 000. Die Arbeitslosenzahl bewegt sich schweizweit am oberen Rand. Die grosse Zahl der Deutschsprechenden im Tessin stösst deshalb auf Skepsis und teils Ablehnung, weil sie sich auf wenige Gebiete konzentriert, die meisten Kantonsfremden zu den Wohlhabenden gehören und die wenigsten von ihnen italienisch, sondern weiterhin deutsch sprechen. Hinzu kommt die enorme Grundstückspekulation mit hohen Bodenpreisen. Kaum erstaunlich, dass am 9. Februar 2014 die Einwanderungsinitiative der SVP im Tessin mit 68 Prozent das höchste Ja-Resultat aller Kantone erzielte.

Kulturelle Schwerpunkte und Kontakte zur Deutschschweiz

Aber wenn wir mit Tessinern sprechen, ist oft Optimismus und Selbstvertrauen festzustellen. Man ist stolz auf die neu eingerichtete Universität in Lugano und das in Mendrisio angegliederte Architekturinstitut von Mario Botta. Da ist auch die Nähe zu Mailand spürbar, teils befruchtend, teils aber auch Konkurrenz. Nicht von ungefähr lehnte das Tessin einen 3,5-Millionen-Franken-Kredit für die Teilnahme an der Expo 2015 in Mailand Ende September 2014 an der Urne ab. Noch immer sind an der Tessiner Uni keine Rechts- und Medizinstudienabschlüsse möglich, die Geisteswissenschaften dominieren. Ja wir begegnen immer wieder bekannten Tessinern, wie zum Beispiel dem Anwalt und ehemaligen Nationalrat Gian-Franco Cotti aus Locarno, der beklagt, dass nun der für seinen Kanton so notwendige Austausch mit der Deutschschweiz nicht mehr so stark spiele wie früher, als die «Auslandsemester» in Freiburg, Zürich und Bern ihnen automatisch die deutsche Sprache und Kultur nähergebracht hätten. Das sei dann für die spätere Berufsausübung von Nutzen gewesen. Ich erfuhr das in den 80er und 90er Jahren in Bundesbern: Die Tessiner National- und Ständeräte wechselten fliessend vom Italienisch ins Deutsche, wenn es für die Debatte sinnvoll war, und man hörte ihnen zu. Ein Bundesrat Flavio Cotti, Dick Marty, Flavio Maspoli, Massimo Pini, Franco Cavalli, und später Fulvio Pelli, Chiara Simoneschi, Fabio Abate, Marina Carobbio und Filippo Lombardi, um nur einige zu nennen, waren und sind auch in den deutschsprachigen Medien präsent. Kulturell und sportlich ist man stolz auf das bis 2015 fertiggestellte neue Centro Culturale in Lugano, das neben dem ehemaligen Belle-Epoque-Grand-Hotel entsteht, an der Seepromenade zwischen der Altstadt und dem Stadtteil Paradiso, dort wo die Standseilbahn die Touristen auf den Kultberg San Salvatore trägt. Stolz auch auf das alljährlich Anfang August auf der Piazza Grande in Locarno stattfindende Filmfestival, die Jazz- und die Literaturtage in Ascona mit Ablegern auf den berühmten Monte Verità, auf Musikfestivals und viele Museen, zunehmend auch Erlebnis-Wasserparks aller Art, wie zum Beispiel jenen am Fusse des Monte Tamaro, der in grellem Grün wohl die Landschaft auflockern soll! Oder die neu entstandene Badeanlage am Lido von Locarno.

Die Wechselbäder des Filmfestivals von Locarno

Ganz anderer Natur sind die Wechselbäder, denen das Locarneser Filmfestival ausgesetzt ist. Andauernd hat es mit den Finanzen zu kämpfen, um sich gegen die andern grossen Filmfestivals behaupten zu können. Zwar folgt jeweils eine vieltausendköpfige Menge den Aufführungen auf der Piazza Grande und in Kinosälen, aber künstlerisch kann Locarno nicht mit Venedig und Cannes mithalten. Mit Auftritten von Stars könnte einiges kompensiert werden – wenn sie auch gelingen. Aber zu gewagt war die Einladung an Regisseur Roman Polanski («Rosemary's Baby», «Tanz der Vampire», «The Pianist»), der im August 2014 seinen aktuellen Film «La Vénus à la fourrure» hätte präsentieren sollen. Die Wogen gingen hoch, in den Tessiner Zeitungen tobte ein Leserbriefkampf, und die kantonale Lega wie die CVP sowie die Kinderschutzstiftung zeigten sich entrüstet. Denn nicht vergessen ist, dass der in den USA gerichtlich wegen Vergewaltigung einer Minderjährigen verfolgte Polanski schon 2009 am Zürcher Filmfestival in Haft gesetzt wurde – doch der Auslieferung an die USA entging. Und das Filmfestival ist wohl nicht ganz von Politik und öffentlicher Meinung zu trennen – jedenfalls zog der polnische Regisseur die Konsequenzen und verzichtete auf den Auftritt. Dafür gab es eine Woche vorher frohe Kunde beim Treffen mit Politik und Wirtschaft: Bundesrat Alain Berset und die neue Kulturchefin Isabelle Chassot versprachen der Filmbranche 6 Mio. Franken mehr. Noch immer aber fehlen einige Finanzspritzen für den Palazzo del Cinema in Locarno, den die Stadtregierung von Präsidentin Carla Speziali und das 40-köpfige Stadtparlament nicht alleine finanzieren wollen.

Das Tessin von früher gibt es nicht mehr

Auch sonst strahlt im Tessin nicht nur Sonne, sondern es stellt sich auch Nüchternheit ein. So, wenn der oberste Touristiker des Kantons, Marco Solari, feststellt, dass als Folge der Mobilität der Tagestourismus stark im Aufwind sei und die längeren Tessinferien abnehmen. Die Logiernächte haben markant abgenommen, am meisten bei den Ausländern, wo der hohe Frankenkurs und die Billigflüge ausschlaggebend sind. Das trifft die Hotels, die «in Zukunft mehr auf gastronomische und sportliche Erlebnisse setzen müssen». Wenn die Gotthard-Neat und der Basis-Ceneritunnel eröffnet werden, nimmt dieser Trend nochmals zu. Solari, der selbst früher in der Führungsetage von Migros und Ringier arbeitete, beklagt aber auch die Verbauung der Natur, die Entwicklung zur Gartenstadt, den Verlust an Ästhetik bei vielen Bauten. Wenn man den Hangsiedlungen ob Locarno und Lugano entlangblickt, verstehen wir, was er meint. Solari: «Ganz klar, das Tessin von früher gibt es nicht mehr, wir sind nicht mehr der Kanton mit den alten, armen Dörfern, wir dürfen aber auch das Tessin nicht unter eine Käseglocke stellen.» Es ist ein doppelter Spagat, der auch andernorts in der Schweiz und in der Welt nicht gelingt: Das reizende Ferienparadies sein, mehr Touristinnen anziehen wollen, und trotzdem allen negativen Folgen davon (Bauten, Verkehr, Naturverschandelung) aus dem Weg gehen.

Der Aufstieg der Lega in der Politik

In der Politik fand in den vergangenen 30 Jahren eine gewaltige Umwälzung statt. Tonangebende Familienclans traten in den Hintergrund. Der Einflluss von CVP und FDP, die einst vier der fünf Staatsratssitze belegten, schwand. Mit der Lega trat eine neue Partei auf, die weitgehend mit alten Traditionen brach und mit ihrer Sonntags-Gratiszeitung «Il Mattino» eine direkte, auch unverblümte Sprache zum Volk fand. Noch ist unklar, ob die Partei den 2013 erfolgten frühen Tod ihres Gründers und Motors, Giuliano Bignasca, auffangen kann. Sie stellt heute zwei Staatsräte (FDP, CVP und SP je einen) und mit dem populären ehemaligen National- und Staatsrat Marco Borradori auch neuerdings nach einer Kampfwahl gegen den FDP-Amtsinhaber den Stadtpräsidenten von Lugano, der mit rund 60 000 Einwohnern mit Abstand grössten und wirtschaftlich bedeutendsten Stadt des Kantons. Borradori will wieder für mehr grüne Lungen in der Stadt sorgen. Zwar sind seit der faktischen Aufhebung des Bankgeheimnisses die Finanzflüsse aus Italien am Abklingen, aber in der Agglomeration Lugano entwickelten sich neben dem Tourismus wichtige Industriezweige wie Pharma- und Elektronikfirmen, und die kantonale Wirtschaftsförderung betreibt intensiv die Ansiedlung neuer ausländischer Betriebe. Problematisch ist, dass diese oft mit Grenzgängern und Tieflöhnen arbeiten und damit einheimische Betriebe an die Wand drücken.

Das Fehlen eines Tessiner Bundesrats

Zwei Farbtupfer weist der ansonsten eher wenig auffällige Staatsrat auf: Die einzige Frau, Laura Sadis, politisiert oft kritisch zur eigenen FDP. SP-Regierungsrat Manuele Bertoli lernten wir an zwei Anlässen kennen, wo er infolge seiner Erblindung ohne jegliche Hilfsmittel engagiert zu den Leuten sprach. Aber nur dank einem steten Begleiter kann er Zugang zu den Anwesenden finden. Von den eidgenössischen Parlamentariern sticht aus allen Ständerat Filippo Lombardi hervor. Er ist ein politisches Naturtalent, war Präsident der kleinen Kammer, arbeitet für einen Medienbetrieb und führt jetzt die CVP-Fraktion. Seine vielen Auslandreisen und seine Russland-Affinität geben da und dort zu Kritik Anlass. Lombardi baut als Präsident des Hockey-Clubs Ambri-Piotta auf russische Unterstützung, denn die Wirtschaft im alpinen Raum nördlich von Bellinzona ist schwach, und die Leventina wird gegenüber den Zentren Lugano und Locarno auch mit der neuen Gotthard-Neat weiter verlieren. Die Verbindung von Ambri-Piotta zur Politik spielte schon mit Hockeyspieler Bixio Celio, der Regierungsrat wurde, und mit Nello Celio, dem vor Flavio Cotti letzten Tessiner Bundesrat. Cotti verzichtet seit seinem Rücktritt darauf, sich in öffentliche politische Diskussionen einzumischen, wie es andere Ex-Bundesratsmitglieder tun (Ruth Dreifuss, Christoph Blocher, Pascal Couchepin, Elisabeth Kopp, Moritz Leuenberger). Seit 1999 wartet das Tessin auf eine erneute Vertretung in der Landesregierung. Das Tessin würde damit wieder besser wahrgenommen. Aber zaubern lässt sich nicht, am wenigsten in der Politik.

Zerrissene Strukturen, mangelnde Koordination

Das Tessin hat enorm gelitten unter einer Zerrissenheit in verschiedenen Belangen. Lange Zeit herrschte starker Gegensatz zwischen dem Konservatismus und dem Radikalismus, und der Kampf zwischen gemässigten Freisinnigen (Radikale) und dem Wirtschaftsfreisinn hält bis heute an. Weniger sichtbar sind die Differenzen innerhalb der Christdemokraten (Konservative). Die Sozialdemokraten, die einst das Zünglein an der Waage zwischen den beiden grossen Blöcken spielen konnten, verloren später an Einfluss und litten an der Abspaltung der «autonomen Linken» (PSA). Wie oben beschrieben, entwickelte sich aber die Lega zur grössten Partei, wobei ihr Stimmen aus allen Lagern zuströmen. Deshalb blieb die SVP bisher unbedeutend. Des Ausländerthemas nehmen sich zunehmend auch die andern Parteien an, und die Lega sympathisiert umgekehrt auch mit Natur- und Heimatschutzanliegen. Die grossen Regionen und die Trennung in Sopra- und Sottoceneri führten dazu, dass auch teure Einrichtungen nicht zentralisiert werden konnten. Eifersüchtig wachen die Regionen darüber, wer was und wie viel vom Kanton erhält. Die Trennungslinien verlaufen meist entlang den Bezirken, die praktisch mit den Landschaften des Tessins identisch sind, nämlich Bellinzona, Blenio, Leventina, Locarno, Vallemaggia, Riviera, Lugano und Mendrisio. Gleiches in der Wirtschaft, wo zum Beispiel der Tourismus bis vor kurzem keine zentrale Werbung betrieb. Eingemeindungen resp. Fusionen um Lugano glückten, im Locarnese scheiterten sie.

Im Eishockey top, im Fussball Flop

Selbst im Sport gelingt das Zaubern den Tessinern nur schlecht. Zwar befinden sich die beiden Hockeyclubs Ambri und Lugano in der obersten Spielklasse, aber im geliebten Calcio, dem Fussballsport, harzt es gewaltig. Es gab eine Zeit, da befanden sich Bellinzona, Lugano, Locarno und Chiasso in der zwölf Clubs zählenden Nationalliga A. Dann kamen die Finanzprobleme von Lugano, dessen Präsident und Finanzchef beide an gleicher Stelle im Luganersee den Tod suchten. Es kam die Zwangsrelegation von Bellinzona, der Abstieg von Locarno, und plötzlich spielen nur noch Chiasso und Lugano in der zweithöchsten Gruppe des Schweizer Fussballs, der Challenge League. Aber die Tessiner sind Patrioten. Jedenfalls werden ihre Fussballspiele im «Corriere del Ticino», der bedeutendsten der drei Tageszeitungen, nach wie vor in Grossformat aufgemacht, wie wenn ein Europacupspiel stattgefunden hätte.

Das Tessin wird seine Probleme kaum allein lösen können. Es steckt im Dilemma, sich kulturell, wirtschaftlich und politisch auf die Grossregion Mailand auszurichten, oder die Chance der neuen Neat zum engeren Schulterschluss mit den Deutschschweizer Kantonen zu nutzen. Aber gute Schweizer bleiben die Tessiner allemal. Wie sagte doch der langjährige Tessiner Bundesrat und Aussenminister Giuseppe Motta: «Eine Schweiz ohne Tessin ist undenkbar, und das Tessin braucht die Schweiz.» Auch wir haben uns nie etwas anderes gewünscht!

Wozu Jubiläen und Landesausstellungen?

Keine der bisherigen Landesausstellungen oder Expos hat die Schweizerinnen und Schweizer bisher unberührt gelassen. Die Wogen gingen jeweils hoch, sei es was den Zeitpunkt, Durchführungsort, die Kosten oder das Konzept und den Inhalt betraf. Aber im Turnus von meist 25 Jahren fanden sie statt. Zwei von ihnen ausgerechnet zu Beginn der beiden Weltkriege im letzten Jahrhundert, was ihnen aber Pathos, Anstoss zur Demonstration des Wehrwillens und zu nationaler Geschlossenheit verlieh. Doch die Zeit ist meines Erachtens für solche Riesenanlässe vorbei – was ich im zuletzt geschriebenen Beitrag, wo sich Reminiszenzen und Grundsatzüberlegungen mischen, zu begründen versuche. Die wohl umstrittenste aller bisherigen Landesausstellungen war die jüngste, 2002 durchgeführte Expo im Raum Bieler-, Neuenburger- und Murtensee. Eigentlich hätte sie 2001 stattfinden sollen, aber infolge vieler Pannen und Finanzprobleme musste sie im letzten Moment um ein Jahr verschoben werden. «Trauerspiel» nannte ich diese Expo in der 1999 geschriebenen Kolumne – und ich stehe noch heute zu dieser Titulierung. Auch das Schweizer Doppeljubiläum von 1998 war nicht unumstritten: Der Bund legte das Schwergewicht auf 150 Jahre Bundesstaat, der Aargau und weitere Kreise auf 200 Jahre Helvetik. Mein folgender Artikel beleuchtet aus Aargauer Sicht die Hintergründe – ich hatte ihn als Aargauer Landammann (Regierungspräsident) zu verfassen. Die danach folgenden drei Kolumnen kreisen um die Form und den Inhalt von grossen Jubiläen, wie sie die 700-Jahr-Feier der Eidgenossenschaft von 1991 darstellte. Was sehr harzig begann, entwickelte sich später zu einem über das ganze Land und Jahr verteilten Rahmenprogramm, das Anklang fand und wertvolle Impulse verlieh. Auch das Parlament setzte einige Schwerpunkte, indem es für die Ärmsten der Welt, für notleidende Betagte im eigenen Land und zugunsten des Landschaftsschutzes spezielle Unterstützungskredite beschloss. Gerade weil es kein Grossanlass war, wird dieses Gedenk- und Jubiläumsjahr positiv in Erinnerung bleiben!

Ist Helvetik- oder Bundesstaat-Jubiläum wichtiger?

Der Aargau rüstet sich für das Jubiläumsjahr 1998. Nachdem der Bund landesweit vorgesehene Aktivitäten vor allem im Zeichen des 150-jährigen Bestehens des Bundesstaates gestaltet, legt der Aargau das Schwergewicht auf die Ereignisse vor 200 Jahren, die später zur Gründung des Bundesstaates führten. Es war nämlich die Helvetik und jene Zeit um 1798 und danach, die die Entwicklung unseres Landes entscheidend geprägt haben. Errungenschaften wie die individuelle Freiheit, das allgemeine Stimmrecht und der Grundsatz der Gleichheit sind in jenen Jahren begründet worden und wirken bis in die Gegenwart.

Diese Tatsache hat den Aargauer Regierungsrat auch bewogen, am 17. Januar 1998 in der Kantonshauptstadt einen Gedenkakt zu veranstalten. Ein Brief, der sämtlichen Ständen der Schweiz zugeleitet wurde, führt aus, dass das Gedenken an die Zeit vor der Gründung des Bundesstaates für viele auch mit schmerzlichen Erinnerungen an Unrecht und Leid verbunden ist. Gerade weil davon alle betroffen sind, sollte dieses Bewusstsein für den Weg in die gemeinsame Zukunft

Das «Haus zum Schlossgarten» beherbergte als erstes Gebäude eine gesamtschweizerische Exekutivbehörde. Seit einigen Jahren im Besitz der Stadt Aarau, kann es zu Recht als erstes schweizerisches Bundeshaus bezeichnet werden.

gestärkt und Brücken zwischen Erinnerung und Aufbruch geschlagen werden. Dies ist der tiefere Sinn des Gedenkaktes vom kommenden Januar, der nicht nur eine Feierlichkeit im üblichen Sinn sein will. Es ist dem Aargauer Regierungsrat ein grosses Anliegen, dass auch der Bundesrat zusammen mit den Kantonen diesem würdigen Akt der gesamten Entwicklung zur modernen Schweiz beiwohnt (was dann auch vollzählig der Fall war).

Aarau – Hauptstadt der Schweiz

Das Jahr 1798 wird ja mit dem Untergang der Alten Eidgenossenschaft gleichgesetzt, bei dem der Reveluzzerkanton Aargau eine wichtige Rolle spielte. Damals fand die letzte Tagsatzung statt, und gleichzeitig sagten sich die Aarauer von der bernischen Herrschaft los, proklamierten die Unabhängigkeit und errichteten Freiheitsbäume. Es war exakt am 12. April 1798, als der Basler Peter Ochs in der Kantonshauptstadt die Helvetische Republik ausrief. Am 3. Mai wurde Aarau zur ersten schweizerischen Hauptstadt gewählt. Es ist bekannt, dass darauf eine hektische Tätigkeit einsetzte. Die beiden Kammern der gesetzgebenden Räte wurden in einem ehemaligen Wirtshaus und im damaligen städtischen Rathaus untergebracht, und das fünfköpfige Direktorium und die Minister bezogen das heutige «Haus zum Schlossgarten». Dieses Haus, das seit einigen Jahren erst wieder im Besitz der Kantonshauptstadt ist, kann so mit Recht als erstes schweizerisches Bundeshaus bezeichnet werden. Es war jenes Gebäude, das zum ersten Mal eine gesamtschweizerische Exekutivbehörde beherbergte, da es ja vorher nur die Tagsatzungen gegeben hatte. Damals zählte die Stadt Aarau kaum 2000 Einwohner und nur etwas über 400 Häuser. Man hatte deshalb gewaltige Probleme, die neue Beamtenschaft auch standesgemäss unterzubringen. So wurden in grosser Eile Pläne für ein Regierungsviertel und eine Paradestrasse entworfen; allerdings, die helvetischen Behörden wechselten von Aarau bereits im September 1798 nach Luzern. Die Zeit, während der Aarau Hauptstadt der Schweiz war, dauerte also nur fünf Monate, wohingegen die Helvetik immerhin fünf Jahre Bestand hatte. Immerhin entwickelte sich aus der Helvetik auch der heutige Kanton Aargau, weshalb natürlich die Aargauer 1798 nicht nur als Geburtsstunde der modernen Schweiz, sondern auch eigentlich als Grundlage für das Entstehen ihres Kantons betrachten.

Impulse für den Bundesstaat von 1848

1998 wird dem Aargau Gelegenheit bieten, auf die aargauische Rolle zu Beginn der Helvetik hinzuweisen, auf den Ausbruch aus der Untertanenrolle hin zu «Liberté» und «Egalité». Vom Aargau aus ging die Gründung der helvetischen

Gesellschaft in Schinznach, wo auch Albrecht Rengger, Johann Heinrich Pestalozzi, Philipp Albert Stapfer, Heinrich Zschokke gewirkt haben und alle wichtigen nationalen Verbände gegründet wurden, so jene der Turner, der Schützen und Sänger. Hier war das Zentrum der Bewegung, die schliesslich 1848 zur Gründung des schweizerischen Bundesstaates führte.

Trübe Erinnerung
Natürlich muss auch die unangenehme Frage diskutiert werden – und deshalb soll ja kein Fest, sondern eine Gedenkfeier stattfinden – warum 1798 in einem Teil der Schweizer Kantone auch schmerzhafte Erinnerungen wachruft. Es sind die Innerschweizer Kantone, welche auch unschöne Erinnerungen an jene Zeit haben. Dazu will die Aargauer Regierung den Rückblick auf die Helvetik und den Ausblick auf die moderne Schweiz auf lebendige Art festhalten. Deshalb freuen sich die Standesvertreter auf den gesamtschweizerischen Festakt vom 17. Januar 1998.

1997 Schweizer Journal

Aarauer Laurenzenvorstadt: Das war die Paradestrasse, welche 1798 in aller Eile für die Beamtenschaft der neuen Hauptstadt der Helvetik erstellt wurde. Sie blieb bis heute die breiteste Strasse der Kantonshauptstadt. Vorne links (nicht sichtbar) steht das erste Bundeshaus der Schweiz.

Wird 1991 ein wirkliches Begegnungsjahr für alle?

1991 wird die Eidgenossenschaft 700 Jahre alt. Und das muss natürlich gebührend gefeiert werden. Von wem anders als vom Bund selbst. Und wo anders als im Herz der Schweiz, in den «Waldstätten», könnte dieses Fest wohl durchgeführt werden? Doch wir alle kennen die bisherige, eher missratene Vorgeschichte: 1985 lehnte Luzern und am 27. April 1987 lehnten die Kantone Uri, Schwyz, Ob- und Nidwalden sowie Zug die Vorlagen zum sog. CH91-Projekt wuchtig ab. Ein Jahr später dann, nach gebührender Katerstimmung auch im Bundesrat, stimmte dieser den neuen, überarbeiteten und auch bescheideneren Vorschlägen einer Vorbereitungsgruppe zu, und dieses Konzept landete noch zu guter Letzt beim Parlament. National- und Ständerat bewilligten denn auch einen Rahmenkredit von 65 Millionen für das umfangreiche Programm, das sich durch einen Grossteil des Jubiläumsjahres ziehen dürfte.

Gegen elitäre Anlässe

Es finden sich da einige sinnvolle und freudige Ereignisse, spontane «Begegnungsaktionen» zwischen Landsleuten, ein «Karussell Schweiz» mit künstlerischen Produktionen oder eine Fahrt auf das Rütli etwa, die alle den in die Breite angelegten Charakter des Jubiläumsfestes betonen. Denn die «Nein» aus den Innerschweizer Kantonen galten doch in erster Linie einem zu grossklotzigen Monsteranlass, der eher auf dem Reissbrett als in den Herzen der Menschen zu entstehen drohte. Gerade deshalb sollte es auch beim nunmehr gefundenen Rahmen für 1991 ein Hauptanliegen sein, dass dieses seltene Jubiläumsjahr in einer mehr und mehr anonymen Zeitepoche zu einem wirklichen Volksanlass für Jung und Alt, zu einem Begegnungsjahr für breiteste Bevölkerungskreise wird und nicht einfach ein paar elitäre Anlässe die Schwerpunkte bilden. In Planung ist da z. B. auch ein internationales Symposium oder ein «internationaler Festakt» mit diplomatischem Korps und dem Stande Bern. Ja zu Begegnungen mit dem wirklichen Europa und ausländischen Nachbarn, aber nicht einfach immer nur «auf höchster Ebene». Auch für die schweizerischen Begegnungsanlässe wünschen wir uns, dass sich nicht immer nur die Gleichen treffen. 1991 soll bildlich gesprochen kein Elitesportanlass, sondern ein Breitensporttreffen werden.

Man reist nur, um ans Ziel zu gelangen

Diese Begegnungen unter uns Schweizern sind in unserer hektischen Zeit nötig und wichtig, erleben wir doch immer wieder ein Versäumnis im Umgang mit unseren Nachbarn in anderen Landesteilen oder anderen Bevölkerungsgruppen. Wir reisen zwar enorm viel im Lande herum, aber eben oft nur, um an einem Ziel anzukommen, wie es sinngemäss die Philosophin Jeanne Herrsch kürzlich ausdrückte. Und es wäre anzufügen, um vom Ziel sofort wieder zurückzureisen. Aber wir begegnen uns immer seltener. Das Jubiläumsjahr kann da ein echtes Manko überbrücken helfen.

Skepsis zu einer Expo

Skeptisch stellen wir uns zur Ankündigung einer nächsten Landesausstellung gegen Ende des Jahrhunderts im Tessin. Heute wäre es verfrüht, sich darauf festzulegen. Die negativen Abstimmungsresultate der Innerschweizer galten doch vorwiegend den dort geplanten baulichen Grossanlagen, den notwendigen und nach den Anlässen wieder leerstehenden Pavillons, den verbauten Wiesen und Feldern. Und ob der Kanton Tessin als heute schon stark exponiertes Gebiet einen solchen Grossanlass will, daran zweifeln wir. Feiern wir nun einmal das Jubiläumsjahr 1991, ohne schon an eine nächste Landesausstellung zu denken. Denn jede Zeitepoche setzt ihre eigenen Schwerpunkte, und diese müssen nicht zwangsläufig immer landschaftliche Spuren und neue Verbauungen hinterlassen.

1988 Aargauer Woche

Hurra Schweiz – mehr Patriotismus?

Jetzt flackern wieder die Feuer im Lande. Es ist Bundefeier. Und das erst noch im Jubeljahr. Sind wir stolz genug, Schweizerin und Schweizer zu sein, feiern wir die Jubiläumsanlässe kräftig genug und hauen wir insbesondere am 700. Geburtstag genügend auf die Pauke?

Die Deutschschweiz feiert zu wenig
Zumindest nach der Meinung des Oberorganisators der CH91-Feiern, Herrn Solari, bekunde die Deutschschweiz etwelche Mühe mit den verschiedenen Veranstaltungen, sei zu zurückhaltend. Also etwas mehr Solarismus – pardon: Patriotismus – und weniger Selbstkritik und Bescheidenheit scheint erwünscht.

Da bin ich anderer Meinung
Mit gefällt es, dass wir nicht allzu grossspurig durchs Jubeljahr pflügen. National- und Heimatbewusstsein kann eben auch im Kleinen, im Nachdenken, in der Begegnung im Dorf und im Quartier erprobt und gelebt werden. Das war schon immer der Charakter unserer Bundesfeier, die sich damit wohltuend von den Paraden und gigantischen Feiern anderer Länder abhob. Dass auch das Jubiläumsjahr in diesem Sinne begangen wird, war zudem der ausdrückliche Wille und Wunsch im Vorfeld. Es begann mit der Ablehnung grosser Ausstellungskonzepte in der Innerschweiz und dem Schwerpunkt auf dezentralen Begebenheiten. Gefragt war weniger Hurrastimmung, dafür mehr menschliche Begegnung.

Für die Ärmsten und den Landschaftsschutz
In dieses andere Konzept fügte sich auch der Beschluss des eidg. Parlaments, zugunsten der Ärmsten der Welt und für den Landschaftsschutz 700 Millionen Franken einzusetzen. Den wirtschaftlich bedrängten Betagten im eigenen Land soll ein Zustupf von 700 Franken zu den AHV-Ergänzungsleistungen hinzukommen. Das Jubiläumsjahr kann ohne glanzvolle Höhepunkte zu Ende gehen. Weniger ist manchmal mehr.

1991 Coop-Zeitung

Mein Wunsch zum grossen Jubiläumsjahr

Es gibt sie in allen Kreisen, Berufen, Parteien und Vereinen: jene Menschen oder besser Unmenschen, die sich besser geben, überheblich tun, elitär agieren und andere schikanieren. Manchmal ist es die bessere Ausbildung, die zur Einbildung führt. Oder der dicke Geldbeutel, die berufliche Machtstellung, der Titel vor dem Namen usw. Vielfach sind ihnen die anderen Menschen ausgeliefert, werden erdrückt und unterdrückt, manchmal materiell, aber auch – was noch weit mehr schmerzen kann – geistig und seelisch.

Das Gemeinsame stärken

Wie wäre es, wenn wir uns alle im Jubiläumsjahr der Eidgenossenschaft, die uns doch als Schicksals-Gemeinschaft versteht, auf die Würde jedes einzelnen Menschen besinnen würden. Und zwar nicht nur in der Theorie, bei den Politikern nicht nur mit flotten Sprüchen in den Reden, in den Kirchen nicht nur von den Kanzeln, in den Betrieben und Büros nicht nur an den Betriebsausflügen und während der Gratulationsrede. Sondern tatsächlich und im Alltag, im persönlichen Verhalten, mit Taten und nicht allein mit Worten. Das gäbe eine weit bessere Schweiz, eine Schweiz, wo es allen wohl sein könnte, wo das Gemeinsame stärker spürbar wäre als das Trennende.

Keine neuen Könige

Fast scheint es mir, dass im Jubiläumsjahr 1991 vielen ein Licht aufgegangen ist. In vielen Bereichen wird an neuen, gerechteren Lösungen gearbeitet. Die Rechte und Ansprüche von Frauen, Rentnern, Jugendlichen werden vorangetrieben. Das Verständnis für Europa und damit für eine grössere, friedliche Gemeinschaft wächst. Und wie bei uns in der Schweiz muss auch in Europa für alle ein gleichberechtigter Platz sein, ohne neue Könige und Untertanen. Dies ist meine Schweiz und mein Europa für die Zukunft – nicht mehr, aber auch nicht weniger.

1991 Blick

Plädoyer für Neuanfang und Besinnung zur Expo 01

Die Schweiz kennt ein neues Trauerspiel, Expo 01 genannt. Statt Schwung und Optimismus verbreitet sie Zerfahrenheit und Streit. Statt Brücken zu schlagen, werden Organisationen und mögliche Mitwirkende vor den Kopf gestossen. Die fast unlösbar scheinenden Probleme liegen in drei Bereichen:

Der grosse Sesseltanz

Erstens im Personellen. Seit einem Jahr tobt ein Sesseltanz, jagen sich Gerüchte über Filz und Mandatsverquickungen. Im Oktober 1998 wurde der technische Direktor entlassen, im Dezember nahm die künstlerische Leiterin den Hut, der Jury-Präsident und der Stabschef folgten im Sommer 1999, und alle vier Fachbereichsleiter – drei Männer und eine Frau – forderten erfolgreich den Rücktritt der Gesamtleiterin. Der Finanzchef schliesslich veranstaltete extra eine Medienkonferenz, um mitzuteilen, dass er bleibe. Uhrenmanager Nicolas Hayek, der jetzt gerufen wurde, befand schon vor Ablieferung seines «Berichts zur Lage Expo», dass nur noch mit einer «Superequipe» die Landesausstellung zu realisieren sei. Also wieder Köpferollen?

Viel Zeit vertan

Zweitens die zeitliche Dimension. 1995 fiel der Startschuss für die Expo im Jahre 2001. Ein Verein wurde mit der Durchführung betraut. Doch dessen Vorstand hatte von Anfang an eine unglückliche Hand, konstruierte unklare Führungsfunktionen, war selbst schlecht informiert und vernachlässigte das Controlling. Prompt manövrierte sich das Vorhaben in einen zeitlichen Engpass. Noch fehlen wichtigste Baubewilligungen, von den Finanzen gar nicht zu reden. Ein geplanter «Billettvorverkauf» musste wieder abgeblasen werden.

Das Geld reicht längstens nicht

Schliesslich das politische Problem. Der vom Bund bewilligte Beitrag von 130 Mio. Franken dürfte um ein Mehrfaches überschritten werden. Weil es schlecht läuft, ist plötzlich auch der Bundesrat gefragt. Das Parlament wird Zusatzkredite beschliessen müssen. Da erstaunte es nicht, dass kürzlich die Spitzen der vier Bundesratsparteien auf Distanz zur Expo gingen. Kritik am Ausstellungskonzept übten schon lange Naturschutzkreise sowie Institutionen, deren Ideen nicht gefragt waren. Auf der andern Seite rufen lokale Gewerbekreise nach Bauaufträgen. Die Region Biel brauche diese Form von Wirtschaftsförderung.

Eine Verschiebung würde sich lohnen

Fazit: An dieser Expo wird keine Freude aufkommen. Der Sesseltanz wird anhalten, Zeitdruck und Finanzloch können zum Alptraum werden. Das Unternehmen dreht sich im Kreise. Diese Expo braucht einen Neuanfang, mit neuem Konzept und klaren Strukturen. Und die bisherige Grösse des Projekts ist zu hinterfragen. Denn manchmal kann weniger auch mehr sein.

Dazu lohnt sich eine Verschiebung. Auch die Landi von 1939 musste zu ihrem guten Gelingen um einige Jahre verschoben werden. In dieser Besinnungspause ist auch die Frage zu beantworten, ob die Zeit der grossen nationalen Ausstellungen nicht vorbei ist. Ob in unserem Land mit seinen grossen geistigen und kulturellen Werten nicht nach anderen, einfacheren und doch wirkungsvolleren Darstellungsformen gesucht werden sollte. Auch auf die «Gefahr» hin, dass eines der schönsten Seengebiete der Schweiz in seiner bisherigen Form bewahrt wird und einfach so, als Natur und Landschaft, weiterhin bewundert werden kann …

1999 Zofinger Tagblatt und Aargauer Zeitung

Die Expo 01 fand nach vielen Pannen erst 2002 statt. Sie war so kantig wie der Monolith von Jean Nouvel auf dem Murtensee.

Die Zeit für Grossanlässe ist vorbei

Wer meine damaligen Kolumnen von 1988, 1991 und 1999 liest, die teils in der auflagestärksten Wochen- und Tageszeitung («Coop-Zeitung» und «Blick») erschienen, muss sich die damaligen Begleitumstände vorstellen. Niemand kritisierte einen Gedenkanlass und Jubiläumsfeiern zum 700-jährigen Geburtstag der Eidgenossenschaft. Aber die umständliche, zunächst an Kantone der Innerschweiz abgeschobene Vorbereitung, der elitäre Charakter und die Verzettelung von Grossanlässen und die Schulmeisterei, was zu tun und was zu lassen sei, verdarb dem Schweizer Volk anfänglich die gute Laune. Dann aber kam im Laufe des Jubiläumsjahrs mehr und mehr echte Festfreude auf. Anders bei den Landesausstellungen jüngeren Datums: Diese nervten mit ihrem Hang zur Überorganisation, wurden von unfähigen KarrieristInnen gemanagt und sprengten die Budgetvorgaben um ein Mehrfaches. Mit der Kritik, wie ich sie auch im Nationalrat äusserte, blieb ich nicht allein. Andere Politikerinnen und Politiker sowie ein Teil der Medien zogen mit. Parteien und Behörden hielten sich verständlicherweise damit zurück, man wollte die halb angerichtete Suppe nicht auch noch versalzen. Zu viel Willkür und unprofessionelles Verhalten waren im Spiel – schliesslich handelte es sich um grosse, einmalige und aus Steuergeldern finanzierte nationale Anlässe.

26 Kantone auf dem Weg der Schweiz

So war nach den negativen Volksentscheiden der Zentralschweizer Kantone bald klar, dass 1991 die Durchführung einer Landesausstellung zum Scheitern verurteilt gewesen wäre. Es fehlte das feu sacré. Aber auch ohne sie entwickelte sich das Jubiläumsjahr dann erfreulicherweise in die Breite und die Tiefe: zahlreiche eidgenössische und kantonale Veranstaltungen, eine Frauen- und Jugendsession im Bundeshaus, Parlamentsbeschlüsse für den Umwelt- und Landschaftsschutz, für die ärmsten Länder der Dritten Welt und die AHV-Ergänzungsleistungsbezüger, ein eindrückliches «Fest der Eidgenossenschaft» mit dem Mythenspiel vor der zackigen Bergkulisse im Talkessel von Schwyz und Diskussionen zur Zukunft der Schweiz. Bleibenden, auch symbolischen Wert hatte die Errichtung eines «Weges der Schweiz» rund um den Urnersee, ein Gemeinschaftswerk aller 26 Kantone. Jeder Stand übernahm ein Wegstück. Unzählige Wanderungen führten seither Menschen aus allen Landesgegenden an den oft von Föhnstürmen gepeitschten südlichen Ausläufer des Vierwaldstättersees, an dem sich auch die Wiege und historische Wegmarken der Eidgenossenschaft befinden.

Mehr Mühe mit Landesausstellungen

Das Verhältnis der Bevölkerung zum eigenen Jubiläumsjahr lockerte sich im Laufe des Jahres 1991 und führte auch zu freundeidgenössischen Begegnungen über die Sprachgrenze. Und Chef-Dirigent Marco Solari gelangte mit seiner gewinnenden Art zu nationaler Popularität, was auch dem Tessin gut tat. Umso verkrampfter gingen die verschiedensten Kreise mit der Frage um, wo und wann und ob überhaupt eine Landesausstellung stattfinden solle. Solche nationalen Anlässe fanden Ende des 19. Jahrhunderts 1883 in Zürich und 1896 in Genf, im 20. Jahrhundert 1914 in Bern, 1939 erneut in Zürich und 1964 in Lausanne statt, während der Anlass für 1991 in der Innerschweiz wie erwähnt scheiterte. Die in ganz Europa Anfang 1914 grassierende Kriegsstimmung gab der im Juni eröffneten Landesausstellung zweifellos den Anstoss zur Demonstration des Wehrwillens mit einem imposanten Armeepavillon – nur zwei Wochen später brach mit dem tödlichen Attentat von Sarajevo auf den Thronfolger Franz Ferdinand von Österreich-Ungarn prompt der 1. Weltkrieg aus. Trotz Kriegsmobilmachung gab es über drei Mio. Eintritte, obwohl die Welschschweizer die Dominanz der Reichsdeutschen im internationalen Sektor kritisierten und das offizielle Ausstellungsplakat für die Romandie ablehnten. Ganz anders 1939.

Die legendäre «Landi» von Zürich im Zeichen geistiger Landesverteidigung
Es war Zufall, dass auch die nächste Landesausstellung in eine Zäsur der europäischen Geschichte zu liegen kam. Nach Kriegsausbruch am 1. September wurde zunächst erwogen, die Anfang Mai eröffnete Landi abzubrechen. Aber sie nahm geradezu die Form einer Manifestation des nationalen Willens, der geistigen Landesverteidigung an. Landi-Direktor Armin Meili prägte den Satz: «In einer arglistigen Zeit will ich das schläfrige Schweizervolk wecken.» Eine Präsentation moderner Architektur und Technik, das Landidörfli mit Bauten verschiedener Kantone, der Schifflibach und vor allem Gondeln, welche quer über den Zürichsee schwebten, trugen zur grossen Popularität der Ausstellung bei, die über 10 Mio. Eintritte verzeichnete. Bis weit über die Jahrtausendwende hinaus hörte man Ältere jeglicher Couleur und Berufsklasse über diesen hochemotionalen Anlass schwärmen. Erneut vergingen 25 Jahre, bis die Expo vom April bis Oktober 1964 in Lausanne, diesmal richtigerweise im Welschland, stattfinden konnte.

Grosse Skepsis gegenüber Expo 1964
Auch ich besuchte zwei Mal als Kantischüler das Gelände am Lac Léman. Interessanterweise blieben – wie der Bevölkerung 1939 an der Landi – auch mir einige wenige bauliche und emotionale Ereignisse positiv in der Erinnerung haften, obwohl die Expo anfänglich in Frage gestellt wurde. Die Pyramide von 3000 Gemeindefahnen, den spektakulären Weg der Schweiz, den Igel-Pavillon zur Schweizer Armee mit einem dreidimensionalen Film, die Bauten von Max Bill, das U-Boot von Jacques Piccard, die Fahrt mit dem Monorail, die Eisenplastik «Heureka» von Jean Tinguely sehe ich noch heute verschwommen vor mir auftauchen. In Lausanne wohnte auch mein welscher Götti, bei dem ich übernachten und mit dessen beiden hübschen Töchtern mein Schulfranzösisch praktizieren konnte. Für mich wie für viele Jugendliche war die Expo, zusammen mit einer Vendange-Weinlesewoche in Mont-sur-Rolle, die erste grosse

Bekanntschaft mit der französischsprachigen Schweiz. Der Start zu dieser Expo aber war harzig. Eine Gruppe um den Zürcher Schriftsteller und Architekten Max Frisch hinterfragte öffentlich den Sinn einer solchen nationalen Schau und forderte stattdessen den Bau einer Musterstadt. Auch Bundesbern inklusive des federführenden Bundesrats Hans Schaffner wollte nicht recht. In Teilen der Deutschschweiz überwog die Skepsis, Polemiken um Geld und Inhalt dauerten bis zur Eröffnung.

Gelungener Aargauer Auftritt nach anfänglicher Kreditverweigerung
Besonders das zweimalige Nein des Aargaus, wo über den Kantonsbeitrag das Volk befinden musste, warf landesweite Wellen. Die Politik blieb ratlos, fehlte doch das Geld für die Durchführung des Kantonstages. Dieser kam dann dank privaten Spenden von rund 600 000 Franken dennoch zustande, und viele Jugendliche gestalteten einen nicht so traditionellen Aargauer Tag, der dann ebenfalls Schlagzeilen machte. Ein aufmüpfiges Expo-Kabarett mit dem Textautor und späteren «Aargauer Tagblatt»-Redaktor Ulrich Weber inspirierte mit dem Lied «Aargau, du muesch a dr Expo sii ...» zu vielen gelungenen Auftritten. Letztlich hatte die Expo anfänglich grosse Schwierigkeiten und die Besucherzahlen blieben weit unter den Erwartungen. Mit den Kantonstagen aber kam die Lausanner Landesschau richtig in Schwung und registrierte noch rund 11 statt der erhofften 18 Mio. Besucher. Im Gesamtergebnis überwog das Positive. Diese Landesausstellung war in gewissem Sinne ein Hinübergleiten aus der Nachkriegszeit und dem beginnenden Wirtschaftsaufschwung zu einer von technischen Innovationen geprägten, freudvolleren Zukunftswelt. Und sie widerspiegelte mit ihren farbig leuchtenden Zeltdächern auch ein bisschen die unbeschwerte Atmosphäre der Romandie.

Die Expo 02 mit Pleiten und Pannen
Die sogenannte Expo 02, die eigentlich für 2001 geplant war, fand im Drei-Seen-Land zwischen Biel, Murten und Neuenburg statt. Fünf «Arteplages» (art für Kunst und plage für Strand) wurden für die Dauer der Expo entlang den Ufern errichtet, auf denen in Pavillons verschiedene Exponate ausgestellt wurden. Zum auffälligsten Wahrzeichen wurde eine begehbare, 100 Meter lange und 20 Meter hohe Konstruktion auf Stützen im Neuenburgersee bei Yverdon, die aus 30 000 Wassertropfen versprühenden Düsen eine Wolke produzierte. Personelle Missgriffe, enorme Kostenüberschreitungen und eine nicht enden wollende Kritikwelle prägten diese 6. Landesausstellung. Jacqueline Fendt als Direktorin wurde abgesetzt, und ein Krisenmanagement unter Leitung von Nationalrat Franz Steinegger konnte knapp die notgedrungen um ein Jahr verschobene Eröffnung gewährleisten. Der Bund musste einen Notkredit sprechen, um die Liquidität der Ausstellung zu garantieren. Zur Realitätsferne und Planungsunfähigkeit kam die Verbauung von unter Naturschutz stehenden Landstreifen im Drei-Seen-Land. Auch ein Festspiel zum 1. August, das auf Befehl ohne Fahnen stattfinden musste, fand nur geringen

Anklang. Alles in allem: Diese Expo 02 war ein Flop, und sie hinterliess riesige Mehrkosten (Gesamtkosten 1,45 Mrd. Franken) und Verärgerung. Sie erwies auch allen gut gemeinten Initiativen zu einer nächsten Landesausstellung einen Bärendienst.

Verzicht auf weitere Landesausstellung

So musste eine Ausstellung Gottardo 2020, eine Art Alpen-Expo zur Eröffnung des Gotthard-Basistunnels, wieder aufs Eis gelegt werden. Den Gotthardkantonen fehlte die Kraft und der Wille für ein Gesamtkonzept. Eine Ausstellung 2027 in der Ostschweiz ist erst in vagen Ansätzen zur Diskussion gestellt. Aber auch hier fehlt bis heute der zündende Funke. Es wäre besser, langsam von der Idee Landesausstellung Abstand zu nehmen. Das Nein des Volkes zur Olympiakandidatur Graubünden 2022 im Frühjahr 2014 und die schlechten Erfahrungen mit den geschilderten letzten Expo-Experimenten zeigen, dass die Zeit für solche Grossanlässe mit teils fragwürdigen Monumentalbauten und Verkehrserschliessungen vorbei ist. Viel besser wäre es, an ihrer Stelle ungelöste Probleme unseres Landes in konzentrierten Aktionen zwischen Bund und Kantonen anzupacken und einer Realisierung entgegenzusteuern – dazu kann durchaus ein Zieljahr gesetzt werden.

Denn die Politik der Schweiz krankt seit Jahren daran, grosse ungelöste Probleme, zum Beispiel im Gesundheitswesen, bei den Sozialversicherungen oder beim Arbeitsmarkt und in der Ausländerfrage, stetig vor sich herzuschieben. Jede Ebene schiebt die Verantwortung der anderen zu, Verantwortungsträger wie Parteien und Verbände schauen nur auf ihre Eigeninteressen und lassen sich von kurzfristigen Wahl- und Marketingüberlegungen steuern. Dieser Verantwortungskrise gilt es entgegenzusteuern, statt Geld und Geist bereits wieder jahrelang an die nächsten Expopläne zu verschwenden.

Personenverzeichnis

Name; Seite
Abate Fabio; 201
Adenauer Konrad; 159
Akajew Askar; 13, 19
Akeret Erwin; 69
al-Sisi Abdelfatah; 39
Albrecht I. von Habsburg; 157
Aleksandrov Petar; 138
Ali Ben; 39
Ali Muhammad; 120
Allenspach Heinz; 101
Ammann Simon; 118, 119
Ammann Ulrich; 100
Annan Kofi; 25, 26, 118
Annen Martin; 119
Arber Werner; 85
Armstrong Lance; 140, 144
Attiger Stephan; 154, 155
Aubert Pierre; 46
Auer Felix; 37

Bachmann Urs; 138
Baader Andreas; 36
Bakijew Kurmanbek; 19
Barnevik Percy; 96
Barth Alexander; 92
Barth Robert; 92
Bärtschi Corinne; 9
Baumann Dieter; 142
Baumann Kurt; 192
Beckenbauer Franz; 120
Beer Werner; 192
Beerli Christine; 58, 59
Benz Walter; 192
Bernhard von Menthon; 65
Berset Alain; 56, 60, 197, 202
Bertoli Manuele; 203
Bertschi Hans-Jörg; 92
Bertschi Hans; 92
Beyeler Peter C.; 155

Bignasca Giuliano; 202
Bill Max; 216
Bin Laden Osama; 24, 38, 39
Bircher Adrian; 155
Bircher Béatrice; 138, 161
Bircher Felicitas; 85, 138, 142
Bircher Peter; 153
Blatter Joseph; 127, 128
Blocher Christoph; 35, 45, 48, 49, 50, 51, 52, 53, 55, 57, 60, 100, 156, 203
Blocher Silvia; 51
Böckli Roberto; 138
Bodenmann Peter; 196
Bolliger Herbert; 154
Bonny Jean-Pierre; 100
Borer Léon; 181
Borradori Marco; 50, 202
Botta Mario; 200
Bourgknecht Jean; 42
Boveri Walter; 97
Bremi Ulrich; 100
Brogli Roland; 154, 158, 172
Bron Jean-Stéphane; 51
Brown Charles; 97
Bruderer Pascale; 77, 102, 153
Brugger Ernst; 103
Brundage Avery; 126
Brunner Christiane; 41, 59
Brunner Toni; 50, 193
Bucher André; 121
Bundi Martin; 37
Burkhalter Didier; 22, 56, 61
Burkart Thierry; 114
Bush George sen.; 104
Bush George W.; 26, 38

Calmy-Rey Micheline; 53, 60
Carlos John; 126
Carobbio Marina; 201
Casanova Corina; 56

219

Cavalli Franco; 201
Celio Bixio; 203
Celio Nello; 203
Cevey Charles; 79
Chassot Isabelle; 202
Chaudet Paul; 42
Chevallaz Georges-André; 193
Chrustschow Nikita; 21
Churchill Winston; 27, 104
Cina Jean-Michel; 196
Cohen Baron; 20
Colbert Jean-Baptiste; 98
Coppi Fausto; 144
Cotti Flavio; 32, 60, 113, 201, 203
Cotti Gian-Franco; 200
Couchepin Pascal; 53, 203
Crippa Michel; 111

Darbellay Christophe; 193, 194, 196
de Coubertin Pierre; 125
Deiss Joseph; 26, 55, 60
Delamuraz Jean-Pascal; 32, 46, 91, 98
Di Matteo Roberto; 138
Dieth Markus; 178
Dorer Christian; 173
Dormann Jürgen; 96
Dreher Michael; 113
Dreifuss Ruth; 35, 49, 50, 59, 60, 203
Dufour Henri; 156
Dürrenmatt Friedrich; 24, 162

Egerszegi Christine; 102, 153
Egger Esther; 153
Egli Alphons; 46
Egli Dieter; 172
Ehrler Melchior; 101
Eichenberger Corina; 153
Eisenring Hans; 109, 111
Ensslin Gudrun; 36

Facchinetti Gilbert; 136
Faganini Hans Peter; 109, 111
Fahrländer Hans; 153
Fehr Hans-Jürg; 193

Fehr Hans; 50
Fehr Jacqueline; 57
Felder René; 32, 59
Fendt Jacqueline; 217
Feri Yvonne; 153
Fillon François; 33
Fischer Otto; 101
Fischer Ueli; 153
Flach Beat; 153
Flückiger Sylvia; 101, 153
Franke Walter; 92
Franz Ferdinand von Österreich-Ungarn; 216
Franz Joseph von Österreich-Ungarn; 158
Franziskus; 139
Franzoni Enrico; 193
Freeman Cathy; 122
Frey Emil; 92
Frey Walter; 92, 100
Frey-Herosé Friedrich; 156
Freysinger Oskar; 128, 196
Friedrich Rudolf; 46, 58
Fringer Rolf; 137, 138
Frisch Max; 217
Furgler Kurt; 46, 98, 136
Furrer Art; 196

Gaddafi Muammar; 39
Gasser Sandra; 142
Geissberger Roger; 138
Giezendanner Ulrich; 100
Giroud Dominique; 197
Gorbatschow Michail; 27, 104
Grünenfelder Peter; 154, 158
Grüter Alois; 9
Guignard Marcel; 178

Haefner Walter; 92
Haller Heinrich; 84
Hary Armin; 120
Hayek Nicolas; 213
Heller Daniel; 172
Heraklit von Ephesos; 66
Herberth Charly; 138

Herrsch Jeanne; 210
Hilfiker Hausi; 138
Hitler Adolf; 124
Hitzfeld Ottmar; 137, 138, 139, 140
Hochstrasser Joseph; 138
Hochuli Susanne; 154, 176
Hodgson Roy; 138
Hofmann Urs; 154, 158, 181
Hollande François; 97
Honegger Fritz; 98
Hubacher Helmut; 54
Hudson Charles; 72
Humbel Ruth; 153
Hunziker Bruno; 58, 101, 138
Hürlimann Hans; 55, 193
Hürzeler Alex; 154, 158
Hussein Saddam; 24, 38

Iselin Walter; 137, 138

Jaeger Franz; 113
Janukowitsch Wiktor; 21
Johnson Ben; 142
Juncker Jean-Claude; 28, 33

Kähr Thomas; 74
Karimow Islam; 19
Karl I. von Österreich-Ungarn; 158
Karl VI. von Habsburg; 158
Karrer Heinz; 104
Ki-moon Ban; 25
Kirchhofer Beat; 9
Knecht Daniel; 101
Knecht Hansjörg; 101, 153
Koch Ursula; 148
Kohl Helmut; 104, 142, 143, 144, 158
Koller Arnold; 32, 60, 82
Kopp Elisabeth; 46, 57, 58, 59, 69, 203
Kretschmann Winfried; 158
Kübler Ferdy; 140
Kuhn Kathrin; 153
Kuhn Köbi; 137, 138
Kuny Hans; 99
Kyburz Jules; 111

Lalive d'Epinay Thierry; 111
Lämmli Ernst; 137
Latscha Werner; 111
Ledergerber Elmar; 113
Lenin Wladimir; 15, 19, 79
Letsch Hans; 101
Leuenberger Moritz; 53, 60, 203
Leutenegger Filippo; 148
Leuthard Doris; 53, 55, 56, 57, 60, 61, 69, 77, 98, 103, 104, 105, 113, 114, 155, 157, 193
Leutwiler Fritz; 95, 96
Levrat Christian; 193
Lindahl Göran; 96
Lombardi Filippo; 201, 203
Lombardini Robert; 105
Loosli Hansueli; 154
Louis XIV.; 97, 158
Löw Joachim; 139
Luterbacher Franz; 95
Luther Martin; 40
Lüthi Walter; 192

Maradona Diego Armando; 130
Maria-Theresia von Österreich-Ungarn; 158
Marty Dick; 201
Maspoli Flavio; 201
Mathys Hansueli; 153
Matthey Francis; 59
Mauch Ursula; 113
Maurer Ueli; 50, 55, 56, 61, 193
Mazowiecki Tadeusz; 27
Medwedew Dmidtrij; 21
Meierhans Stefan; 110
Meili Armin; 216
Meinhof Ulrike; 36
Merckx Eddy; 120
Merkel Angela; 143
Merz Hans-Rudolf; 53, 58, 59
Messi Lionel; 139
Messner Reinhold; 75
Metzler Ruth; 49, 52, 55, 57, 59, 60
Meyer Andreas; 110
Meyer Stéphane; 92

Mitterand François; 104
Montebourg Arnaud; 97
Mörgeli Christoph; 50
Mörikofer Stéphanie; 176
Mosimann Anton; 26
Motta Giuseppe; 113, 204
Mubarak Hosni; 39
Müller Geri; 178
Müller Patrik; 199
Müller Philipp; 101, 153
Müller Pitsch; 120
Mursi Mohammed; 39

Nadig Marie-Therese; 120
Napoleon I. Bonaparte; 156, 197
Nasarbajew Nursultan; 20
Nijasow Saparmurat; 20

Obama Barack; 38
Ochs Peter; 156, 207
Oehler Edgar; 100
Ogi Adolf; 32, 59, 112, 113, 118
Osterwalder Rolf; 138
Ottey Merlene; 142
Otto von Habsburg; 157

Pantani Marco; 142, 143, 144
Pelé; 120
Pelli Fulvio; 193, 201
Pestalozzi Johann Heinrich; 208
Petitpierre Gilles; 41, 69
Petitpierre Max; 42
Petkovic Vladimir; 139
Pfister Fritz G.; 92
Pfisterer Thomas; 155
Piccard Jacques; 216
Pidoux Philippe; 163
Pieper Michael; 92
Pieper Willi; 92
Pini Massimo; 201
Platini Michel; 128
Polanski Roman; 201
Poroschenko Petro; 21
Putin Wladimir; 21

Rachmonow Emomali; 20
Ramuz Charles Ferdinand; 195
Rappan Karl; 138
Reagan Ronald; 104
Reich Christian; 119
Reimann Maximilian; 153
Reimann Robert; 100
Rengger Albrecht; 156, 208
Rickenbach Victor; 180
Riggenbach Niklaus; 78
Rime Jean-François; 55
Ritschard Willi; 55, 58, 103, 193
Robert Leni; 69
Rogge Jacques; 118
Rominger Tony; 144
Rosenberg Martin; 52
Roux Philippe; 111
Rudolf I. von Habsburg; 157
Rudolf von Habsburg; 157
Rüetschi Beat; 178

Sadis Laura; 203
Samaranch Juan Antonio; 118, 126
Sassi Dino; 199
Schaffner Hans; 98, 217
Schäuble Rolf; 101
Schäuble Wolfgang; 143
Schelbert Marcel; 121
Schenk Silvan; 74
Scherrer Jürg; 113
Schlumpf Leon; 46, 112
Schmid Alfred; 136, 138
Schmid Arthur; 193
Schmid Kurt; 101
Schmid Samuel; 49, 50, 53, 55
Schmid Valentin; 178
Schmidheiny Stephan; 96
Schmidt Helmut; 143
Schmidt Henri; 193
Schneider Vreni; 120
Schneider-Ammann Johann; 56, 61, 98, 100
Schoch Philipp; 119
Schröder Gerhard; 143

Schroeder Conrad; 158
Schulz Martin; 28
Seiler Walter; 138
Shaqiri Xherdan; 139
Siegrist Ulrich; 155
Simoneschi Chiara; 201
Smith Tommie; 126
Solari Marco; 50, 51, 202, 215
Somm Edwin; 96, 100
Sommaruga Simonetta; 56, 57, 60
Spälti Peter; 100
Speziali Carla; 202
Spiesshofer Ulrich; 96
Spuhler Peter; 100
Spühler Willy; 103
Stalin Josef; 19, 21
Stamm Luzi; 50
Stapfer Philipp Albert; 156, 208
Steinegger Franz; 217
Stenmark Ingemar; 120
Stich Otto; 32, 46, 54, 55, 58, 59, 113
Suhner Otto; 101
Suter Marc; 70
Sutter Joos; 94

Taugwalder Peter; 72
Teufel Erwin; 158
Thoma Suzanne; 105
Tinguely Jean; 216
Tornay Maurice; 197
Treyer Peter; 137
Trotzki Leo; 79
Tschudi Hans-Peter; 55
Tschuppert Thomas; 138
Türkyilmaz Kubi; 130
Twerenbold Werner; 92

Uchtenhagen Lilian; 55, 58
Ullrich Jan; 144
Unterweger Heinz; 192
Urech Jolanda; 178
Ursprung Jörg; 155

Valls Manuel; 98
Villiger Kaspar; 26, 32, 50, 59, 70, 147
Vogt Kurt; 138
Vouillamoz Bernhard; 186

Waeber-Kalbermatten Esther; 196
Wahlen Friedrich Traugott; 98
Wallenberg Peter; 96
Walo Andrew; 105
Walter Hansjörg; 55
Wanner Otto; 146
Wanner Peter; 100, 146
Weber Agnes; 153
Weber Max; 156
Weber Peach; 59
Weber Ulrich; 217
Wehrli Samuel; 101
Weibel Benedikt; 109, 111
Wermuth Cédric; 153
Wernli Kurt; 180, 181
Weyermann Anita; 121
Whymper Edward; 72, 74
Widmer-Schlumpf Eveline; 49, 53, 55, 56, 57, 60, 61, 112, 174
Wildi Marianne; 94
Wobmann Walter; 113
Wyer Hans; 194
Wyss Hansjörg; 192

Zahner Ruedi; 138
Zátopek Emil; 120
Zbinden Hans; 153
Zehnder Hans-Peter; 92, 101
Zenhäusern Josef; 120
Zopfi Emil; 79
Zschokke Heinrich; 208
Zülle Alex; 140
Zumsteg André; 181

Bildernachweis

DEZA/EDA, Bern
Generalsekreteriat UVEK, Bern
SBB CFF FFS
Staatliches Wahlbüro Kirgistan, Bischkek
UNO-Generalsekretariat, New York
EU-Parlamentssekretariat, Strassburg/Brüssel
Bundeskanzlei Bern
Hans Lozza, Nationalparkzentrum, Zernez
Eduard Rieben, Bern
Kurt Blum, Zofingen
Rivella-Pressedienst, Rothrist
AEW Energie AG, Aarau
DFB Furka-Bergstrecke, Oberwald
FIFA, Zürich
Stadtmuseum/Stadtarchiv Aarau
NHG, Verlag Sauerländer
Wikipedia
zVg
Privatarchiv